创业项目管理

Entrepreneurial Project Management

戚安邦　杨玉武　等◎编著

中国电力出版社

CHINA ELECTRIC POWER PRESS

内 容 提 要

本书与市场上现有的"创业学"和"创业管理"这类教材最大的不同在于，本书是从现代项目管理角度去讨论什么是创业与创业管理的，即如何去开展创业项目的评估和管理。本书的主要内容可分为三部分：第一部分（第1章和第2章）是对创业项目及其管理的原理的讨论；第二部分（3~7章）是创业项目论证与评估的原理和方法，内容涉及创业项目商机、创业项目所需资源、创业项目团队、创业项目风险等多方面的论证与评估原理和方法，并在第7章中给出了论证与评估后撰写的创业项目商业计划书的内容；第三部分（8~12章）是创业项目管理的原理与方法，内容涉及创业项目过程管理、目标要素管理、资源要素管理、风险要素管理和全面集成管理的原理和方法。这些创业项目管理的原理和方法可供创业者指导创业活动使用，也可供管理和工程的本科生与研究生学习使用，还可供那些从事创业项目风险投资的高级管理和决策人员使用。

图书在版编目（CIP）数据

创业项目管理 / 戚安邦等编著. —北京：中国电力出版社，2020.8（2025.2 重印）
ISBN 978-7-5198-4734-0

Ⅰ．①创… Ⅱ．①戚… Ⅲ．①创业－项目管理 Ⅳ．①F241.4

中国版本图书馆CIP数据核字（2020）第101896号

出版发行：中国电力出版社
地　　址：北京市东城区北京站西街19号（邮政编码100005）
网　　址：http://www.cepp.sgcc.com.cn
责任编辑：李　静（1103194425@qq.com）
责任校对：黄　蓓　马　宁
装帧设计：九五互通　周　赢
责任印制：钱兴根

印　　刷：北京世纪东方数印科技有限公司
版　　次：2020年8月第1版
印　　次：2025年2月北京第2次印刷
开　　本：787毫米×1092毫米　16开本
印　　张：18.75
字　　数：324千字
定　　价：78.00元

| 前　言 |

本书是在我国经历了 40 年改革开放的超速发展之后，国家按照"大众创业、万众创新"的发展战略，从"世界工厂"向"创新型国家"全面转型的时代背景下，为服务国家"创新发展战略"而撰写的专著。本书与 2017 年我们出版的《创新项目管理》是姊妹篇，本书是面向创业项目评估与管理的。本书将创业活动看作具有项目特性的有组织活动，这既不同于企业日常运营管理，也不同于一般性的创新管理和创业管理，它需要按独特性的创业项目去开展管理和评估。

本书与市场上现有的"创业学"和"创业管理"这类教材最大的不同在于，本书重点不是讨论什么（what）是创业与创业管理，而是深入讨论人们应该如何（how）去开展创业项目的评估和管理。虽然在本书撰写的过程中参阅了"创业学"和"创业管理"的文献，但是书中的很多原理和方法是独创性的。同时，本书作者弥补和增加很多全新的内容，主要是关于创业项目评估的原理和方法（第 3~6 章），创业项目管理的原理和方法（第 8~11 章），以及创业项目商业计划书（第 7 章）和创业项目集成管理（第 12 章）。

本书不但适合作为本科和研究生们学习创业管理知识的教材使用，而且可以作为企业和个人开展创业实践的指导用书。本书由南开大学戚安邦先生负责第 1 章、第 2 章（部分内容）的编著和全书的策划和编撰，南开大学杨玉武先生负责第 12 章的编著和全书的统稿，天津理工大学的孙贤伟女士负责第 2 章（部分内容）、华南师范大学的张辉先生负责第 3 章、南开大学的翟磊女士负责第 4 章、天津商业大学的郑丽霞女士负责第 5 章、南京审计大学的熊琴琴女士负责第 6 章、河北工业大学的刘广平先生负责第 7 章、浙江电子科技大学的杨伟先生负责第 8 章、内蒙古财经大学的陈丽兰女士负责第 9 章、山西财经大学的高跃女士负责第 10 章、石家庄铁道大学的项志芬女士负责第 11 章的编著。本书有不妥之处还请指正。

戚安邦

于南开大学

| 目　录 |

前言

第1章　创业项目的概念和内涵 1

 1.1　国家"双创"战略和创业项目 1

  1.1.1　国家"双创"战略 2

  1.1.2　"双创"战略中的创业项目 6

 1.2　创业项目的定义与内涵 9

  1.2.1　创业项目的定义 9

  1.2.2　创业项目的内涵 11

 1.3　创业项目的特性与分类 13

  1.3.1　创业项目的特性 13

  1.3.2　创业项目的分类 16

第2章　创业项目管理的概念、原理和方法 20

 2.1　创业项目管理的定义和内涵 20

  2.1.1　创业项目管理的定义 21

  2.1.2　创业项目管理的内涵 23

 2.2　创业项目管理的特性和内容 25

  2.2.1　创业项目管理的特性 25

  2.2.2　创业项目管理的内容 34

2.3 创业项目管理的基本原理与方法 ·· 47

   2.3.1 现有创业管理理论的局限性 ·· 47

   2.3.2 创业项目管理的基本原理和方法 ·· 49

   2.3.3 创业项目评估的原理与方法 ·· 52

第3章 创业项目商机的论证与评估 ·· 60

3.1 创业项目的技术可行性论证与评估 ·· 62

   3.1.1 创业项目产品或服务吸引力分析 ·· 62

   3.1.2 创业项目产品或服务需求分析 ·· 64

3.2 创业项目的组织可行性论证与评估 ·· 67

   3.2.1 创业项目团队的管理才能分析 ·· 67

   3.2.2 创业项目的资源丰度分析 ·· 68

3.3 创业项目的社会可行性论证与评估 ·· 70

   3.3.1 创业项目的社会责任分析 ·· 70

   3.3.2 创业项目的自然环境影响分析 ·· 72

3.4 创业项目的市场可行性论证与评估 ·· 76

   3.4.1 创业项目的行业分析 ·· 77

   3.4.2 创业项目的目标市场分析 ·· 77

3.5 创业项目的财务收益性论证与评估 ·· 78

   3.5.1 创业项目的现金总需求量 ·· 78

   3.5.2 同类创业项目团队或企业的财务绩效 ·· 79

   3.5.3 创业项目拟成立企业总的财务可行性 ·· 80

第4章 创业项目所需资源的论证与评估 ··· 81

4.1 创业项目所需资金的论证与评估 ··· 81

   4.1.1 创业项目的资金需求预测 ·· 82

   4.1.2 创业项目所需资金的获取 ·· 83

4.2 创业项目所需人力资源的论证与评估 ··· 88

   4.2.1 创业项目的人力资源需求预测 ·· 89

   4.2.2 创业项目所需人力资源的获取 ·· 90

4.3 创业项目所处微观环境的论证与评估 ··· 92

   4.3.1 创业项目团队评估 ·· 92

        4.3.2   核心技术评估 95

        4.3.3   产品供求评估 96

  4.4 创业项目所处宏观环境的论证与评估 97

        4.4.1   营商环境 97

        4.4.2   政策环境 100

  4.5 创业项目所处竞争环境的论证与评估 103

        4.5.1   产业发展环境 104

        4.5.2   竞争规模与程度分析 106

第 5 章　创业项目团队的评估 109

  5.1 创业项目创始人的论证与评估 109

        5.1.1   创始人能力评估 110

        5.1.2   创始人能力匹配评估 113

  5.2 创业项目团队构成的论证与评估 115

        5.2.1   创业项目团队基本构成要素 115

        5.2.2   创业项目团队结构 116

  5.3 创业项目团队个体能力的论证与评估 117

        5.3.1   创新能力 117

        5.3.2   学习能力 118

        5.3.3   风险应对能力 118

        5.3.4   沟通能力 119

        5.3.5   执行力 121

  5.4 创业项目团队整体能力的论证与评估 121

        5.4.1   团队精神 121

        5.4.2   团队文化 122

        5.4.3   团队学习 122

        5.4.4   共同愿景 122

        5.4.5   风险应对 123

第 6 章　创业项目风险论证与评估 125

  6.1 创业项目技术风险评估 126

        6.1.1   创业项目技术及其风险的含义 126

6.1.2 创业项目技术风险评估的原则 127

6.1.3 创业项目技术风险评估的主要内容和程序 128

6.2 创业项目的财务风险评估 131

6.2.1 资源需求分析风险及其评估 131

6.2.2 资金筹措风险及其评估 132

6.2.3 资金运用风险及其评估 134

6.2.4 财务管理的风险及评估 134

6.3 创业项目的市场风险评估 135

6.3.1 思路转化为商机的风险评估 135

6.3.2 市场结构和容量分析 137

6.3.3 竞争者与竞争优势分析 137

6.4 创业项目的环境风险评估 140

6.4.1 宏观环境风险评估 140

6.4.2 微观环境风险评估 141

6.4.3 管理环境风险评估 142

6.5 创业项目的综合风险评估 144

6.5.1 创业项目风险影响因素的全面评估 144

6.5.2 创业项目风险全过程评估 145

6.5.3 创业项目风险综合评估方法 146

第7章 创业项目的商业计划书 147

7.1 创业项目战略分析 147

7.1.1 创业项目宏观战略环境分析 147

7.1.2 创业项目或新创企业 SWOT 分析 149

7.2 创业项目产品或服务的市场和竞争分析 153

7.2.1 创业产品或服务情况说明 153

7.2.2 市场需求因素分析 155

7.2.3 行业竞争要素分析 155

7.3 创业项目组织与创业团队评估 158

7.3.1 创业项目的组织评估 158

7.3.2 创业项目团队能力评估 158

7.3.3 创业项目领导者能力评估 162

7.4 创业项目的风险分析与应对策略和计划 164

    7.4.1 创业项目风险 164

    7.4.2 创业项目风险特征 164

    7.4.3 创业项目风险类型 164

    7.4.4 创业项目风险分析 165

7.5 创业项目的预算及财务计划和安排 169

    7.5.1 创业项目预算 169

    7.5.2 创业项目财务计划和安排 170

第8章 创业项目的过程管理原理与方法 172

8.1 创业项目的全过程管理模型 172

    8.1.1 创业过程的特点 173

    8.1.2 创业项目的阶段划分与全过程管理 174

8.2 创业项目定义与决策阶段的管理原理与方法 176

    8.2.1 创业项目的初始评估 176

    8.2.2 创业项目的范围界定 178

    8.2.3 创业项目决策 179

8.3 创业项目计划与设计阶段的管理原理与方法 180

    8.3.1 创业项目的计划安排 181

    8.3.2 创业项目实施方案的优化 182

8.4 创业项目实施与控制阶段的管理原理与方法 183

    8.4.1 创业项目实施的主要任务 183

    8.4.2 创业项目实施过程中的控制管理 186

8.5 创业项目终结与退出阶段的管理原理与方法 189

    8.5.1 创业项目的终结管理 189

    8.5.2 创业项目的退出管理 190

第9章 创业项目的目标要素管理原理与方法 192

9.1 创业项目的范围管理原理与方法 192

    9.1.1 创业项目范围管理的主要工作 192

    9.1.2 创业项目范围管理的方法 194

9.2　创业项目的时间管理原理与方法 ……………………………… 200

  9.2.1　创业项目时间管理原理 …………………………… 201

  9.2.2　创业项目时间管理方法 …………………………… 201

9.3　创业项目的成本管理原理与方法 ……………………………… 205

  9.3.1　创业项目成本管理的原理 ………………………… 206

  9.3.2　创业项目成本管理的方法 ………………………… 207

9.4　创业项目的质量管理原理与方法 ……………………………… 210

  9.4.1　创业项目质量管理的原理 ………………………… 211

  9.4.2　创业项目质量管理的方法 ………………………… 212

9.5　创业项目的目标集成管理原理与方法 ………………………… 218

  9.5.1　创业项目集成管理的原理 ………………………… 219

  9.5.2　创业项目集成管理的方法 ………………………… 219

第 10 章　创业项目的资源要素管理原理与方法 ……………………… 222

10.1　创业项目人力资源管理原理与方法 ………………………… 222

  10.1.1　创业项目人力资源管理的原理 ………………… 222

  10.1.2　创业项目人力资源管理方法 …………………… 224

10.2　创业项目的信息资源管理原理与方法 ……………………… 232

  10.2.1　创业项目信息资源的内涵与类型 ……………… 233

  10.2.2　创业项目信息资源管理的内容与方法 ………… 233

10.3　创业项目物质资源的管理原理与方法 ……………………… 235

  10.3.1　创业项目物质资源管理工作与过程 …………… 236

  10.3.2　创业项目物质资源管理方法 …………………… 238

10.4　创业项目的资源合理配置原理与方法 ……………………… 240

  10.4.1　创业项目资源要素合理配置的协调性 ………… 240

  10.4.2　创业项目资源合理配置的全面性 ……………… 241

  10.4.3　创业项目资源要素的合理配置的动态性 ……… 242

第 11 章　创业项目的风险要素管理原理与方法 ……………………… 243

11.1　创业项目风险识别的原理与方法 …………………………… 243

  11.1.1　创业项目风险特性 ……………………………… 243

  11.1.2　创业项目风险识别方法 ………………………… 244

    11.1.3　创业项目风险识别程序 246

    11.1.4　创业项目的主要风险要素 251

  11.2　创业项目的风险度量原理与方法 252

    11.2.1　创业项目风险度量的内容 252

    11.2.2　创业项目风险度量的方法 253

    11.2.3　创业项目风险度量的程序 255

  11.3　创业项目的风险应对原理与方法 256

    11.3.1　创业项目风险应对措施的类型 257

    11.3.2　创业项目风险应对措施的制定依据和结果 258

  11.4　创业项目的风险监控原理与方法 260

    11.4.1　创业项目风险监控的内容 260

    11.4.2　创业项目风险监控目标 260

    11.4.3　创业项目风险监控的依据 261

    11.4.4　创业项目风险监控的程序 261

第 12 章　创业项目的全面集成管理原理与方法 263

  12.1　创业项目的全过程集成管理原理与方法 264

    12.1.1　创业项目目标、产出物、阶段、工作包和活动的概念 264

    12.1.2　创业项目各子过程的集成关系 267

    12.1.3　创业项目的全过程集成步骤 270

  12.2　创业项目的全要素集成管理原理与方法 272

    12.2.1　创业项目全要素的界定 272

    12.2.2　创业项目各要素间的集成关系 275

    12.2.3　创业项目全要素集成步骤 278

  12.3　创业项目的全团队集成管理原理与方法 279

    12.3.1　创业项目全团队集成管理的内涵 279

    12.3.2　创业项目全团队的界定 280

    12.3.3　创业项目各相关主体间的集成关系 281

    12.3.4　创业项目全团队集成的步骤 283

  12.4　创业项目的全面集成管理原理与方法 284

    12.4.1　创业项目全面集成的内涵与特征 284

    12.4.2　创业项目全面集成的步骤 285

第1章

| 创业项目的概念和内涵

南开大学　戚安邦

早在20世纪80年代国际上就已经开展了依靠创新和创业作为经济发展主要动力的国家战略，只是最初欧美国家将这种战略叫作"新技术革命""第三次浪潮"和"创新型国家建设"等。我国在20世纪90年代就曾提出过"科教兴国"战略，并在2005年确立了"创新型国家建设"的发展战略，然后到2015年国家将"大众创业，万众创新"（以下简称"双创"）发展战略定为"创新发展"的国策。由此可知，人们开展关于创新与创业及其管理已经有几十年的历史了。

1.1　国家"双创"战略和创业项目

我国最新的"双创"战略思想是2015年3月8日李克强总理在政府工作报告当中提出的，随后，"双创"又上升到了国家经济发展新引擎的战略高度。2015年6月11日，国务院出台了《关于大力推进大众创业万众创新若干政策措施的意见》（国发〔2015〕32号），2015年10月党的十八届五中全会上制定的《中共中央关于制定国民经济和社会发展第十三个五年规划的建议》提出了"十三五五大发展"理念，把"创新发展"（实际就是创新和创业的"双创"发展）放在了发展理念和战略的第一位。

1.1.1 国家"双创"战略

按照国发〔2015〕32 号文件的说法：推进大众创业、万众创新，是发展的动力之源，也是富民之道、公平之计、强国之策，对于推动经济结构调整、打造发展新引擎、增强发展新动力、走创新驱动发展道路具有重要意义，是稳增长、扩就业、激发亿万群众智慧和创造力，促进社会纵向流动、公平正义的重大举措。据此可以看出，国家"双创"战略具有如下几个方面的内涵。

1."双创"是我国经济发展的动力之源

我国自 2005 年提出要建设有国际影响力的创新型国家之后，在 2006 年又提出了"科学发展观"的理念。因为党和国家按时认识到，中国靠单纯的引进外资、扩大规模、资源投入等拉动经济发展的道路已经走不通了。特别是我国的这种发展道路上已经出现了一系列的问题。其一是我国的人力资源（也叫人口红利）、物力资源、自然资源等各种资源都逐步匮乏而不能满足外延扩张式的发展，其二是随着人均国民收入的提高，我国逐渐接近了"中等收入陷阱"，还有一系列的因素要求我国去改变发展道路。

特别是在我国经过了近 40 年的发展后，到 2018 年我国人均国民收入已经接近 10 000 美元，而这正是世界银行在 2006 年提出的"中等收入陷阱国家"的收入标准（8000~10 000 美元）。根据作者的多年研究成果发现，实际上我们国家先经历了"低等收入陷阱"，现在正在应对"中等收入陷阱"，而未来还会面临"高等收入陷阱"的困境。任何国家在这些不同的"陷进"中一旦应对失当，经济就会出现长时间停滞或倒退。图 1-1 是作者多年研究得出的一个国家在经济发展过程中不同阶段所面临的不同收入陷阱的模型。

由图 1-1 中可以看出，欠发达国家（中国改革开放之初的情况）在人们温饱没有解决的情况下，经济发展会存在 "低等收入陷阱"。此时，由于人民温饱尚未解决，根本没有资金去投资和发展经济，所以国家存在严重的投资短缺问题。此时国家只能依靠引进外资去开展经济建设、扩大生产规模、解决就业问题和提高国民收入，否则就会掉入图 1-1 中的"低等收入陷阱"之中。这是以前和当下许多欠发达国家面临的经济发展的最大问题，我国使用引进外资去弥补投资缺口，最终跨过了这一陷阱从而解决了温饱问题。

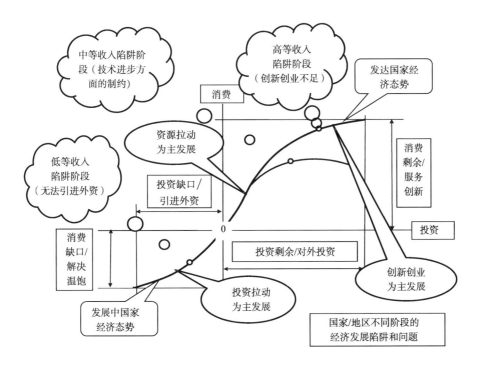

图 1-1 国家经济发展中的三种经济发展陷阱模型

更进一步,由图 1-1 中可以看出,在此之后发展中国家就会进入依靠各种资源的投入去扩大生产规模和经济总量的发展之路。此时,国家利用人力资源、自然资源、矿产资源、环境资源、财务资源等,借助于发展中国家各种资源的低价优势以及出口产品的价格优势去实现国民经济的发展。这是一种充当"世界工厂"的发展模式,由于从经济学的观点上说"工厂只是成本中心"(而不是盈利中心),所以这种经济发展模式是以廉价出售劳动力和国家各种资源以获得发展的模式。最终这会导致国家资源大量消耗,环境遭受污染,特别是随着人均收入增加而丧失"廉价劳动力"的优势地位,而最终走入无以为继的"中等收入陷阱"阶段。拉美很多国家都经历过这种陷阱的困境,所以世界银行也把"中等收入陷阱"称为"拉美陷阱"。

由图 1-1 中还可以看出,再进一步,当一国经济逐步成为高收入国家(或叫发达国家)时,国民经济发展中最大的问题是会出现严重的投资剩余和消费剩余。这会出现"剩余产能"(因投资剩余而导致的过度投资)问题,以及"供给侧失衡"(高收入和低等低价产品与服务导致的消费剩余)等一系列问题。此时,发达国家就不得不通过"两条腿走路"的战略去克服这种"高等收入陷阱"。其一是借助对外投资去解决投资剩余问题,其二是靠不断创新去解决消费的剩余问题。这就是为什么发达国家需要借助创新创业去推动经济发展的根本原因,否则国家经济发展就会掉入"高等收入陷阱"。实际上欧美多个发达国家在 20 世纪 80 年代前后，相继开展新技术革命和创新型国家建设，以及大量海外投资建设项目，都是为了解决国内的投资和消费剩余和避免掉入"高等收入陷阱"所采取的发展战略。

由此可知，当前我国经济发展的"双创"战略和"一带一路"倡议都是十分重要的。我国的"创新发展和开放发展"战略正是为解决国家经济发展的"动力之源"问题所采取的，因为我国不能再依靠"引进外资、资源投入、低水平扩张和出口拉动"去发展了。所以，"双创"将成为我国"推动经济结构调整、打造发展新引擎、增强发展新动力"，实现"稳增长、扩就业、激发亿万群众智慧和创造力"的科学发展之路。

2. "双创"是我国"富民之道和公平之计"

在世界各国经济发展道路中，掉入"中等收入陷阱"的国家还有一个重要的问题或困境，就是在国民经济经过一段快速增长后出现明显的减速（平均下降 50% 左右），由于这些国家对经济减速应对不当而导致经济停滞、泡沫破裂、产能过剩和僵尸企业等一系列问题。这又会导致出现严重的社会问题，因为在发展初期人们靠按劳分配而收入增长较快，但国家进入中等收入阶段就会出现投资收益（拿钱赚钱）远比劳动收益高且快，再加上物价上涨高于人均收入水平，导致中等收入阶层收入增速减慢或不增反降，从而出现社会因过度强调效率而牺牲公平且收入差距过大，最终会导致社会动荡，这会反过来严重影响国家的经济发展。

以金砖国家中的巴西为例，2009 年巴西申奥成功时经济形势很好，2010 年经济增长率达 7.5%。然而，根据中国新闻网 2017 年 3 月 8 日报道[①]，当地时间 3 月 7 日巴西地理统计局（IBGE）公布的最新数据显示，2016 年巴西国内生产总值（GDP）下跌 3.6%，这是继 2015 年 GDP 下滑 3.8% 之后连续第二年出现衰退。其中，该国 2015 年消费者物价指数为 10.67%，是政府当年规定 4.5% 通胀目标的两倍。2015 年全年巴西共有 5525 家公司倒闭，年失业率最高月份触及 7.9%，创 2008 年之后的 6 年新高。2015 年全年巴西雷亚尔汇率贬值 1/3，很多年人们创造的财富被国际强人"剪羊毛"弄走了。数据显示，巴西上一次出现经济连续两年负增长，还要追溯到 1930 年和 1931 年，当时经济分别下降 2.1% 和 3.3%。而这次的两年巴西累计经济衰退超过 7.2%，这是巴西历史上最严重的经济危机。

纵观巴西经济发展的现状和历史，2016 年巴西国内生产总值（GDP）按当时

---

① http://finance.qq.com/a/20170308/004885.htm.

汇率约合 2.01 万亿美元，人均国内生产总值约合 9777 美元（比 2015 年减少了 4.4%）。很显然，巴西此时已经属于典型的中等收入国家。但 2016 年巴西经济呈现全面下滑，失业率高达 11.5%，全国有 1 180 万人失业。通胀率 2015 年为 10.67%，2016 年为 6.29%，这导致家庭消费下降 4.2%。最重要的是由此导致巴西出现了激烈的社会动荡，2016 年 3 月 13 日巴西多地爆发大规模游行支持司法机关反腐，最终导致罗塞夫总统下台，巴西新领导采取了一系列标准性的改革方案才使得巴西跳出了经济衰退，恢复了经济增长。新华社巴西利亚 2017 年 12 月 14 日电：巴西政府预计 2017 年该国经济增长 1.1%。2018 年预期为 3%。但巴西并未从根本上解决"中等收入陷阱"的困境，因为他们尚未实现"创新发展"的经济转型。根据世界银行《2017—2018 年全球投资竞争力报告》[①]的数据，1995 年的发展中国家对外直接投资，巴西第一，占整个发展中国家直接对外投资的 30.7%，而中国只占第三位，为 12.3%。但 20 年后到 2015 年中国占据第一的位置，所占比重达到了 36%，巴西跌至第三且占比只有 6.5%。可见"中等收入陷阱"对于发展中国家发展到中等收入阶段会有多大的影响，所以我国必须通过"双创"战略和"一带一路"倡议等去做好对于"中等收入陷阱"的应对。

这个案例说明，"中等收入陷阱"既是一国经济发展的陷阱，也是国家政治或治理方面的陷阱。由此可知，《关于大力推进大众创业万众创新若干政策措施的意见》（国发〔2015〕32 号文件）中的说法：推进大众创业、万众创新，是发展的动力之源，也是富民之道、公平之计、强国之策，……是稳增长、扩就业、激发亿万群众智慧和创造力，促进社会纵向流动、公平正义的重大举措。换句话说，党和国家所提出的"双创"战略不仅是经济发展战略，也是治国理政的大政方针。因为这涉及整个社会的公平之计，是促进社会公平正义的重大政治举措，这使得人们可以依靠自己的"聪明才智"去创造和获得财富。

3."双创"是我国"多种分配方式并存"的一种体现

在科学社会主义理论中最为重要的社会主义制度包含三方面，其一是公有制，其二是按劳分配，其三是计划经济。显然，按照此理论，所有社会财富和资产都是公有的，那么人们只能按劳分配，因为没有私人资产而无法按资分配。但是我国现有的中国特色社会主义道路，是以公有制为主体，多种所有制经济共同发展的社会主义初级阶段的特殊体制。这就决定了需要实行以按劳分配为主体和多种分配方式

---

① World Bank Group，Global Investment Competitiveness Report 2017/2018: Foreign Investor Perspectives and Policy Implications，World Bank Publications，2017.

并存的分配制度，这是指允许各种生产要素（如按劳动要素、土地要素、技术要素、资本要素、企业家才能等）参加分配的体制。但是实践证明，由于资本要素的增值速度会高于其他生产要素的分配，所以这就成为造成全社会分配不公的根源之一。

但是，近年来知识产权作为一种参与社会财富分配的"生产要素"，逐步成为社会分配制度的一种独立的"智财"或叫"信息要素"。特别是随着保护知识产权的法律、法规和实务的不断加强，使得人们可以使用自己的聪明才智及其成果去创造和获得财富，并且这种分配方式正在成为"新的主角"，而实际上"创新创业"就是人们使用自己的聪明才智或智慧去创造财富并参加分配的一种全新的途径和方式。在传统工业经济发展模式中，这种"短缺经济"主要依赖资本投入去实现经济发展，按资分配使得有钱人获得了社会的主要财富（这就是资本主义的实质）。但是在知识经济和"创新和创业"发展模式中，有管理和科学技术专长权的人们可以通过发挥自己的聪明才智去创造和获得财富，而风险投资者（或叫资本家）只是按资本要素参与分配的一个参与方。这在很大程度上使我国"多种分配方式并存"的内涵大大增加，最重要的是使得社会分配的公平程度获得了很大的提升。

综上所述，我国的"双创"战略具有多方面的功能和属性，它既是我国跨越"中等收入陷阱"和促进经济发展的原动力，也是我国社会公平和政治稳定的重要途径与出路，更是扩大社会就业渠道和出路，以及促进和谐社会的建设的方法，它还可以推动和加速我国的科技创新、技术进步和提高科技转化速度，创造出新的市场需求和供给，进而提高人们生活质量。

1.1.2 "双创"战略中的创业项目

在"双创"战略举措中，"大众创业、万众创新"的关键在于这两个"创"字，并且这两个"创"字是相互关联的。从项目管理学的角度出发，"双创"既是一个整体项目，又是两个前后衔接的不同项目。从整体上看，"双创"之中先有创新项目的"成果"，后有创业项目的"价值实现"。换句话说，创新项目是创业项目的基础和前提，创业项目是创新项目的商业化和价值实现。创新项目创出新产品、新服务、新商业模式等成果，创业项目创出这些创新成果的商业价值。有关创业项目及其与创新项目的关系，具体讨论如下。

1. 创新与创业的关系

如图 1-2 给出了创新项目和创业项目的关系模型及其示意图，由图 1-2 的（a）中可以看出，广义的创新与创业活动是相互关联与相辅相成的。创业活动必须以创新活动为先导，通过利用创新活动的成果去实现创造新增价值。需要指出的是，本书所讨论的"创业项目"并不是"广义创业"的概念。创业项目不是一般的"创办一个企业"的概念，而是创办一个生产经营新产品、新服务或使用新商业模式的新企业或新事业。所以，本书所讨论的创业项目，不包含设立一个企业去使用已有模式开展生产和经营传统产品和服务的这类"创业"活动。

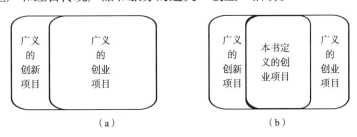

图 1-2　创新项目与创业项目的关系模型示意图

由图 1-2 的（b）中可以看出，本书所给出的创业项目只涵盖了同时包含创新成果和创业的部分。所以在图 1-2(b)中只有中间部分属于本书所讨论"创业项目"，左右空白部分是广义的创新和创业中不属于创业项目的部分。如此界定创业项目的根本目的，是为了本书后续能够从项目管理和评估的角度，去讨论创业项目的评估、实施和管理，即从项目管理学和评估学的角度出发，去讨论创新项目的全面和集成管理（现有关于创新与创业管理的定义不是从项目管理和评估角度做出的，所以相对宽泛一些）。由于从项目管理和评估学的角度去探讨创业管理的原理和方法，只有符合项目特性的创业活动才属于创业项目的范畴。因此，本书定义的创业项目是一种狭义的创业，是为实现创新成果的商业价值的有组织的活动。

2. 创新与创业的关联

为了进一步说明创新与创业之间相互关联的关系，作者借用并改造了美国"创业学之父"杰弗里·蒂蒙斯和小斯蒂芬·斯皮内利的《创业学》[1]中所给出的模型，借此给出了创业项目与创新项目之间的相互关联关系，如图 1-3 所示。

由图 1-3 可以看出，创业项目不包括像开办门市或设立企业这种简单的创业活动，创业项目是由一系列活动或阶段所构成的全过程。这个过程的主要组成阶段包括创立企业阶段、早期成长阶段、快速成长阶段和项目退出阶段，图 1-3 中的研发创新阶段因其标注的年份是负值而不属于创业项目，但是属于创新项目与创业项目

---

[1] 杰弗里·蒂蒙斯，小斯蒂芬·斯皮内利. 创业学：21 世纪的创业精神[M]. 8 版. 北京：人民邮电出版社，2014.

关联的部分。这就是创业项目的全过程，或叫创业项目的全生命周期。但是在蒂蒙斯和斯皮内利《创业学》及其他的创业管理教科书中并没有将创业看成一个项目，至少是没有按照项目管理的方法去讨论如何管理创业项目。

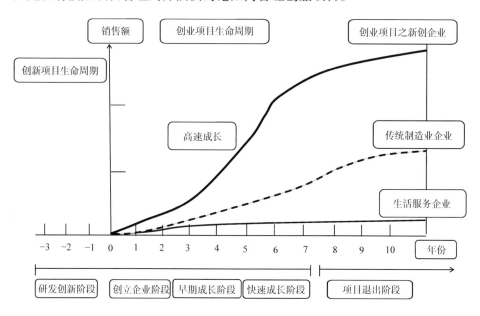

图 1-3　创业项目与创新项目相互关联关系示意图

在图 1-3 给出的创业过程模型中将"研发创新阶段"排除在了创业过程之外，将"研发创新阶段"的年份赋了负值。所以，该模型的"创立企业"阶段是创业过程的开始阶段或起始阶段，因为模型中自此阶段之后的年份赋值才都是正值。本书作者同意或接受这种观点，作者认为"研发创新"属于创新项目的范畴，是独立于创业项目的另一个完整过程。很显然，蒂蒙斯和斯皮内利也认为创业必须以"研发创新"为基础和前提条件，因为从该模型中可以看出，"研发创新"在前紧接着的是"创立企业"的活动。这也说明蒂蒙斯和斯皮内利也认为创业不是一般意义上的注册和设立企业，而是使用创新项目成果去创立一种新事业。

由图 1-3 还可以看出，创新企业是一种具有高速增长特性的企业，这是与一般注册或设立一个传统企业是不同的。由图 1-3 中可以看出，一般注册或设立的生活服务企业在初期有较低增长，随后会保持稳定或很少增长的模式（国内外的百年老店的特征），而投资和设立传统制造企业在初期和中期具有一定的增长后（达到设计规模后）也会保持稳定或低速增长的模式，国内外的这类企业有这方面特征。只有借助创业项目的新创企业才具有长期高速增长的特征，这正是由于创业项目利用创新项目成果所创造出的高速增长和巨大新增价值。

综上所述，创业是一种项目活动，所以需要采用项目管理和评估的方法以确保创业活动的成功。同时，创业项目与创新项目具有十分紧密的关联性。创业项目是以创新项为基础的，而创新项目的商业化是由创业项目来完成的。

1.2　创业项目的定义与内涵

有关创业的定义各种各样，有的人从创业学的角度去定义，有的人从创业管理的角度去定义，但很少有人从项目及其管理的角度去给出创业的定义。由此可知，现有对于创业的定义中不但存在仁者见仁智者见智的问题，而且缺少从项目和项目管理定义角度创业活动的问题。

1.2.1　创业项目的定义

国内外学术界和实业界都对创业有自己的定义，典型的定义有如下几种。

1. 国外学者对于"创业"的典型定义

这方面的定义有很多，最典型的是在杰弗里·蒂蒙斯教授与小斯蒂芬·斯皮内利共同撰写的《创业学：21 世纪的创业精神》一书中给出的定义："创业是一种思考、推理和结合机遇的行为，它为时机所带来的机会驱动，需要在方法上全盘考虑并拥有和谐的领导能力。"[1]该定义将创业称为一种行为，并且这是一种需要机遇配合和借助科学管理去开展的行为。换句话说，创业是一种需要客观环境（机遇的驱动）和主观努力（全盘思考、合理推理、和谐领导和科学管理）相结合的行为。

显然，这是该书作者多年研究和实践得出的结论，具有自身的权威性、科学性和现实性。但是显然这个定义不是从创新行为所具有的项目特性去进行界定的，所以这个定义缺少从创业项目所具有目的性（为什么要创业）、过程性（如何一步一步地去创业）、独特性（如何针对创业的特性去管理创业）、一次性（不成功便成仁）和风险性（既有可能是风险收益也有可能是风险损失）等一系列的特性出发去给出创业的定义和内涵。因此，本书有必要在此基础上，进一步从创业项目的特性角度去定义这种"行为"，这是从两种不同角度去讨论创业的特性和内涵的不同定义。

---

[1] Jeffry A. Timmons & Stephen Spinelli, New Venture Creation: Entrepreneurship for the 21st Century. 8th Edition, McGraw-Hill; 2008.

2. 国内学者对于"创业"的典型定义

国内这方面的定义也有很多，比较典型的是由复旦大学李志能教授等共同出版的《创业学》一书中的定义："创业是一个发现和捕捉机会并由此创造出新颖的产品或服务和实现其潜在价值的过程。"①这个定义强调了创业的"过程"性这一根本特性，并且给出了这一过程中的阶段和内容，这包括"发现和捕捉机会""创造新颖的产品或服务"及"实现其潜在价值"三个不同内容的过程阶段。

这个创业的定义也是作者多年研究的结果，同样具有自己的科学性和应用性。很显然，这个定义要比把创业定义为一种"行为"更加接近于"创业项目"的定义，因为创业更多的是一个"过程"，而且是由一系列人们的"行为"所组成的。同样，这也是该书作者多年研究和实践得出的结论，具有其权威性和科学性。但这个定义还是没从创业项目的独特性角度去给出"创业"的定义，因此本书也有必要在此基础上，进一步从创业项目特性的角度去定义这种"过程"，这也是从两种不同角度去讨论创业过程的特性和内涵的不同定义。

3. 本书对于"创业"的具体定义

综合现有关于创业和创业项目的定义，加上作者多年关于项目管理的研究成果，本书对于创业项目的定义是：创业项目是一个组织或团队，为利用已有的创新项目成果，去实现既定商业经济利益或（和）社会发展进步的目标，在不断发展变化的内外部环境约束下，自主开展的具有时限性、独特性、开创性、不确定性、风险性和社会性的创造活动的全过程。

本书所给出的创业项目的定义之所以与创业学或创业管理的其他经典著作有较大的不同，最重要的是为了使用项目管理的方法去开展创业过程的管理。这包括：使用项目评估的方法做好创业项目决策的支持；使用目标导向的方法开展创业项目的管理；使用项目风险管理的方法去应对好创业项目环境发展变化带来的各种风险（以实现消减创业项目风险损失和增加创业项目风险收益）；以及使用项目要素的管理方法去做好创业项目目标要素和资源要素的专项管理，特别是使用项目全过程、全要素和全团队集成管理的方法去对创业项目过程中所涉及的创业项目目标要素、资源要素、风险要素的全面集成管理。

实际上，因为创业既然是一种过程，而且每个创业活动都有自己独特性，所以创业活动就具有了过程性、一次性、不确定性、风险性等所有项目所拥有的特性。

---

① 李志能，郁义鸿，Robert D. Hisrich. 创业学[M]. 上海：复旦大学出版社，2006.

这些项目特性使得创业活动就应该按照项目去定义，最重要的是必须使用项目管理和评估的方法去开展创业过程的管理。事实上，所有创业学或创业管理的著作、教材或文献中所给出有关创业的定义，都承认创业具有这些独特性，只是无人从项目管理的角度去定义创业项目而已，这就是本书对于创业项目做出全新定义的出发点和落脚点。

1.2.2　创业项目的内涵

根据本书对于创业项目的定义，人们可知创业项目具有如下几个方面的内涵。

1. 创业项目是由一个组织或团队所开展的

本书所要讨论的创业项目不是个人行为，而是由组织或团队所开展的有组织创业活动。这里的组织包括家庭、企业、社团、政府、国家和国际性的组织，他们根据既定组织目标（包括实现盈利或扩展市场，以及科技进步和社会发展）所开展的创业活动才属于创业项目的范畴。这是一种不同于广义创业定义，是一种按照项目及其管理对于创业做出的定义。很显然，这种创业项目的定义中不包括个人的创业行为或活动，因为各种各样的个人创业跟有组织的创业是完全不同的。

按照广义的创业定义，不管是个人开门市或个体企业之类的创业活动，还是个人实现自我雇用的创业活动等，都属于"创业"的范畴。因为按照我国商事改革规定，人们开设一个门市或注册一个企业，只需要十分简单的手续在短暂的时间即可完成，由于这种创业行为并没有本书所说创业项目的过程和特性，所以并不属于本书创业项目及其管理所讨论的范畴。本书的创业项目定义是对利用创新成果去创建一份事业的过程给出的，这是为使用现代项目管理的方法去管理这种创过程的定义，这是本书的创业项目定义有所不同的根本原因。

2. 创业项目是为实现组织既定目标服务的

本书说的创业项目是为实现组织既定的商业利益或（和）社会发展进步目标服务的，这也与广义创业定义在内涵上有所不同。本书认为创业项目是组织实现既定目标的途径或手段，组织不是为了创业而去开展活动和管理，而是通过创业项目实施和管理去实现他们既定的目标。这种创业项目的定义有利于人们按照"项目目标导向管理"的管理方法，去开展创业项目全过程的组织和管理，以确保创业项目的成功和组织目标的实现。

本书所提出的创业项目要实现的组织既定目标，最主要的是商业经济利益目标，这是所有创业活动都必须实现的根本目标。因为人们开展创业或者任何其他有组织的活动都是为满足生活更美好的需要服务的，所以不是为获得商业经济利益的"创业"活动不属于本书所讨论的范畴。同时，创业项目也都会实现某种社会发展进步的目标，因为创业项目带来的社会既得利益改变都会造成某种程度的社会影响。因此，本书所定义的创业项目具有商业利益和社会进步两个方面的目标，这使得创业项目管理必须兼顾这两方面的目标。特别需要指出的是，如果创业项目可能导致负向社会影响的话，该创业项目即使有再大的商业利益也是不可行的。

3. 创业项目需要在已有的创新成果基础上开展

本书说的创业项目是在已有的创新成果基础上开展的一种全新项目，这表明人们要想开展创业项目先要有创新项目成果。这一点与蒂蒙斯等人所给出的关于创业的过程模型是一致的，这可以从图 1-2 和图 1-3 中看出。

由图 1-2 可知，创业项目是为实现创新项目成果的商业价值所开展的一种谋求商业利益的项目，所以"双创"项目是相互关联的。这是本书所给出的创业项目定义中最为重要的特征所在，本书提出的创业项目定义不是广义的创业活动或行为，而是实现创新项目成果商业价值的项目。这就是图 1-2 中"本书定义的创业项目"，被描绘为"广义的创新项目"与"广义的创业项目"交集部分的原因，即只有二者结合中的那部分才是创业项目。

由图 1-3 可知，创业项目全过程的起始阶段是"创立企业"，因为这一阶段的年份标注是从 0 年开始（0 年是指第一年的年初）。但是它的前序阶段是"研发创新阶段"，可是该阶段并不属于创业项目的范畴，因为它的年份标注的是负值（-3,-2,-1），并且它的结点标注的是 0 年（研发创新阶段结束年的年末）。这充分说明创业项目的全过程中不包括创新活动或阶段，且创业项目必须以创新项目成果为基础并利用它去获取商业利益。

此处需要说明的一点是，虽然有很多创业管理教科书将创新项目或活动并入了创业项目过程之中，但是本书作者认为从项目管理学的角度，创新和创业是两个既相互独立又相互关联的项目，但绝对不是同一个项目。因为创新项目和创业项目从目标到任务再到管理都有各自的特性和内容，各自都是目标、内容和管理上相互独立的不同项目。

4. 创业项目需要应对发展变化的内外部环境

由于创业项目是在不断发展变化的内外部环境约束下开展的，这种约束既包括国家和政府的各种政策发展变化所造成的约束，也包括人们的需求和价值观不断发展变化的约束，更包括市场环境和条件及各种资源的约束，等等，因此创业项目的核心内容是应对这些发展变化带来的不确定性和风险，所以这部分定义是针对创业项目管理需要服务的。由于人们开设门市或注册企业这类创业活动是在相对短暂时间内完成的，所以其环境和条件不会发生较大变化，因此这类活动不属于本书定义的创业项目范畴。

确切地说，在本书定义中给出这种创业项目的环境发展变化，最根本的作用是指出了如何应对和管理创业项目环境发展变化的必要性和客观性。实际上，创业项目管理的关键就在于"抓住机遇"和"趋利避害"这两方面的工作。前者是指人们需要使用项目评估的方法去找出，然后利用好创新项目成果所具有的"商机"；后者是指人们需要采取应对各种发展变化的行动去抓住创业项目的风险收益和消减创业项目的风险损失。

5. 创业项目具有不同于其他事物的众多特性

本书的创业项目定义中还指出，创业项目是人们所开展的具有时限性、独特性、开创性、不确定性、风险性和社会性的创造活动的全过程。这部分定义的核心在于指出了创业项目的主要特性，以便在创业项目管理中针对这些特性去开展管理。例如，创业项目的时限性表明创业项目有始有终，所以创业项目的起始管理和终结管理都是重要的项目管理内容。

本书关于创业项目定义中所给出的这些特性表明，创业项目不同于创新项目，但二者是相互独立和相互关联的两种独特项目。创业项目不同于一般广义的创业活动，创业项目有自己的过程性（这部分中所说的全过程）和其他一系列的特性。本书所给出的创业项目的各种特性，将在下一节中做深入的讨论和说明。

1.3　创业项目的特性与分类

在上述讨论中给出创业项目的主要特性，包括过程性、时限性、独特性、不确定性、风险性、社会性等。创业项目可以依据其各种特性做不同的分类，但本书只讨论本书定义的创业项目及其管理相关的部分创业项目的分类。

1.3.1　创业项目的特性

根据本书对创业项目的定义，创业项目的主要特性有如下几个方面。

1. 自主性

自主性是指创业项目是创业者及其团队为实现自己的既定目标，主动去开展的活动和行为。在创业项目的全过程当中，创业者及其团队对整个创业项目及其管理具有自主性。甚至在创业者及其团队从外部的风险投资者获得了资金和其他资源后，创业项目的创业者及其团队对创业项目及其管理仍具有自主的权利。

创业项目的这种自主性是它与一般的企业设立项目最大的区别所在，因为一般企业设立都是按照股权比例大小来决定谁是主导者的。但是，创业项目在项目的全生命周期中都是有创业者及其团队为主导的。只有当创业者及其团队项目终结并退出之后，即进入了创业项目的后续运营阶段，才会出现按照股权比例主导新创企业的情况。

2. 过程性

过程性是项目的一种根本属性，所以也是创业项目的根本属性。本书将创业项目的这一特性描述为"创造活动的全过程"，这种定义的根本出发点是为了针对创业项目的过程性，去使用项目管理学和评估学的方法去开展对于创业活动的管理。

实际上只有具有过程性的事情才是可管理的，因为转瞬即逝或没有过程的事物是无法管理的。例如，地震等自然灾害人们无法管理而只能应对（因为这些属于无预警信息的风险），人们的短时冲动行为是无法管理的（如果能够管理就可减少很多犯罪了）。

因为针对事物全过程开展管理是项目管理学方法的根本所在，所以项目管理基于团队的过程管理方法（不同于日常运营所用基于分工的职能管理方法）。由于创业项目具有这种过程性，所以创业项目需要使用项目管理学的方法去做好其全过程的集成管理。

3. 时限性

所谓创业项目的"时限性"是指创业项目是有始有终的，而且创业项目何时起始与何时终结是项目管理的根本问题之一。其中，每个创业项目的起始阶段都必须做好项目前评估和起始决策，而每个创业项目终结阶段都必须做好项目后评估和决策与学习。

创业项目具有的时限性要求创业项目能够"善始善终"，因此人们就要做好创业项目起始和结束时点的管理以及整个项目全过程的时期管理。因此，本书定义给出的创业项目时限性就是为开展创业项目时间管理(也叫进度或工期管理)服务的。

这种管理的"善始"是指要及时抓住商机去启动创业项目，"善终"是指要使创业项目"获得最大利益"，即必须在正确的时机去终结和退出。中国道家的"知止不殆"，儒家的"止于至善"和兵家的"三十六计走为上"，都认为"善终"是项目成功的根本。

4．独特性和开创性

本书定义中创业项目的"独特性"和"开创性"也是为创业项目管理服务的，因为这是创业项目不同于其他项目和日常运营管理的两个根本特性。所以，创业项目管理必须针对具体项目的"独特"和"开创"特性，按照基于团队的模式去开展管理，而不能按照基于分工的职能管理模式去做创业项目管理。

其中，创业项目的独特性是指任何创业项目都应该有自己的独特之处，即一个创业项目必须具有不同于任何其他创业活动或项目的独特之处。创业项目的独特性是事关创业项目成败的根本所在，因为没有独特性的创业项目就属于传统项目或日常运营了。

创业项目的"开创性"强调的是项目必须以创新成果为基础去开创一番事业，创业不是"守业"或"开业"，没有"破旧立新"的开创性的事业不属于本书定义的创业项目。创业项目所使用的创新成果可以是原始创新、集成创新及引进消化吸收再创新的任何一种成果，但是创业项目必须通过使用创新项目成果而具备开创性的特性。

5．不确定性和风险性

本书定义中所说的创业项目"不确定性"和"风险性"主要是为开展创业项目风险管理服务的，因为创业项目风险管理是项目成败的核心和关键。任何事若各方面都是确定的，那么人们管与不管其结果是一样的。正是由于创业项目存在不确定性及由此导致的风险性，人们才需要开展创业项目管理。

其中，创业项目的不确定性是由于项目及其环境与条件发展变化造成的，这表现在人们无法确切知道或预测出创业项目环境于条件的发展变化，人们也无法确切地预测创业项目的最终结果。人们只知道创业项目的环境和结果会有几种发展变化情况，并且也知道这些情况各自的发生概率，但就是不清楚究竟哪种结果会确定地发生，这就是不确定性。

创业项目的风险性是由不确定性导致的，它是指创业项目的最终结果可能带来风险收益，但也可能带来风险损失，可能会是创业项目的风险收益大于风险损失，但也可能相反。因此，人们必须积极开展创业项目风险管理，包括创业项目的风险识别、度量、应对和监控，从而实现"趋利避害"的创业项目管理这一根本目标。

6．社会性

社会性是指任何创业项目不管成败其结果都会带来不同的社会影响，本书强调创业项目社会性是为开展项目全体相关利益主体的集成管理服务的。这涉及两个方面的管理，其一是创业项目所有相关利益主体共同合作去实现创业项目价值最大化（效率）的管理，其二是合理划分创业项目所创造出的全部新增价值（公平）的管理。

实际上任何项目，特别是创业项目，主要都是为实现商业利益服务的。但是任何项目都不能伤害到与项目相关利益主体的经济或商业利益，即人们不能利用创业项目去实现"不当得利"（指不合法地损害他人所取得的利益）。创业项目是通过创造新增价值给创业者带来财富，而不是靠赚取他人（相关利益主体）的钱去增加创业者的财富。

这就牵扯到在创业项目管理中，人们必须开展项目全体相关利益主体共同参与的项目全团队集成管理。这涉及创业项目相关利益主体识别，创业项目全团队建设，创业项目全团队沟通与合作，以及创业项目全团队对于新增价值的合理分配等诸多方面的组织管理。

1.3.2 创业项目的分类

任何事物都可根据既定分类标志去进行分类，以便人们能够更好地认识该事物。创业项目同样可按照不同标准进行分类，借此去更好地进行认识和管理创业项目。如前所述，本书所定义的是创业项目与广义的创业有所不同，所以其分类也会有诸多不同之处。

1. 按照广义与狭义的分类

有关广义与狭义创业的分类前面已经有了较多的讨论，但是此处只讨论本书所定义创业项目的广义与狭义的分类。

广义的创业项目泛指人类一切的有开拓意义的经济与社会变革活动，它涉及的领域涵盖政治、经济、军事、文化、艺术等各个方面，只要人们创立的是以前没有的事业都可以被称为创业，因为所有这些经济与社会变革活动都具有创业项目的根本特性。

狭义的创业项目就是上一节所给出的创业项目定义，它与广义的创业项目之间最大的区别在于，狭义的创业项目是实现创新成果的商业价值或商业化的过程。本书所讨论的就是针对这种狭义创业项目的评估、实施、变更和控制等方面的管理。

2. 按照创业者的分类

这是指按照开展创业项目的组织所做的分类，这种分类主要包括以家庭、团队、企业等组织所开展的创业项目。在有关的书籍中，多数将之称为"个体创业和公司创业"。

本书所讨论的主要是前两种组织开展的创业项目，即由创业者及其团队所开展创业项目。这类似于创业学中的"个体创业"，因为从创业者承担风险、拥有创业成果、管理相对独立及创业资源的局限等方面与本书定义的创业项目更为接近。但本书不太赞同"个体创业"这种说法，因为任何项目都是由项目创始人（如创业者）及其团队共同完成的，没人靠"个体单打独斗"能够完成一个项目的。

公司创业就是在现有企业组织内部所开展的创业项目，这是一类独特的创业项目，很多时候又被称为企业的二次创业或再创业等。这种创业项目的特征是由公司承担风险（多数是这样，也有与创业者分担风险的），公司拥有创业项目及其成果的主要权益，创业者可以拥有部分创业项目的权益，公司的文化和规制对创业项目成功有干涉或影响，但公司在创业项目所需资源上有优势并能保障创业项目很快地达到规模经济和经济收益。

3. 按照创新成果内容的分类

创业项目可以按照产品创新、服务创新、技术创新、商业模式创新等多种不同性质的创新成果的应用进行分类，这种分类也是为选用不同管理原理和方法服务的。

第一类是利用产品创新成果所开展的创业项目，这类创业项目涉及新产品开发、加工制造和市场营销等一系列的开创工作。由于这种创业项目所涉及的是可触摸的实物产品及其生产和销售，所以这类创业项目需使用与产品生产和销售相关的管理原理和方法。

第二类是利用服务创新的成果去开展的创业项目，这类创业项目所涉及的是不可触摸性新服务（只可体验）的开发、营销等创新项目工作。由于服务的无形性，使得这类创业项目与第一类创业项目有很大不同，这类创业项目需要使用服务业的管理原理和方法。

第三类是利用技术创新的成果去开展的创业项目，这类创业项目所涉及的主要是加工制造技术方法的改进或变革。由于多数技术创新是与科学发现紧密相连的（因为科学是用来认识世界的，技术使用来改造世界的），所以这种创业项目需要高科技类的管理原理与方法。

第四类是利用商业模式创新的成果创业项目，这类创业项目涉及的主要是商业模式变革所需配套的各种开发和创造工作。这是一类非常独特和十分综合的创业项目，因为人们在改变商业模式的同时，需要为全新商业模式做好各方面的改进和变革。例如，沃尔玛公司所创建的超级市场商业模式和亚马逊公司所创造的网络销售商业模式都需要全新管理原理和方法。

4．按照创新属性的分类

这是按照创业项目中所使用的创新成果究竟是原始创新、集成创新还是引进消化吸收再创新三种不同性质创新成果所做的分类。如此分类也是为了使人们能够应用不同的管理原理和方法去开展对于不同创业项目的评估、实施和控制等方面独特性的管理。

第一类是利用"前无古人"的原始创新成果的创业项目。这类创业项目难度高且管理任务艰巨，所以多需要使用"摸着石头过河"的高风险项目管理原理和方法，但是这种创业项目能够获得很高的回报。例如，我国改革开放就是一种原始创新（此前无人在社会主义体制中使用市场经济机制），这一创业项目使得中国仅用 40 年时间就成为世界第二大经济体。

第二类是利用集成创新成果开展的创业项目。此处的集成创新就是利用各方面的创新去集成出一项完整的创新成果。这类创业项目的复杂性高，且需要使用项目全面集成管理的原理和方法，同样这种创业项目具有很高的回报和收益。例如，我国的可燃冰开采技术属于集成创新，借此创业项目使得中国这方面的事业获得了巨大的发展。

第三类是利用引进消化再创新的成果所开展的创业项目。我国大多数创业项目都属于这个类别。通常这种创业项目的难度相对较低且投入较少，只需要使用现代项目管理的原理和方法即可，但是这种创业项目的回报和收益相对也比较少。例如，我国的高铁就是通过引进发达国家的高铁技术，然后在此基础上经过消化吸收和再创新所开展的典型创业项目。

5．按照最终结果的分类

这种分类最主要的包括成功的创业项目、变更的创业项目和失败的创业项目。这种创业项目的分类的目的是使人们能够对创业项目的全过程开展有针对性的管理，因为这三类不同的创业项目有不同的项目过程，所以它们需要不同的管理内容、原理和方法。

第一类是成功的创业项目。这是指创业项目全过程基本上按照人们在项目起始阶段的既定目标和基本计划安排实施，并获得了最终的成功。这类创业项目管理的核心在终结阶段如何实现创业者及其团队的退出和收益，人们应在创业项目起始阶段就制定好创业项目的退出机制，以防最终创业项目成功了但创业者及其团队却没有获得应得回报和收益。

第二类是重大变更的创业项目。这是指在创业项目的过程中出现了重大变更且创业项目结果与最初的计划安排完全不同。这类创业项目管理的核心在于项目的变更管理，人们必须制定创业项目变更的规则和办法，以防止错失项目变更的时机和由此带来的收益和成果。

第三类是失败的创业项目。这是指创业项目最终未能实现既定目标，并且也没有进行变更或转让，最后是以失败而告终（实际这是多数创业项目的结局）。这类创业项目管理的核心在于项目终结阶段的经验教训总结和组织性学习方面的管理，这是一种"总结经验，以利再战"和"吃堑长智"方面的管理。

另外，根据现有的教科书和文献资料可知，还有很多创业的分类。例如，在全球创业监管组织（Global Entrepreneurship Monitor, GEM）关于机会型创业（指在发现或创造新的市场机会下进行的创业活动）与生存型创业（为自己的生存和发展谋求出路的创业）的分类中，前者属于创业项目的范畴，而后者有很大一部分不属于创业项目的范畴（因为像开设门市或登记企业成为个体户这类创业都不属于创业项目的范畴）。

第2章

| 创业项目管理的概念、原理和方法

天津理工大学　孙贤伟

第1章已经全面讨论了创业项目及其所具有的各种特性，这些特性使得创业项目的管理与一般项目管理和日常运营管理有很大的不同，本章将讨论有关创业项目管理的概念、原理与方法。

2.1　创业项目管理的定义和内涵

创业项目管理属于项目管理的范畴，这与一般的项目管理有所不同，更与一般或传统企业管理有很大的不同。一般或传统企业管理仅适合于周而复始不断重复的企业日常运营管理，由于不断重复的事情才能分工去提高效率，所以这是一种基于分工的职能管理的方法。由于创业项目管理是针对项目全过程所开展的独特性和一次性的管理，所以这是一种基于团队的全面集成管理的方法。更进一步说，企业日常运营管理是一种程序化、结构化、线性和在相对确定性环境下开展的管理，而创业项目管理是一种非程序化、非结构化、非线性（复杂性）和在不确定性环境下开展的管理，因此二者使用完全不同的管理原理和方法。

2.1.1　创业项目管理的定义

本书作者认为，创业项目管理的定义和内涵必须是针对创业项目本身的独特性去界定。所以，在此需要根据本书给出的创业项目所具有的时限性、独特性、开创性、不确定性、风险性和社会性等一系列特性去给出创业项目管理的定义和内涵。

1. 现有创业管理的定义

现有关于创业管理的定义有很多，这些与本书所定义的创业项目管理有所不同。但是作者认为，实际上创业项目管理就是项目管理学与创业学融合而产生的一个项目管理新领域，所以在此有必要对现有创业项目的定义进行讨论。作者在文献研究中发现，有关创业学和创业管理的文献中所给出创业管理定义是众说纷纭，学者们分别从不同的角度对创业管理给出自己的概念和界定。

作者在文献研究中发现，对于创业管理的定义具有共识的表述是：创业管理是指以假设创业者作为主体的前提下，以创业者行为和创业过程为主要研究对象，以创业机会为核心问题的管理活动和方式。这个定义的主要含义是：创业管理是对创业过程的管理，创业管理包括识别和利用机会、组织资源、制订计划和过程控制，以及创建新企业和新企业的成长与发展的管理等众多管理的内容。

实际上现有对创业管理的认识，在很多方面国内外专家是有共识的，中外学者们观点十分一致的是认定创业管理与日常运营管理（一般管理或传统管理）是不同的管理范式，需要使用不同的管理原理和方法。有关这两种管理的不同之处，作者认为有如下几个方面。

（1）管理的模式不同。因为日常运营管理是一种面向周而复始不断重复事物的管理，所以使用的一种基于分工的职能管理的模式和方法；但创业项目管理是一种面向一次性和独特性事物的管理，所以使用的是一种基于团队的过程管理的模式和方法。

（2）管理的导向不同。多数企业的日常运营管理以企业成本为导向（因多数企业使用成本领先的战略），所以主要是借助于增产与节约的方法去创造新增价值；而创业项目管理以新创企业的创立和成长为导向的，它主要是靠创新成果（标新立异）和创业（无中生有）的方法创造新增价值。

（3）管理的核心内容不同。日常运营管理是以资源配置管理为核心，所以日常运营管理是以实现资源的合理配置而展开的；而创业项目管理是以机遇挖掘和利用的管理为主，这包括商机的识别和利用、资源外取（如多轮风险融资）和创新成果的转化和利用等方面的管理。

（4）管理的环境不同。日常运营管理是在一种相对确定性的环境中开展的线性管理，虽然这种管理中也有一些发展变化的环境与条件，但同创业项目相比其管理所面临的环境发展变化小很多，所以创业项目管理是一种面向不确定性、风险性和非线性的环境变化所开展的管理。

（5）管理的性质不同。日常运营管理是以程序化和结构化为主的管理，在这种性质的管理中人们使用固定的程序和规则，按照计划安排去进行组织、领导和控制；但是创业项目管理是非程序化和非结构化的，这是一种需要不断变更和难以按照既定计划去开展的管理。

（6）管理者的地位不同。日常运营管理主要是一种由职业经理人受托（就有委托代理机制）开展的管理，这是经营权和所有权二者分离所导致的结果；但创业项目管理是由创业者及其团队为自己开展的管理，因为新创企业的拥有和管理都是创业者及其团队，这是两种管理最大的区别之处。

综上所述，创业项目管理不同于日常运营管理或传统管理是有共识的，只是人们尚未取得对于创业管理定义的共识而已（若所有学术领域都是共识就没有研究探索的余地了）。

2. 本书的创业管理定义

本书作者认为，除了上述共识之外，对于创业项目管理的定义还需体现项目管理学[①]的原理和方法，特别是项目管理学中面向目标、资源和风险要素开展管理的特征。作者认为创业项目管理中最重要的是这种项目的全面集成管理，这涉及创业项目全过程（各个阶段与各项活动）的集成管理，创业项目全要素（目标要素、资源要素和风险要素）的集成管理，以及创业项目全团队（全体相关利益主体）的集成管理的全面集成管理。

根据上述讨论，本书对于创业项目管理的定义是：创业项目管理是创业者及其团队运用各种相关知识、观念、方法与技能，针对具有时限性、独特性、开创性、不确定性、风险性和社会性的创业项目，为实现创业项目所涉及相关利益主体的要求与期望，所开展的一种具有一次性、创造性、学习性和全面集成性的管理活动，是贯串创业项目全过程的一种非程序化和非结构化管理工作。

从这一定义可知，创业项目管理是融合了创业学（或创业管理学）与项目管理学的一个新的管理领域。创业项目管理的对象是创业项目（不包括开办门市或设立

---

① 戚安邦. 项目管理学[M]. 北京：科学出版社，2007.

个体企业等活动),所以使用的是项目管理和评估的原理与方法。有关创业项目管理的内涵,具体在下节中做详细的讨论。

2.1.2　创业项目管理的内涵

根据上述本书对于创业项目管理的定义,可知创业项目管理的内涵包括如下几个方面。

1. 创业项目的管理者

按照一般管理或传统管理的原理与方法,企业的管理者与所有者是分离的,现代企业最重要的特征就是所有权和经营权的分离。按照项目管理学的原理与方法,任何项目都有业主和承包商等相关利益主体,他们各自承担不同的管理角色和责任。但是创业项目是一种自我创造和自我管理的项目,所以创业项目管理者就是"创业者及其团队"。虽然创业者及其团队在融资之后会出让自己的部分权益 (股权融资),但此后创业项目的管理者还是创业者及其团队。只有当创业者及其团队终结项目和全面退出后,创业项目的后续经营与管理才会转手,不过那已经不属于创业项目的范畴 (属于日常运营管理) 了。这种创业者及其团队的自主项目管理模式,是创业项目管理与其他项目管理和日常运营管理最大的不同,这使得创业项目管理者具有一种自我管理和自我激励的机制。

2. 创业项目管理者应具备的条件

按照项目管理学的原理与方法,项目管理者必须具备相关的知识、观念、方法和技能,所以定义中说"创业项目管理是创业者及其团队运用各种相关知识、观念、方法与技能"。其中所说各种知识、观念、方法与技能主要包括两个方面,其一是创业项目所属专业领域的科学技术知识、观念、方法与技能,其二是创业项目管理方面的专业知识、观念、方法与技能。纵观各国成功的创业者及其团队和新创企业,多数人的成功在于他们具有了新创企业所属专业领域领先的科学技术能力 (创业项目不可以由外行领导内行)。虽然,很多成功的创业者及其团队并不一定专门学习过项目管理的知识或方法,但实际上他们做的各种管理都是按照项目管理的模式和方法进行的。实际上人们只要做不同的事情就是做项目,人类社会自开展有组织的活动 (古代的渔猎活动) 就开始使用、总结和学习项目管理的原理和方法。正是创业者及其团队人生历练和成功的经验,使得很多创业者及其团队在项目管理方面能"无师自通"。

3．创业项目管理的对象

创业项目管理的对象就是创业项目及其新创企业，本书对此描述为："具有时限性、独特性、开创性、不确定性、风险性和社会性的创业项目。"这些创业项目的特性使得创业项目管理内容和方法有很大的独特性，其中"时限性"使得创业项目管理要做好"善始善终"的管理，即创业项目的起始和终结管理；而"独特性"要求创业项目管理必须针对具体项目的独特之处开展管理，这种管理必须针对具体创业项目的特性去开展；而"开创性"使得创业管理需要使用前人未曾尝试的管理方法，因为这是对于"创业项目"的管理；"不确定性和风险性"使得创业项目管理以项目风险管理为主，由于不管是项目风险收益还是风险损失都是由项目的不确定性引起的，所以创业项目管理还必须对具体项目的不确定性进行管理；创业项目的"社会性"在很大程度上要求在创业项目管理中不但要为自己增加财富，而且不能侵害他人的合法权益和利益（增加社会财富）。

4．创业项目管理的核心

任何管理的核心任务都是为了实现组织的既定目标，所以本书在创业项目管理定义中将此界定成："为实现创业项目所涉及的全体相关利益主体的要求与期望。"这涉及两方面的管理，其一是对全体相关利益主体要求的管理，其二是对全体相关利益主体期望的管理。人们做任何事情都要有投入，而这些资源的投入都"要求"有回报，这就是最基本的经济学原理。其中，投入劳力者要求得到工资，投入土地资源者要求得到地租，投入资本者要求得到红利，投入企业家才能（管理者）要求得到利润（因为是他们使用自己的聪明才智实现了前三种资源的合理配置而创造出了利润）。所以，创业项目管理的核心任务是要保障人们的要求能够得以实现。但是，人们在要求的基础上都有更高的"期望"，工人想涨工资，地主想涨地租，资本家想涨红利，企业家想多分些利润。中国人说的"人心不足蛇吞象"和外国人的"渔夫与金鱼"的故事都是说人们的期望会过度膨胀（古今中外，概莫能外），所以创业项目管理者还必须做好"创业项目全体相关利益主体的期望管理"，否则全体相关利益主体"期望高过实际"必将导致项目失败。

5．创业项目管理自身的特性

任何管理都必须针对事物自身的特性去开展，所以创业项目管理也必须针对自身的特性去开展。本书定义的创业项目管理是人们"所开展的一种具有一次性、创造性、学习性和全面集成性的管理活动"。其中的"一次性"是说，创业项目及其管理只有一次机会，所以这种管理有"不成功便成仁"的特性，因此这种管理要比日常运营管理投入更多的精力和努力。其中的"创造性"是指这种管理没有"一定之规",而需要人们开展创造性的管理。其中的"学习性"是指这种管理的过程是一个学习的过程,创业项目管理者需要按"吃一堑长一智"的模式去摸索、学习和管理创业项目。关于"全面集成性"是指这种管理的核心在于如何实现商机、资源和创造性活动的合理配置关系,这种合理配置关系需要使用全面集成的方法和过程去实现(详述见后)。

6. 创业项目管理的过程特性

在本书对于创业项目管理的定义中将这种管理定义为:"是贯串创业项目全过程的一种非程序化和非结构化管理工作。"这是为了突出这种管理是以创业项目的全过程(这也被称为创业项目的全生命周期)管理为主,这是一种面向过程的管理,而不是以基于分工的职能管理。创业项目的过程是一种非线性的,即人们没有办法在项目之处就制订出完备的计划,即使人们有计划也会不断地进行变更。所以,创业项目管理是一种非程序化(不能按照既定程序去开展管理)的,因为没人能在创业项目之初就制定出科学而完善的程序、步骤和管理方法,只能靠"摸着石头过河"或"以解决问题为导向"的方法去开展创业项目的管理。同时,创业项目管理也是一种非结构化(无法按既定规则和方法管理)的,因为人们无法预先确定出项目全过程中各个阶段或步骤应该用哪种规则或方法去开展创业项目的管理。

综上所述,创业项目管理是一种完全不同的管理领域,甚至不同于常规项目管理(如投资项目、工程项目、研发项目或创新项目的管理)的全新项目管理领域,有关这种创业项目管理的详细内容将在后续章节中展开讨论。

2.2 创业项目管理的特性和内容

根据上述讨论可知,创业项目及其管理有自身的独特性,对于这些独特性及由此产生的独特的管理内容分述如下。

2.2.1 创业项目管理的特性

在本书对于创业项目的定义中,已经讨论了创业项目的独特性。正是创业项目的独特性使得创业项目管理具有自己的特性,有关创业项目管理的这些特性分述如下。

1. 创业项目管理是管理学的独特部分

如前所述,创业项目管理的独特之处使得这种管理既不同于传统管理或日常运营管理，也不同于现有的工程（或投资）项目管理，而是一种独特的项目管理。

（1）创业项目管理在管理学的独特位置。创业项目管理属于项目管理的范畴，而项目管理属于管理的两大应用之一。所以，为了说明创业项目管理的独特性，作者将创业项目管理置于管理学的整个框架中以示这种管理的独特位置，具体如图2-1所示[①]。

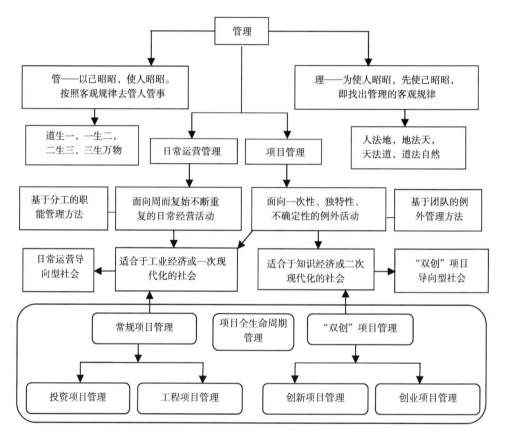

图 2-1　创业项目管理在管理学中独特位置示意图

（2）管理学的原理有两个方面。图 2-1 的上半部分属于管理的原理部分，由图 2-1 中可以看出有"管"和"理"两部分。

其中，"理"字是指人们要管理任何人和事，首先必须找出其中的"客观规律"，然后才能"有理走遍天下"。管理中的"理"字实际上指的就是"分析、预测和评价"等一系列的对于人和事的客观评估，这包括对于具体事务及其所处微观和宏观环境等各个方面的评估。所以，在"理"字之下有"人法地，地法天，天法道，道

法自然"，说的就是要对"人事"、微观（地）和宏观（天），特别是未来这些的发展变化（道）进行全面的评估。按照管理学原理这就是"找到正确事情"的管理工作，这种管理工作所用的基本原理和方法就是项目评估学①的原理和方法（因为任何事情都始于项目，所以需使用项目评估学方法）。

"管"字是指人们在找到"正确的事情"及其客观规律后，管理者所采取的管人管事的具体行动，所以这属于"用正确的方法去做事"的范畴。由于事物及其微观和宏观环境都是发展变化的，所以"管"字最根本的原因是因人、因事、因时、因地而异的权变思想。所以，在"管"字下的话是"道生一（太极），一生二（一分为二有阴阳），二生三（三道阴阳组合成八卦以表示引发事物变化的天、地、风、雷等因素），三生万物（发展变化导致了千变万化的事物）"，说的就是管理需要按照事物的发展变化去做好应对（也就是权益之变）的基本原理和方法（如项目管理学中的变更管理方法等）。

（3）管理学的应用有两个方面。图 2-1 的下半部分属于管理的应用部分，由图 2-1 中可以看出有日常运营管理和项目管理两部分应用。其中，日常运营管理是面向周而复始不断重复的日常经营活动的，而项目管理是面向一次性、独特性和不确定性的例外活动的。所以，二者所使用的管理方法是不同的，日常运营管理使用的基于分工的职能管理的方法（因分工可以提高重复性工作的效率），项目管理使用的是基于团队的例外管理方法（因为不断变化的事情只能靠群策群力去找出路）。

同时，这两种不同的管理应用又分别适用于不同的经济形态和社会形态。日常运营管理主要适用于工业经济或一次现代化的社会，这是一种按照科层制组织的日常运营导向型社会。项目管理更适合于知识经济或二次现代化的社会，这是一种按照项目导向型组织的"双创"项目导向型的社会。其中，日常运营导向型社会靠"增产节约"为主去创造价值和社会财富，"双创"项目导向型社会靠"创新和创业"为主去创造价值和社会财富。

（4）创业项目管理的独特位置。由图 2-1 中最下面的部分可知，项目管理领域中又可以分成两个部分：其一是常规项目管理，如常规的投资项目管理和工程项目管理等；其二是"双创"项目管理，即创新项目管理和创业项目管理。创新项目管理的范畴比较广，科学、技术和社会创新项目都属于这一范畴，其管理特性在于"破旧立新"的管理，而不是以实现商业化和创造财富为导向。

最重要的一点是：按项目全生命周期管理的原理（图 2-1 中最下部所示），任

① 戚安邦. 项目评估学[M]. 北京：科学出版社，2012.

何事物都是先有项目而后才会有日常运营，日常运营只是项目全生命周期中的运维阶段而已。因此，项目管理和日常运营管理二者都是项目全生命周期管理中不同阶段的两个管理领域。创业项目也是如此，只是创业项目全生命周期管理中要兼有创造和运营两方面的管理（这是创业项目高速增长的根本）。但是创业者及其团队退出后，新创企业会转移到接手的一方，而接手者需要继续运营新创企业，不过接手和运营这种"新创企业"则又是另一个项目，因而需要不同的管理了。

本书所界定的创业项目管理要比广义创业管理的范畴相对小一些，因为本书所界定的创业项目不包括那些个人和短暂的创业活动。这种创业项目管理最大的独特性就是以商业化为导向，它以创新项目成果为基础，以实现创新成果的价值实现管理为主导。这使得创业项目管理具有了复杂性、风险性和集成性等主要特性。

2. 创业项目管理的复杂性

创业项目是一种复杂性项目，所以创业项目管理是一种典型的复杂性项目的管理。根据凯·拉明顿（Kaye Ramington）等的说法[①]，复杂性项目有五个方面的复杂性，分别是：结构复杂性、技术复杂性、方向复杂性、渐进复杂性和多重复杂性。作者的研究结果表明，创业项目是一种复杂性项目，所以创业项目管理也具有复杂性管理的基本特性。

（1）创业项目结构复杂性的管理。这种项目复杂性存在于多数大型创业项目，这是由创业项目结构错综复杂造成的。创业项目结构复杂性的关键在于项目具有很多要素且要素之间的关系结构复杂，这包括创业项目范围、时间、成本、质量的目标要素，创业项目所需的人力、物力和信息资源要素，特别是创业项目的高不确定性和高风险性使得人们无法确切预知这些要素合理配置关系和实现这些配置的管理原理和方法。创业项目结构复杂性的成因有两个：其一是人们对创业项目结构的了解或认知程度有限，因每个创业项目都不同而使得人们很难学习和积累这方面认知；其二是创业项目的管理需要依据创业项目环境发展变化而开展项目变更。所以，创业项目结构复杂性的管理是十分困难的，这种复杂性是创业项目管理中的主要挑战之一。

（2）创业项目技术复杂性的管理。这种项目复杂性源于创业项目中与项目产出物直接相关的技术问题，由于创业项目的产出物（如新产品、服务或商业模式等）是一种全新的事物，所以需要使用新知识和新技术，因此就有了这种复杂性。因为

---

① Kaye Ramington, Julien Pollack. 复杂性项目的管理工具[M]. 戚安邦，张洁，王颖，译. 天津：南开大学出版社，2011.

人们没有任何生产这种创业项目产出物的经验和技术，这就使得创业项目技术复杂性的管理成为这种管理的一个重要挑战。项目技术复杂性有时是源于项目需要使用多种相互依赖的技术方法，且这些技术方法之间相互联系和制约。创业项目技术复杂性使得人们知道需要做什么，但是却不知道如何去做好它（缺少技术或多种技术难以选择）。项目技术复杂性通常会出现在创业项目所使用的创新成果的复杂技术需要，这种复杂性带来的挑战多需要借助外部专家或资源，或以合同（部分外包）或加盟（融资的同时融入专家经验）等方式，去管理和解决创业者及其团队无法解决的复杂技术问题。

（3）创业项目方向复杂性的管理。项目复杂性最主要的是表现在方向复杂性上，多数创业项目都具有方向复杂性的特征。这种复杂性主要是指人们在创业之初无法达成共识的创业项目目标和实现创业项目目标的路径，甚至创业项目的含义和范围的界定也不清楚。这使得人们对创业项目目标和前景及环境发展变化有多种不同的预期、解释或理解，因此人们对创业项目目标、实现途径和项目范围等的理解产生了歧义，从而造成了创业项目方向复杂性。因此，在创业项目管理中，人们所面临的挑战是如何做好创业项目的评估和定义阶段，以便人们能够揭示或发现创业项目管理的方向性，从而对创业项目管理的目标、路径和范围达成共识。这种创业项目管理的关键挑战，是创业者及其团队需要具有项目评估、风险管理和项目预测方面的管理能力。

（4）创业项目渐进复杂性的管理。创业项目渐进复杂性是由于创业项目的环境和战略发展方向出现重大改变造成的，这些变化超出创业者及其团队意愿和控制范围就使得项目复杂了。这种复杂性源于创业项目环境与条件及人们（创业者、市场顾客、供应商等）期望的不确定性，特别是在创业项目评估中人们对未来的预测很难。这种复杂性的起因是创业项目环境出现不可预测的变化，使得项目必须做出重大变更。这类变化的情况包括：出现了不可预见的国家法律法规的变化，出现未预期的国内外动乱或灾难，有人开发出了可替代产出物或新技术，等等。这种创业项目复杂性还与外部影响紧密相关，并且会随着时间的推移而不断发生、发展和变化，所以这种复杂性可能发生在创业项目生命周期中的任何阶段。这种复杂性多数发生在那些持续时间较长的创业项目中，因为创业项目环境发展变化是需要时间的。这种复杂性的管理涉及两方面，其一是创业项目变更管理，其二是创业项目跟踪评估。前者是应对创业项目渐进复杂性的管理手段，因为当创业项目环境发生重大变化后，项目就必须进行变更；后者是监控和及早发现创业项目环境发展变化的方法，所以创业项目跟踪评估[①]十分重要。

（5）创业项目多重复杂性的管理。有些创业项目会有上述四种复杂性中的一种或多种，这就是创业项目多重复杂性的情况。通常，创业项目的规模越大，这四种类型复杂性同时出现的可能性越大，只是每种项目复杂性的程度会有可能不同。例如，一个跨国通信公司的海外创业项目涉及不同国家的环境、条件和法律等，因此该项目就会包含结构、技术、方向和渐进这四种项目复杂性。

其中，项目的结构复杂性来自海外创业项目的整体的结构复杂和构成单元众多，技术复杂性多数来自通信系统及其 IT 系统的技术难度和集成难度，方向复杂性来自处于相关国家对跨国通信项目在目标和途径等方面缺乏共识，渐进复杂性则来自不断变化的该项目政治、经济、法律、社会等环境的发展变化。对于创业项目多重复杂性的管理而言，在应对其中的不同类型复杂性时，人们需要使用不同的管理技术和方法。但是在应对创业项目多重复杂性时，最为关键的管理原理和方法是项目全面集成和项目变更的管理方法。

（6）创业项目复杂性管理的基本方法。对于创业项目复杂性的管理需要人们根据具体创业项目的复杂性，从项目复杂性管理方法论中进行选用。创业项目复杂性管理最基本的原理和方法就是基于系统理论的管理方法，最关键的是首先识别项目复杂性的类型，然后从现有复杂性项目管理的方法中进行选择应用和创造性发挥（因为没有针对具体创业项目的复杂性管理的现成方法）。

现有项目复杂性管理工具主要包括：复杂性地图的方法（说明项目复杂性来源及其发展变化的方法），系统解剖的方法（用图表等方法对项目相关部分的关系进行揭示的方法），项目目标集成方法（实现项目各要素合理配置关系的方法），项目要素关系分析方法（针对项目复杂性类型进行项目管理战略和方向确定的方法），角色定义方法（使用核检清单定义项目管理角色的方法），串行和并行方法（将"软"逻辑用于项目生命周期和起始与结束的方法），虚拟门径管理方法（使用各种门径控制去管理风险的方法），项目风险管理方法（识别、度量、应对和监控风险的管理方法），半结构化的 JAZZ 法（像 JAZZ 音乐一样那样可自我发挥的方法），可可托维奇方法（用于激发人们寻找创造性项目问题解决方案的非结构化方法），斯坦尼斯拉夫斯基方法（帮助人们开拓观点和视角的非结构化方法），多元融合方法（帮助项目沟通和管理全团队成员关系的方法），项目变更管理方法（应对方向和渐进复杂性的管理方法），项目全面集成管理的方法（用于结构复杂性和多重复杂性的

---

① 戚安邦. 项目评估学[M]. 2 版. 北京：科学出版社，2019.

管理方法），等等。很显然，这些都是非结构化和非程序化的管理方法，都是以"艺术性"为主的管理方法。

综上所述，创业项目管理最大的特性之一是其复杂性的管理，所以创业项目管理所使用的方法多数是非线性化、非结构化和非程序化的。当然，并非所有创业项目或项目所有阶段都具有复杂性，所以创业项目管理者有时也可以使用常规项目管理方法、工具和过程去进行创业项目的管理并获得相应的成功。

3. 创业项目管理的集成性

创业项目管理的另一个重要特性是它的集成性管理，即创业项目管理需要实现项目各种目标、要素、资源、风险及项目相关利益主体的要求和期望等多方面的集成管理。创业项目的集成性管理基本原理也是把创业项目看成一个系统，然后通过采用分步集成的方法去使创业项目各个方面和要素实现合理的配置，因为只有创业项目的各方面和各要素实现的合理配置的关系，创业项目管理才能取得成功。

根据作者有关项目集成管理的研究成果[①]，创业项目的这种全面集成管理包括：项目全过程的集成管理，项目全要素的集成管理，创业项目全团队的集成管理和创业项目全面集成管理。有关创业项目全面集成管理的模型如图 2-2 所示，该模型的具体内容讨论如下。

（1）创业项目的全过程集成管理。由图 2-2 中纵轴部分可以看到，这种集成管理涉及创业项目目标、产出物、阶段、工作包、活动五方面的集成管理。创业项目的全过程集成管理指在创业项目自始至终的全过程中，人们需要开展的项目目标与项目产出物的集成，项目产出物与项目阶段的集成，项目产出物与项目可交付物的集成，项目可交付物与项目工作包与活动的集成管理工作。人们需要根据创业项目目标去分解确定项目产出物，根据项目产出物去分解确定项目阶段，根据项目产出物去分解确定项目可交付物，根据项目产出物去分解确定项目的工作包并进一步确定出工作包中的各项活动（业务和管理活动）。创业项目全过程集成管理的核心在于找到项目目标、产出物、阶段、可交付物、工作包与活动之间的合理配置关系，并据此去安排好创业项目的计划，并且在项目出现变更的时候重新做好这些方面的再次集成计划和控制工作。

---

① 戚安邦. 现代项目全面集成管理原理与方法[M]. 天津：南开大学出版社，2016.

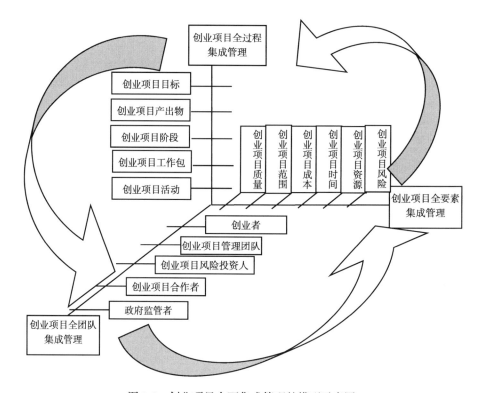

图 2-2　创业项目全面集成管理的模型示意图

这种集成管理可以防止人们根据自己的主观意志或偏好,去计划安排和随意变更创业项目全过程中目标、产出物、阶段、工作包与活动之间的配置关系,从而导致创业项目出错或失败。实际上,多数创业项目失败的原因是创业项目全过程集成管理不当。作者调查研究发现,很多人根本就没有创业项目全过程集成管理方面的相关知识和能力,结果导致他们在创业项目管理中该做的工作没有安排却做了不该做的工作,完全没按"充分必要"的原则去实现项目目标、产出物、阶段、工作包和活动的合理配置关系。

(2)创业项目的全要素集成管理。由图 2-2 中横轴的部分可知,这种集成管理涉及创业项目质量、范围、成本、时间、资源、风险六个要素的集成管理。这是指人们需要根据具体创业项目这些要素之间的合理配置关系,去开展的好项目的计划安排和变更的管理。其中,创业项目目标四要素包括项目范围、时间、成本和质量四个方面,项目资源要素包括人力资源、信息资源、采购获得的资源三个方面,项目风险要素主要是风险收益和损失。人们需要根据创业项目总目标去分解确定项目目标四要素，根据项目目标四要素去分解确定项目所需资源要素，根据项目目标要素和资源要素及项目所处环境去分析确定项目风险要素，并且根据这些项目要素之间的相互依存和相互作用去确定出它们之间的合理配置关系。这种集成管理的核心在于使用集成过程和方法去找出项目全要素之间的合理配置关系，并据此去安排好创业项目的集成计划和专项计划，以及在这些项目要素配置关系出现问题的时候积极开展变更管理。

这种集成管理可以防止人们不顾具体创业项目各要素间应有的合理配置关系，去计划安排和随意变更项目全要素中目标要素或资源要素和风险要素之间的配置关系，从而导致创业项目各专项计划和专项管理目标之间发生冲突而导致项目失败。实际上，多数创业项目失败的最主要原因是集成管理有误。本书作者的调研结果表明，有些创业者及其团队根本没有创业项目全要素集成管理的相关知识和能力，所以无法根据创业项目风险要素做出项目目标要素和资源要素的计划、控制和变更，结果导致创业项目只有各要素的专项计划（如时间计划）却没有集成计划，而且这些项目专项计划还不是从集成计划中分拆出来的，这种使用"单打一"专项管理方法，肯定是无法实现创业项目的目标的。

（3）创业项目的全团队集成管理。由图 2-2 中斜轴部分可知，这种集成管理涉及创业者、管理团队、风险投资人、项目合作者及政府监管者（政府主管部门）等项目相关利益主体的集成管理。这种集成管理涉及两个方面，其一是创业项目组织管理方面的集成，其二是创业项目利益关系及其分配方面的集成。所以，这种集成管理的内容包括：识别和确定出整个项目的全体相关利益主体（他们就是"项目全团队"的成员），安排好项目全团队成员各自的权利、责任和义务，确定好全团队成员之间的合同关系与合作伙伴关系（以获得效率），管理好全团队成员的要求和期望（以实现公平），由此去实现项目全团队成员的合理配置关系和科学集成管理。人们需要根据具体创业项目全过程的任务和项目全要素的资源要素等识别出项目全团队的成员，然后使用组织集成管理的方法去找出和安排好项目全团队成员间的合理配置关系，并据此去安排好创业项目全团队的组织、合作、沟通和分配的计划和控制。

这种集成管理既可以防止人们遗漏某些客观存在的创业项目相关利益主体（等他们找上门来主张权力和利益的时候就会出现矛盾和冲突），也可以很好地解决创业项目全团队之间的利益协调（集成了全团队成员的要求和期望）和管理沟通（由此消减全团队成员之间信息不对称）等问题。本书作者调查研究发现，有许多人没有创业项目全团队集成管理的相关知识和能力，也不知道应该如何同项目相关利益主体建立合作伙伴关系并开展合作，更不知道如何制定全团队的沟通计划和沟通方法，结果导致很多人"单打独斗"去创业，最终四处碰壁从而导致项目失败。

（4）创业项目的全面集成管理。由整个图 2-2 可以看出，创业项目全面集成管理是对于创业项目全过程、全要素和全团队三个方面集成管理的全面整合管理（图 2-2 中三个弧线示意了这种集成）。因为只有将这三个方面的集成管理，按照先后顺序和相互关联与影响的关系去全面地集成，才能最终形成创业项目整个系统的科学管理。实际上，创业项目全过程的各个阶段都会涉及项目全部要素不同的合理配置要求，而所有项目要素的集成又都是为了实现项目全过程既定目标并生成项目产出物服务的。同时，创业项目全过程和全要素之间的配置关系都会涉及项目全体相关利益主体的合作和利益分成，因此创业项目这三个方面的集成管理是一个系统，必须用系统集成的方法去实现创业项目全过程、全要素和全团队的全面集成管理。

作者研究得出的项目全面集成管理的内容和过程（个别例外情况除外）基本上是：这种全面集成管理始于项目全过程集成管理，因为首先创业项目识别、确认和集成目标、产出物、阶段、工作包和活动，然后人们要针对创业项目全过程集成结果去并行开展项目全团队和全要素的集成管理，此时人们要识别和确认项目相关利益主体及其工作、责任和义务，以及全团队成员各自在不同创业项目阶段或工作包的实施中所需实现的目标要素（范围、时间、质量和成本）、资源要素（人力、信息和采购获得的资源）和风险要素之间的合理配置关系，最终就可以实现创业项目全要素的集成管理了。

综上所述，创业项目管理既不同于日常运营和常规项目的管理，创业项目管理具有它自身的独特性，其主要独特性是项目复杂性和集成性的管理。

2.2.2 创业项目管理的内容

创业项目管理是一个复杂的系统工程，所以这种管理涉及众多的内容。包括创业项目管理的通用性内容和具体创业项目的相关专业和技术领域的管理内容。

1. 创业项目的论证与评估

在创业项目的管理内容中，创业项目的论证与评估几乎占据了一半的比重。因为在创业项目全过程当中，人们必须开展创业项目起始决策所需的前评估，创业项目跟踪决策所需的跟踪评估，以及创业项目终结和退出决策所需的后评估。如图 2-3 给出了创业项目全过程论证与评估的示意图。

图 2-3　创业项目全过程论证与评估的示意图

如图 2-3 所示，创业项目全过程中需要开展三种管理决策，这三种不同的创业项目决策都必须有信息为其提供支持，所以创业项目论证与评估要有为三种决策提供支持的论证与评估。有关这些创业项目论证与评估的内容、作用和与项目决策的关系，如图 2-4 所示。

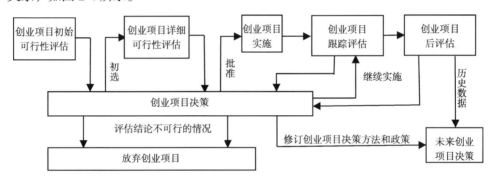

图 2-4　创业项目评估内容及其与创业项目决策关系示意图

由图 2-4 中可知，创业项目前评估包括有初始可行性评估和详细可行性评估两个部分。创业项目跟踪评估是在项目起始后到项目终结退出前的过程中所开展的一种评估，这是在创业项目目标或环境发生重大变化时，为人们做出正确的创业项目跟踪决策而开展的，它也有是否开展创业项目变更和创业项目变更方案两方面的评估。创业项目后评估是为创业者及其团队为终结和退出项目提供支持的，这包括创业项目终结评估（涉及管理终结与合同终结两方面）和退出方案评估两方面的内容。有关这三种评估的具体内容、作用和做法具体分述如下。

（1）创业项目前评估。创业项目前评估中包括的初始可行性评估是为开展创业项目所做的一种初步的论证与评估，所以这是一种相对比较粗略的项目前评估。通常，这种创业项目前评估以定性评估方法为主，是为制定创业项目的大政方针和初步方案服务的。所有的创业项目必须在完成了创业项目前评估之后，并且是在评估结果认定创业项目可行后才算完成。反之，创业项目管理就应进入图 2-4 的最下面部分，即因未通过项目初始可行性评估而将创业项目放弃。

创业项目详细可行性评估的根本作用是在确定创业项目初步可行性的基础上，借助进一步的详细评估去比较和选优，从而确定出比选后的创业项目优化方案。因此，这种评估以定量评估方法为主，必须深入评估创业项目在技术、经济、财务、环境、风险等各个方面的可行性。所以，这种评估在内容和深度上较初始评估要详细和深入得多。创业项目只有在详细可行性评估完成且获得通过以后才能获准去开展创业项目的实施。如果创业项目未能通过这种详细可行性评估，它们还是属于图2-4最下面部分，即因为未通过创业项目前评估而放弃创业项目。

（2）创业项目跟踪评估。这种论证与评估也包括两个部分，其一是在既定评估时点上评估创业项目是否需要根据主观（有人提出的变更）和客观（环境变化导致的变更）要求去开展变更，其二是在确定创业项目变更后对于创业项目变更方案可行性和优化性的评估。实际上没有哪个创业项目是按照初始计划不变更而成功完成的，因为创业项目面临的政策环境、市场环境和条件等都会不断发展变化，再加上创业项目相关利益主体的主观意愿也会变化（如创业项目产品或服务的消费者偏好和意愿的改变），所以在创业项目全过程中某些时点上会出现变更。此时，人们就必须开展创业项目跟踪评估，即针对创业项目变更及其变更方案进行评估。很显然，如果这种项目评估的结果是可行的，人们就可以按照变更方案去实施创业项目后续阶段了。

这种论证与评估通常包括三方面的具体内容：其一是创业项目实施绩效评估，借此找出创业项目实施中的问题和困境；其二是创业项目变更必要性评估，借此决策创业项目是需要采取纠偏措施（小调整）还是进行项目变更（重新计划与设计）；其三是创业项目变更方案的可行性评估，借此选择最优或最满意的创业项目变更方案。按照项目管理学原理，这种评估属于事中控制的管理工作，并且是在创业项目全过程当中重复开展的一种评估工作。这种评估多数是在创业项目各阶段的起点或终点进行，因为此时创业项目需要实施绩效评估，一旦这种绩效评估发现了问题，人们就必须开展这种创业项目变更的跟踪评估了。

（3）创业项目后评估。创业项目后评估是为项目的终结和退出决策服务的，因为创业项目终结之时就是创业者及其团队退出项目之日，此时需要开展项目后评估。这种评估也包括两个部分：其一是对创业项目终结时间和方案的评估，这是为创业项目终结决策提供服务的；其二是对创业项目退出方案的评估，这是为不失时机退出创业项目服务的。

创业项目何时终结，创业者及其团队以何种方式退出（如转让创业项目、创业项目上市，或是由职工持股创业项目等），这些都需要开展评估。实际上成功的创业项目多数与创业项目后评估有关，因为只有"善终"才是人们做事的最高境界。中国道家思想中的"知止不殆"，儒家思想中的"止于至善"和兵家思想中的"三十六计走为上"，都是指"终结管理"最为重要。通常，如果这种评估结果显示创业者及其团队没有相应资源和能力继续他们的创业项目，也不能从外部获得所需的资源和能力，他们就必须终结和退出创业项目了。

2. 创业项目的过程管理

创业项目本身就是一种独特性的过程，这种项目各阶段和各环节的管理就是创业项目的过程管理。虽然现有理论对创业过程有多种不同的模型和理论，但是对于创业需要过程管理确是大家的共识。实际上，任何项目全过程都可以划分成不同的阶段，典型的现代项目全过程依据项目各阶段管理工作性质不同而划分成项目：定义与决策、计划与设计、实施与控制、完工与交付四个不同的阶段。本节将先讨论现有创业过程管理的模型和原理，然后给出本书定义的项目过程管理模型和内容。

（1）张玉利的创业管理框架体系模型。国内这方面最具代表性的应该是南开大学张玉利教授及其团队所提出的创业管理的框架体系模型[①]，具体如图 2-5 所示。该模型的创业过程有五个阶段，具体管理内容分述如下。

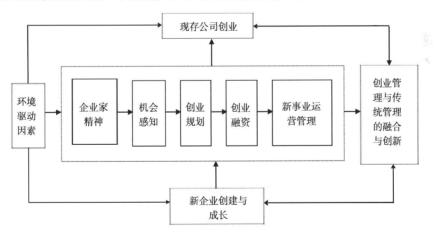

图 2-5　创业管理的框架体系模型示意图

第一阶段在图 2-5 中表示为"企业家精神"，实际上就是创业过程的创新、探

---

① 张玉利. 创业管理[M]. 3 版. 北京：机械工业出版社，2013.

索与创造精神的准备阶段，即创业者及其团队开展思想和精神准备的阶段，其管理核心在于培养和激发创业者及其团队的创新与创业精神，并做好创业的各种准备工作。所以，国内也有人将这称为"创业动机产生"阶段，而国外则有人将此称为"决定要开展创业"阶段。

第二阶段即图 2-5 中给出的创业"机会感知"阶段，也就是创业的商机寻找和评估的阶段。这一阶段的核心管理工作是如何借助各种分析与评估的方法去识别、评估并确认创业项目的商机。国内有些人将此称为"创业机会识别"阶段或"识别和评估商机"阶段，国外有人称为"选择和评估创业机会"的阶段。

第三阶段在图 2-5 中被称为"创业规划"阶段，这是根据此前"创业机会评估"的结果去制订创业计划的阶段。这个阶段管理的核心任务是编制创业计划书（也叫商业计划书），即制订创业整体方案和计划安排阶段。国内有些人将此阶段称为"准备商业计划"阶段，国外多称为"研究和拟订商业计划书"阶段。

第四阶段是图 2-5 中给出的"创业融资"阶段，这实际是根据此前的创业计划书去筹集资金和资源的阶段。这一阶段的管理核心在于融资管理和资源配置管理，包括对于股权和债权资本的选用及新创企业股权的分享等管理。国内有人将此阶段称为"资源整合"阶段，国外则有人称其为"确定并获取创业资源"阶段。

第五阶段是图 2-5 中给出的"新事业运营管理"阶段，这是新创企业投入运营和高速发展的阶段。此时的管理核心在于新创企业的经营管理，这是一种对高成长企业的管理，是新创企业如何通过不断努力而快速发展的管理。国内有人将此称为"实现机会价值"或"收获回报"阶段，国外则有人称其为"创业取得成功"的阶段。

由图 2-5 中可以看出，在这个创业过程之前是"环境驱动因素"，之后是"创业管理与传统管理的融合与创新"。但这两部分并不属于"新企业创建与成长"或"现存公司创业"过程的范畴（因为它们不在虚线框中）。作者理解此处 "创业管理与传统管理的融合与创新"的含义是新创企业会进入日常运营管理的阶段，但是新创企业的管理与传统企业的日常运营管理又有所不同，所以需要融合创业管理和传统管理并有所创新。

（2）蒂蒙斯的创业过程管理模型。国外最具代表性的创业管理模型是蒂蒙斯教授及其团队的创业过程管理体系模型[①]，具体如图 2-6 所示（注：此前的图 1-3 是在图 2-6 基础上改进的，以说明创业项目与创新项目的相互关联）。由图 2-6 可以

---

① 杰弗里·蒂蒙斯，小斯蒂芬·斯皮内利. 创业学：21 世纪的创业精神[M]. 8 版. 北京：人民邮电出版社，2014.

看出这一创业过程也包括五个阶段，具体管理内容分述如下。

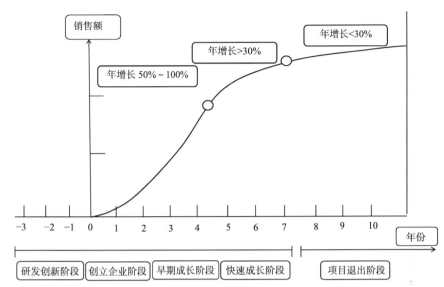

图 2-6　蒂蒙斯的创业过程管理示意图

第一阶段即图 2-6 中的"研发创新阶段"，但是图中标注的时间却是赋予负值（−3,−2,−1）的年份。这表明此阶段并不属于"创业"过程的范畴，显然蒂蒙斯认为"创建新企业"之后的事情才属于创业的范畴。但是这个属于创业过程中的"前置阶段"或"准备阶段"。作者认为，蒂蒙斯如此处理是为了指明创业必须是以创新成果为基础。实际上这个阶段属于创业项目前期，因此作者将其称为创业的"前置阶段"。

第二阶段即图 2-6 中"创立企业阶段"，亦即图 2-6 中自"0"年（第一年年初）开始的阶段。在此阶段中人们需要完成从创业规划到企业设立或开创等工作，西方创业学将此阶段叫作"新建你的企业阶段"。这时阶段管理工作较多，包括从商业计划书到新创企业设立等一系列的管理工作。按照项目管理学的原理，这是创业项目的起始阶段，其管理工作主要包括三个：创业项目的定义与决策、创业项目的计划与设计和新创企业设立过程的管理工作。很显然，蒂蒙斯的这个模型阶段合并了图 2-5 所给模型的前三个阶段，因此蒂蒙斯模型中的这个阶段就有了相对较多的管理工作。

第三阶段即图 2-6 中标注的"早期成长阶段"，亦即新创企业的试运营和改进阶段，所以蒂蒙斯又称此为"种子阶段"。国外也有学者将此称为新创企业的"完善你的企业阶段"，这是新创企业初期成长阶段。此时最主要的管理工作是：跟踪评估、改进完善、变更管理及各种资源配置的管理工作。通常，新创企业在此前阶段多是使用个人储蓄和家庭成员或朋友的钱去创业，而到了此阶段因新创企业开始扩张就需要引进"天使投资"等风险投资，以及其他外部资源和帮助。

第四阶段即图 2-6 中的"快速成长阶段"（按照蒂蒙斯的说法此时的年增长比例在 50% 以上），这是新创企业最具标志性的阶段。通常传统投资所建企业都没有这个阶段，因为传统投资建厂投产后 1~2 年即可达到设计产能，随后是稳定生产而难以高速增长。但新创企业在经过"早期成长阶段"后，尤其是其新产品或服务获得市场认可后，就会有一个高速成长与扩张阶段。在此阶段中新创企业的管理工作涉及两方面内容，其一是企业扩张的融资和资源配置管理，其二是企业市场营销方面的管理。这不同于传统企业的市场营销管理，是一种关于高速开发和扩张市场活动的管理。

第五阶段即图 2-6 中的"退出阶段"，这也是新创企业的一种特有阶段，按照蒂蒙斯的说法，此时新创企业的年增长率仍然高于 30%。但是在新创企业进入退出阶段后年增长率就会进入低增长阶段（低于 30% 或不增长状态）。传统投资建厂的企业没有这个阶段，它们在 1~2 年达产后就进入日常运营阶段，直至"寿终就寝"或"中途倒闭"而很少有中途退出情况。因此，这个阶段的管理十分独特，此时人们需要本着"价值最大化"的原则，设计和实施好终结和退出的方案。当然，这种方案和行动还必须使接手者能够"有利可图"和"做好企业"，即接手者应该不善于创业但善于日常运营管理的人。这种退出阶段的管理是一种项目风险，人们在创业或融资之初就应该想好这种风险管理的各种预案。

（3）本书提出的创业项目过程管理模型。上述两个典型的创业过程模型给出了创业项目过程管理的阶段划分及各阶段管理的核心内容，由此可知多数创业过程管理的阶段和内容是具有共识的。然而，这些模型都不是从创业项目管理的视角或原理出发去划分出项目阶段。有的是从创业过程的业务角度去划分阶段（如创立和完善阶段），有的是从创业过程的某种特性（如蒂蒙斯的增长比率特性）去划分阶段。现有这些创业过程及其阶段的划分虽各有其科学性和应用性，但过程管理属于项目管理学的范畴（基于分工的职能管理属于日常运营管理范畴），所以从项目管理角度去开展创业项目过程管理是更为理想和有利的。因此，本书在上述创业过程管理模型的基础上，依据项目管理学的原理提出了如图 2-7 所示的创业项目过程管理模型。有关这个创业项目过程管理模型的阶段划分及其管理工作的性质与内容的讨论，分述如下。

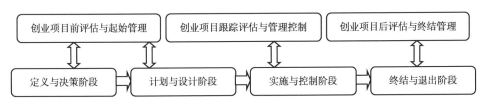

图 2-7 本书定义的创业项目过程管理模型

第一阶段即创业项目 "定义与决策"的阶段。此阶段中核心管理内容有三个，其一是创业项目起始的初始评估，其二是据此确定出创业项目的总目标、基础条件（所应用的创新成果）、初步方案和创业范围等方面的界定，其三是根据初始评估和项目界定结果做出是否开展创业项目的决策。因前两方面管理属于项目定义的范畴，而第三方面管理属于创业项目起始决策，所以这个阶段被称为"定义与决策"阶段。这个阶段的管理工作核心是收集、处理、生成和使用创业项目起始决策的支持信息，因为这是创业项目的起始决策科学性和可行性的基本保障。当然，在这种起始决策中还必须加上来自创业者及其团队的直觉、判断和专家经验，即他们的"胆识和聪明才智"去最终做出创业项目的起始决策。

第二阶段即创业项目的"计划与设计"阶段。这个阶段的核心管理内容也有三个，其一是创业项目起始的详细前评估，其二是创业项目的计划安排，其三是创业项目实施方案的制订和优化。这一阶段的最终产物就是经过详细评估和全面优化后的创业项目的计划安排和项目实施方案，所以这一阶段被称为"计划与设计"阶段。其中，创业项目的计划包括创业项目各专项计划（八个项目要素或专项计划）和集成计划，而创业项目实施方案包括创业项目专业工作方案和管理控制方案。这个阶段的创业项目详细评估具有两方面的工作，其一是创业项目计划与设计方案的可行性评估，其二是创业项目计划与设计方案的优化评估。由于创业项目计划与设计涉及诸多方面的知识和经验，所以这个阶段的管理是一种"群策群力"的阶段，必须使用基于团队的项目管理模式开展。

第三阶段即创业项目"实施与控制"阶段。在此阶段中的核心管理内容有四个：其一是创业项目全过程各节点上的项目绩效评估；其二是根据绩效评估中出现的偏差（偏差需要项目纠偏）和问题（问题则需要项目变更）去制定"纠偏"或"变更"决策，并制订出创业项目纠偏或变更的具体方案；其三是对创业项目纠偏或变更方案进行评估并做出相应决策；其四是依据项目决策纠偏或变更方案去继续实施项目。由此可知，在此阶段的管理属于创业项目实施的过程控制工作。需要指出的是，如果创业项目因出现问题而需要开展变更（这是比纠偏调整更大的改进和提高）时，人们需要对整个创业项目后续阶段进行全面的变更，包括重新开展项目定义与决策和计划与设计，这实际是全面重新进行项目的计划和安排，然后按照新的项目计划和方案去开展后续实施和管理。

第四阶段即创业项目的"终结与退出"阶段。此阶段中所包含的管理内容主要有两个方面，其一是创业项目的终结管理，其二是创业项目的退出管理。其中，创业项目的终结管理包括管理终结与合同终结两个方面，前者是人们从管理的角度所做的文档化管理工作和总结经验教训的管理工作，后者是人们对项目各种合同关系的终结管理工作。这个阶段最为困难的管理工作是对于项目退出的管理，这涉及何时退出、以何种方式退出、退出具体方案的制订、评估、决策与实施。这种创业项目的退出管理需要选择好退出时机、退出方式、退出后的权利与义务安排等各方面的管理工作，所以这需要开展深入且详细的评估。需要注意的是：通常先有创业项目的终结，后有创业项目的退出，甚至这二者之间会有一段等待退出机会的时间，所以这个阶段的管理是相对比较复杂的。

本书之所以如此定义创业项目的过程管理，最主要的依据是在创业学中有关创业管理研究范畴的共识。根据吉林大学商学院张秀娥教授的创业管理讲义所给出的信息，因为该讲义源于丁栋虹、陈德智、张玉利、李志能和郁义鸿及马克·丁·多林格（Marc J. Dollinger）和杰弗里·蒙蒂斯等编写的众多创业学和创业管理的教材[①]，如图 2-8 给出的创业管理或创业研究、企业成长研究和管理理论研究的范畴。由图 2-8 可以看出，创业、企业成长和管理理论各有自己的研究对象和范畴，虽然企业成长研究与创业研究有一定的交叉，但是创业管理与运营管理是两个完全不同的范畴，因为它们所研究的对象（或说企业阶段）是不同的。

---

① 张玉利，薛红志，陈寒松，等.创业管理[M].4 版. 北京：机械工业出版社，2016.

李志能. 企业新创——孵化的理论与组织管理[M]. 上海：复旦大学出版社，2001.

郁义鸿，于立宏. 管理经济学——问题导向的经营决策分析[M]. 2 版. 北京：高等教育出版社，2014.

马克·J. 多林格. 创业学——战略与资源[M]. 3 版. 王任飞，译. 北京：中国人民大学出版社，2006.

张秀娥. 外企管理[M]. 北京：清华大学出版社，2017.

杰弗里·蒂蒙斯，小斯蒂芬·斯皮内里. 创业学：21 世纪的创业精神[M]. 8 版. 北京：人民邮电出版社，2014.

丁栋虹. 创业管理：企业家视角[M]. 北京：机械工业出版社，2012.

陈德智. 战略管理精品案例[M]. 上海：上海交通大学出版社，2011.

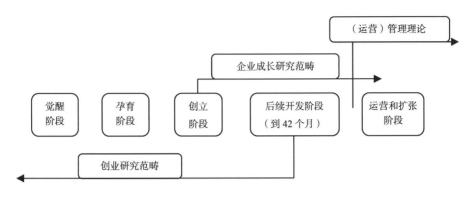

图 2-8　创业、企业成长和管理理论研究对象和范畴示意图

　　最重要的是，这些共识有与本书所定义的创业项目过程管理在三个方面是一致的。其一是该模型告诉人们创业管理的范畴包括创立企业和后续成长的阶段，但是不包括新创企业进入常规运营阶段的管理，这种共识隐含或说明了创业属于项目的范畴（因为不包括日常运营阶段），故可以使用项目管理的方法。其二是表明创业管理是按照阶段开展的，这种按照阶段进行管理的事物都属于项目管理的范畴，所以创业管理需要使用创业项目过程管理的原理和方法去开展过程管理。其三是创业管理不仅包括创立企业的阶段，还包括后续项目开发和扩张阶段（蒂蒙斯所说的新创企业高速成长阶段），但是创业项目终结于新创企业投入日常运营的阶段（低或不增长的运营阶段），所以创业项目管理不仅是企业创立的管理还有新创企业高速成长阶段的管理（究竟是否如图 2-8 中所给出的 42 个月另当别论）。这更证明了创业项目是一种具有独特性的项目，所以它不能使用常规的项目管理内功和方法，更不能使用传统管理的日常运营管理内容和方法。

　　综上所述，创业项目需要开展过程管理。虽然这种过程管理在阶段划分和管理内容上与图 2-5 和图 2-6 中的有所不同，但是创业项目需要过程管理这一点是大家的共识。

3. 创业项目的要素管理

　　在创业项目管理的内容中最具共识的一点是，对创业项目所涉及的各种要素的管理。但是对于究竟应该对创业项目哪些要素开展管理，大家有着各自不同的观点和理论。其中，国际上最为典型的是蒂蒙斯的三要素管理观点（包括加特纳等人的四要素模型也属同类），这是一种强调创业内生变量的要素管理观念。国内较为独特的是张秀娥的五要素管理观点，这是一种强调创业外生变量的要素管理观念。当然，在这些有所不同的观念背后有一条是一致的，那就是创业需要按照要素开展管理。有关创业项目要素管理的相关观点和本书关于创业项目要素管理的内容分述如下。

（1）蒂蒙斯的三要素管理。图2-9给出蒂蒙斯创业三要素模型，商机、资源、团队是创业管理的核心要素，而创业要素管理的内容是领导、沟通、创造三个方面。这三个要素的管理对象是资源的外部因素、商机的模糊性和资本市场环境的不确定性，即创业管理核心在于：发现和确认具有模糊性的市场商机，获得和利用他人拥有的各种资源，在不确定性资本市场上获得融资。

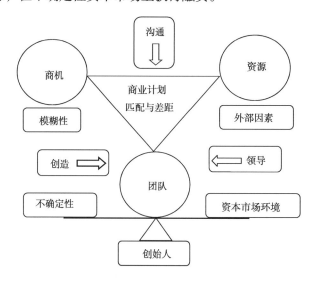

图2-9　蒂蒙斯创业管理三要素模型示意图

由图2-9可知，创业管理的核心是找到三个差距并消除它们而实现均衡或匹配。其一是创业商机的模糊性和资源外部性的均衡或匹配，其二是创业的不确定性（导致了风险性）与资本市场环境的均衡与匹配，其三是创业工作与团队能力的均衡与匹配。这先需要借助沟通去获得信息而发现差距，然后需要借助领导和创造去实现它们的均衡与匹配。另外，该模型中给出了创始人是开展领导、创造和共同管理的主导，团队是他领导与沟通的直接对象。

实践证明，蒂蒙斯给出的这个模型具有首创性和科学性，其不足有两个方面：其一是商机、资源和团队三个要素过于简练，因为实际上每个创业项目所涉及的要素还有很多；其二是这种要素的分类标志不明确，按照管理学原理不利于要素管理的开展。

（2）张秀娥的五要素管理。由图 2-10 可知，按张秀娥[①]的观点，创业的要素管理涉及五个方面的要素，即创业者、资金、市场、技术和社会网络。创业者是这种创业要素管理的主导要素，他必须管理好创业的其他四个要素（创业者的管理包括对其做创业培训和激发创业精神等）。

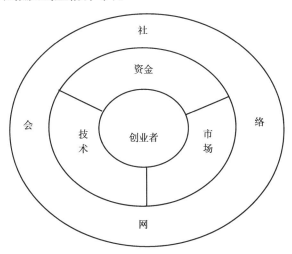

图 2-10　张秀娥的创业管理五要素模型示意图

在该模型中的"资金"要素与蒂蒙斯模型中"资源"要素的含义类似，而"市场"要素与蒂蒙斯模型中的"商机"要素类似，"技术"要素与蒂蒙斯模型中的"创造"的含义接近，"社会网络"应该与蒂蒙斯模型中"外部因素"是相一致的，只是二者所使用的要素分类标志不同，张秀娥和蒂蒙斯分别是从外生变量和内生变量的角度划分创业要素而已。

同样，张秀娥的创业要素管理模型有其合理性和科学性，其不足也有两个方面。其一也是对创业要素的分类相对简练，其二同样是分类标志比较含混。例如，社会网络究竟是属于创业环境要素还是管理要素，因为客观环境难以管理，只能应对和适应。

另外，这两种创业要素管理的分类和内容都不是从创业项目管理角度出发的，所以难以按照创业项目管理去开展管理对于创业的管理。

（3）创业项目的九要素管理。本书是从创业项目管理角度展开讨论的，所以必须从项目管理学的角度去界定创业项目要素管理的内容。如图 2-11 所示，创业项目管理涉及九个要素，它们进一步分成了目标（范围、时间、成本、质量）要素管

---

① 张秀娥. 创业管理[M]. 北京：清华大学出版社，2017.

理、资源要素管理、风险与集成要素管理。

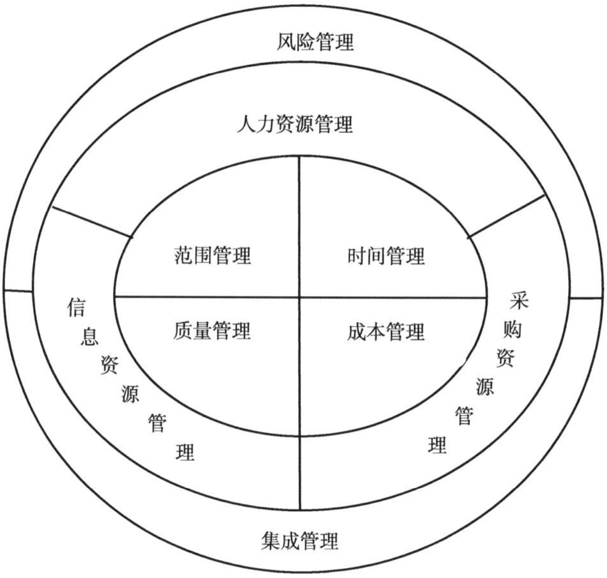

图 2-11 创业项目九要素管理模型图

1）创业项目目标要素管理。每个创业项目都需先确定出项目的目的或大目标，然后进一步分解成具体目标，这包括项目范围、时间、成本和质量四个方面的具体目标或目标性指标。这四个方面的项目目标要素是相互关联和相互影响的，所以它们必须按照"多（范围）快（时间）好（质量）省（成本）"[①]的原则去集成为一个整体。因此，创业项目目标要素管理有各目标要素的专项管理和四目标要素的集成管理（合理配置）。

2）创业项目资源要素管理。包括项目的人力资源要素、信息资源要素和采购资源要素的管理三个方面。这三个创业项目要素之间也是相互关联和影响的，如信息资源是借助人力资源的聪明才智通过加工处理数据得到的。所以，这三个资源要素也需要同时开展专项管理和它们之间，以及它们和项目目标要素之间的集成管理（合理配置），更重要的是需要与项目风险要素去开展集成管理，以便合理配置应对创业项目风险所需的资源。

3）创业项目风险与集成管理。这是两个相对独立的创业项目专项管理，但紧密关系创业项目目标要素和资源要素的综合管理。其中，创业项目风险管理是针对

---

① 源于毛主席于 1958 年 3 月年提出的"鼓足干劲，力争上游，多快好省地建设社会主义"的总路线。

上述项目各方面发展变化所开展的项目风险识别、度量、应对和监控管理，创业项目集成管理是针对目标和资源要素与风险要素所开展的发现和实现全要素合理配置关系的管理。这两种专项管理是创业项目管理的核心所在，因为它们才是创业项目成功的根本保障。

综上所述，创业项目管理的内容中必须具有项目要素管理，并且创业项目要素管理是这种管理的核心。另外，创业项目过程管理、论证与评估和要素管理是相互关联的，其中创业项目论证与评估是前提和基础，项目过程管理是保障和控制，项目要素管理才是核心。所以，本书的创业项目管理将分别从这三个方面展开讨论，但主要围绕项目要素管理去展开。

2.3　创业项目管理的基本原理与方法

综上所述，创业项目的独特性、过程性和不确定性等属于项目的特性，使得创业项目管理必须使用项目管理的基本原理与方法。

2.3.1　现有创业管理理论的局限性

在现有的创业学或创业管理的理论体系中，大家有共识的理论包括创新理论、孵化器理论、催化器理论、核心竞争力理论、定位理论和要素理论这六种。很显然，创业管理不会仅需要这些有关的理论，并且这些理论多数也不是专门针对创业管理的理论，而是管理学中针对企业管理不同对象开展管理的理论。本书作者认为在这六大理论基础上，至少还应该有创业学和创业管理自身的理论。另外，按照本书定义的创业项目管理，还必须增加创业项目管理和创业项目评估的理论与方法。有关这些创业管理理论的局限性讨论如下。

1. 创新理论

创新虽然与创业密不可分，因为创业必须以创新成果为基础。但是创新管理的对象是人们的创新活动，而这是具有自己独特性的另一种项目的管理[①]。从创新项目管理的角度出发，创新项目的产出物或结果应该是成功的创新产品或服务等，而创业项目的结果是新创企业对创新成果进行商业化的结果。所以，创新理论可用于创业项目管理的某些方面，因为创业过程中的确存在有创新活动；但是认定创新管理就是创业管理的基础理论之一，就有一定的局限性，因为人们不能将创新项目管

---

① 戚安邦，等. 创新项目管理[M]. 北京：中国电力出版社，2017.

理方法用目的不同的创业项目管理。

2. 孵化器理论

这个理论最早出现在美国，是关于孵化器的作用及其管理的理论。孵化器是一种为创业者提供合理建议和服务的辅助机构，它可以向创业者提供综合性服务，这包括必要的设施良好的创业环境、各种资源甚至资金等。孵化器的主要形式包括高技术创业服务中心、大学科技创业园、留学人员创业园、国际企业孵化器等，其主要功能都是降低创业的风险和提高创业的成功率（"孵化"二字的本义）。但是，孵化器理论是关于孵化器自身管理的理论，并非创业项目管理的原理和方法，只是辅助创业的管理原理和方法。

3. 催化器理论

这与孵化器理论一样，都是辅助创业的管理原理和方法。它与孵化器理论的不同之处是，催化器侧重于新创企业的成长发展，而孵化器侧重于新创企业的创意和诞生。催化器理论的关键在于促进科技成果快速转化为产品或服务，这的确与创业有关；但是催化器理论并不是直接为开展创业管理服务的，催化器理论更多侧重于"催化"产品或服务（这是"催化"二字的根本含义）。所以，将这个理论作为创业管理的基本理论也是有一定局限性的，因为催化器管理理论只是辅助人们开展创业（甚至更多的是创新）的理论。

4. 核心竞争力理论

这是指某一组织内部的一系列互补的技能和知识的结合是组织所拥有的一种具有竞争优势地位的能力，这种竞争能力具有使组织或企业在某项或多项业务的竞争领域达到了一流水平具有明显竞争优势的地位。虽然新创企业如何形成核心竞争力应该是创业学研究的焦点问题之一，但是同样的问题是这种理论本身并不是针对新创企业管理的。虽然新创企业的确需要有自己的核心竞争力，而且这方面的理论也可以为新创企业所使用，但是这毕竟不是对创业项目开展管理所使用的独特管理原理和方法。

5. 定位理论

这是指对企业及其产品在未来或潜在客户心目中应该具有合理位置的营销理论，该理论认为"定位"是设法使某个产品在预期顾客的头脑中获得一定的地位，即在预期客户头脑里占据一个有价值的地位。定位理论认为建立品牌是定位理论的主导任务，因为品牌可以使企业的产品与众不同并在顾客心目中鲜明地建立既定位置，好品牌因在顾客的心智中占据最有利的位置而会作为购买的首选。很显然，创业中需要对新创企业开展定位管理，但是这并不是对于创业项目开展管理的基本理论，只是新创企业的产品所需定位管理的理论。

6. 要素理论

要素理论源于经济学中的要素理论，这种理论的主要内容包括要素分析、要素介入和要素整合三部分。其中，要素分析理论是指对企业成功发展所需要素进行分解，从而找出企业成功关键要素的理论。要素介入理论是指在分析找出问题或薄弱要素后，人们需要有针对性地介入、改进和提升。要素整合理论是指人们需根据需要对企业各种要素进行重新整合，以使企业更有生命力和竞争力。显然，这也并不是直接针对创业的管理理论和方法。

综上所述，这六种理论都可以用于新创企业的某方面的管理，或者说创业管理可以借用这些原理与方法，但是它们都不是专门为创业管理所建立的理论，所以有较大局限性。因此，如果创业基本理论只有这六个方面，那么创业项目过程管理、创业项目要素管理和创业项目评估就没有基本理论和方法了。例如，现有这些理论并不涉及创业项目风险管理理论、集成管理理论和复杂性管理理论，大家公认的这些创业管理内容就没有自己的原理和方法了。因此，现有创业基本理论有不足，所以本书借助项目管理学和项目评估学理论去予以补足。

2.3.2　创业项目管理的基本原理和方法

作者研究结果表明，创业管理理论中首先应该加入创业项目管理的理论。因为创业过程中的各种特性使得它应该属于项目的范畴，并且是一种具有独特性的项目，所以可以使用创业项目管理的原理与方法。这主要包括：创业项目过程管理、创业项目要素管理、创业项目风险管理和创业项目集成管理的原理与方法。本书在此前的讨论中对前面两个做了相关论述，在此只对后面两个基本原理与方法做简单介绍（因为后续章节将展开详细讨论）。

1. 创业项目风险管理原理与方法

创业项目是一种具有高不确定性的项目，这种高不确定性会带来高风险性，所以创业项目风险管理是这种管理的首要任务，因为实际上如果没有风险或都是确定性的事情人们管与不管结果都是一样的，正是因为有不确定性和风险性人们才能通过创业项目风险管理去获得"趋利避害"（消减风险损失和增加风险收益）的管理效果。

这种创业项目风险管理涉及创业项目的风险管理计划、风险识别、风险度量、风险应对和风险监控五个方面的具体管理工作。这是一种周而复始不断重复直至项目终结并退出后才能够结束的管理工作,这方面的管理的基本模型如图2-12所示[①]。

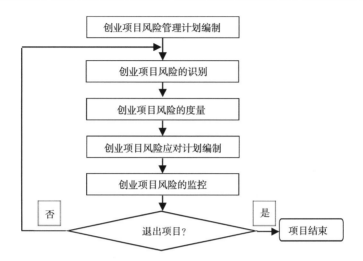

图2-12　创业项目风险管理的基本原理与方法示意图

由图 2-12 中可以看出,创业项目风险管理包括五方面内容。首先是在创业项目计划阶段必须制订创业项目风险管理计划,这是根据创业者及其团队的抗风险能力和风险管理大政方针和管理宗旨制订的。其次是要开展创业项目的风险识别(找出具体的风险)、风险度量(给出风险可能性、后果严重性、关联影响性和风险进程性四方面的定性和定量的度量)。然后是制订风险应对措施计划(容忍、规避、分担、转移等应对措施),这是创业项目风险的管理的事前管理的部分。再次是创业项目风险的监控,这包括监视创业风险事件征兆的出现和选用并采取相应风险应对措施,这是项目风险应对和控制的管理部分。最后,创业风险管理是循环性的,只要创业者及其团队尚未退出,创业项目风险的主要所有者就是他们,所以他们需要根据发展变化后的项目环境与条件去开展下个循环的管理[②]。

2. 创业项目集成管理原理与方法

由于创业项目管理涉及众多的要素,这些创业项目要素不但需要开展专项的管理,更重要的是必须开展这些要素之间的集成管理。有关创业项目集成管理的原理和内容等此前在图 2-2 给出的创业项目全面集成管理模型及其后的说明中,已经做

① 戚安邦. 项目风险管理[M]. 天津:南开大学出版社,2010.

② Anbang Qi, Lixia Zheng. Project Risk Management: From Chinese Perspective[M]. IGI Publishing Co., 2016.

了较为详尽的讨论。这种创业项目集成管理涉及创业项目全过程集成管理、创业项目全团队集成管理、创业项目全要素集成管理和创业项目全面集成管理四个方面。

　　这种创业管理集成管理的基本原理与方法涉及两方面的工作，其一是在项目计划过程中所开展的各方面的合理配置关系和确定和安排，其二是在创业项目出现变更的时候需要在新计划（变更就是重新计划）中的合理配置关系的确定和安排。如图 2-13 和图 2-14 所示只给出了创业项目目标要素、资源要素和风险要素的合理配置关系模型，以说明创业项目全要素集成管理的原理与方法[①]。

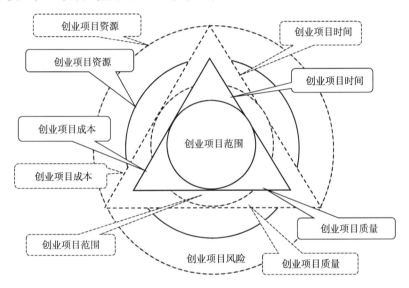

图 2-13　创业项目目标要素、资源要素和风险要素的合理配置关系模型

　　由图 2-13 可知，创业项目范围、时间、成本和质量的合理配置关系是一种内切圆和外接三角形的关系，这表明一旦项目范围发生变化（实线变成了虚线），另外三者会按照这种配置关系同时变化，以保持内切和外接的关系。另外，项目资源要素是制约项目目标要素的，所以它与目标四要素的配置关系是内接三角形和外切圆的关系。这表明创业项目资源中如果出现刚性约束时，人们只有适应这种约束去变更项目的目标要素。反之则是当出现目标要素变化时，代表项目资源能要素的外接圆也会随着内切三角形的变化而变化。另外，这些项目目标要素和资源要素的实线和虚线之差表示的就是创业项目的风险要素。创业项目全要素集成必须充分考虑项目目标、资源和风险要素的全面合理配置，这就是创业项目全要素集成管理的合理配置关系原理与方法。

---

① 戚安邦. 项目全面集成管理的原理与方法[M]，天津：南开大学出版社，2016.

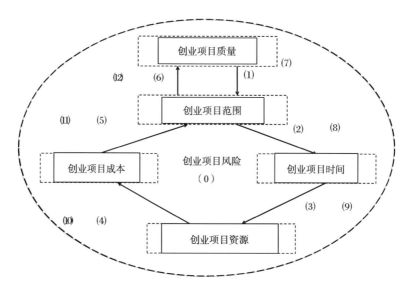

图 2-14　创业项目全要素的集成过程模型

从图 2-14 可知，创业项目全要素的合理配置关系是使用两两分布集成的方法实现的。图 2-14 中每个创业项目要素都需要根据项目风险识别和度量结果，去给出其确定性部分（图 2-14 中的实线部分），然后按照风险管理 6δ 方法去给出项目要素 $\pm3\delta$ 的左右两个虚线的部分。然后按照（1）~（12）的项目要素之间相互关系开展双循环的两两分步集成过程，对创业项目各要素的实线（确定性部分）和虚线（不确定性或风险性的部分）两部分进行集成，最终得到如图 2-13 所示创业项目全要素的合理配置关系。

实际上，创业项目管理的基本原理与方法还包括前面讨论的创业项目复杂性管理的原理与方法，创业项目独特性管理原理与方法，创业项目过程性管理原理与方法，创业项目要素管理的原理与方法，以及创业管理现有的基本原理与方法。

2.3.3　创业项目评估的原理与方法

在创业项目全过程中，人们在创业项目和每个项目阶段的起始之前，都必须去开展相应的创业项目评估。俗话说："凡事预则立，不预则废。"创业项目的"预"指的就是预评、预估、预测等一系列确项目评估工作，而"立"和"废"则是指创业项目管理的成败。创业项目评估这种"预"的工作，即前面讨论的创业项目前评估、跟踪决策和后评估工作。

1. 创业项目评估的原理与方法

从项目评估学的基本原理出发，创业项目评估的基本原理如图 2-15 所示。由

图 2-15 中可以看出创业项目评估具有三个方面或三个对象。其一是对创业项目自身的"人和事"（创业项目的计划和方案）的必要性、可行性和科学性的评估。其二是对创业项目微观环境及其影响的评估，因为创业项目与微观环境之间有输入与输出的关系，即创业项目的成败受微观环境的直接影响。其三是对创业项目宏观环境影响的现状和发展变化情况的评估，因为创业项目微观环境处于宏观环境的影响之下，所以这种宏观环境也会影响创业项目的成败。有关创业项目这三个方面或对象的评估原理、内容与方法等，分述如下。

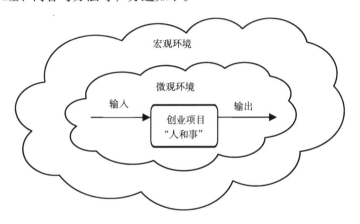

图 2-15　创业项目评估的基本原理示意图

（1）创业项目自身的评估。这是对创业项目创意、目标、内容、计划和方案（包括初始方案和变更方案）所做的评估，这涉及创业项目必要性、可行性、风险性、变更性等方面所做的评估。从原理上说，这种评估涉及创业项目技术、经济、财务、风险，以及它对于自然和社会环境的影响和项目综合进行可行性的评估。首先，任何创业项目都需要技术支持，所以必须进行这方面的可行性评估。其次，任何创业项目都需要产出经济效益，这包括国民经济和企业财务两方面的效益。其中，创业项目财务可行性评估是从企业角度对项目成本与收益所做的评估，这一评估结果最为重要，因为创业项目的根本是去实现增加财富和福利的商业目标。同时，创业项目对于自然和社会环境影响的评估结果对于项目决策具有"一票否决权"，因为创业项目不能以牺牲自然环境和社会环境位代价，这种代价会远远高于它所能取得的财务收益。创业项目评估中最为重要的评估是项目风险的评估，因为创业项目管理的关键在于对于项目风险的管理，以便实现"趋利避害"的管理结果。最终人们将创业项目的经济、技术、财务、环境、风险等方面的评估结果综合以后，就会得到创业项目综合评估结果。

（2）创业项目微观环境评估。从原理上说，创业项目所处微观环境为创业项目提供了输入和输出，所以只有创业项目微观环境能够为创业项目提供这些支持，创业项目才是真正可行的。其中，创业项目所需的输入包括项目实施和运营所需的各种资源和条件，因为如果没有这些从项目微观环境所获得的输入，创业项目就成了"无源之水"，根本就无法获得创业项目的成功。更为重要的是，创业项目所需的输出必须由微观环境予以接受，所以创业项目微观环境实际上还包括项目输出产品或服务等产出物的市场环境，任何没有市场环境支持的创业项目只是"空中楼阁"而已。所以，创业项目的微观环境评估的核心内容，就是要评估创业项目所处的实际微观环境是否能够为创业项目提供"输入"和"输出"的支持和保障，以及这些微观环境在未来的发展变化趋势及其所能提供的支持和保障情况。

（3）创业项目宏观环境评估。创业项目的宏观环境是作用和影响创业项目微观环境的各种要素和条件构成的更高一层的环境（在有些项目评估理论中还有中观环境的评估，但本书将创业项目中观和宏观环境二者合而为一了）。创业项目宏观环境评估涉及宏观政治、经济、技术、社会、生态和法律等环境及其影响的评估，以便借此弄清楚创业项目所受的宏观环境及其变化的影响情况，以确认这些宏观环境因素能否为创业项目提供良好的环境支持和保障，以及相应的风险情况。在创业项目宏观环境评估中，宏观政治环境评估的内容是评估政局是否稳定，以及政府是强调"效率"还是"公平"等涉及政治和国家治理的情况。创业项目宏观经济环境评估内容是评估政府的宏观财政政策、货币政策和产业政策等，这些是否有利于创业项目的生存与发展。创业项目宏观技术环境评估的内容是评估国内外相关技术的主流范式和技术进步与升级的情况，以及这会给创业项目带来的技术支持和影响。创业项目宏观生态环境评估则主要是评估国内国际宏观生态政策和国际协定等，以确认创业项目不会对和宏观生态环境造成不利的影响。宏观法律环境评估的主要内容涉及国家立法、司法和国民守法等方面的评估，以便弄清楚创业项目受到哪些法律和法规的支持和约束。

综上所述，任何创业项目都需要开展上述三个方面或对象的评估。实际上国内外以前的项目评估并不重视创业项目宏观环境评估，所以以前的项目评估教科书中缺少这方面的内容。作者于 2013 年主编和出版的《项目评估学》中增加了项目宏观环境评估的章节，以便弥补项目评估学中缺乏项目宏观环境评估的不足。

2. 创业项目前评估的原理与方法

从原理上说，创业项目前评估是为创业项目起始决策服务的，人们要制订出可行的创业项目方案和计划，就必须开展创业项目的前评估。从信息学原理上说，创业项目在起始之前并没有多少信息（因为创业项目还没开始，连数据都没有），人们只有一些"历史类似项目"信息可供参考。最重要的是，此时人们需要按照循序渐进的计划和设计方法去逐步收集、处理和生成创业项目起始决策所需的信息。例如，工程建设项目就有初步设计、技术设计、详细设计三段式的项目设计与计划的阶段，从而使人们逐步认识具体项目的特性、计划和设计方案。从项目评估学的原理出发，创业项目前评估必须逐步增加评估的深度和广度，所以有创业项目前评估中的初始可行性评估和详细可行性评估。作者的研究结果表明，创业项目前评估需要使用下面模型去开展三阶段的评估，具体原理、内容和方法如图 2-16 所示，分述如下。

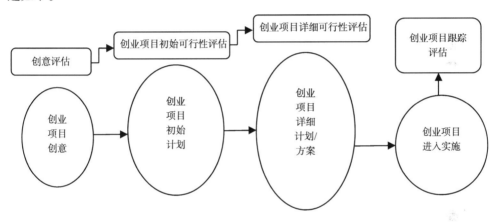

图 2-16　创业项目前评估三阶段评估原理示意图

（1）创业项目的创意评估。这是对于创业项目最初的创意所做的评估，这类似于工程建设项目对"初步设计"方案的评估。由于此时人们还只有创意而没有初步或详细的创业项目计划与方案，所以这种评估只是对创业项目的创意进行粗略的评估。从方法上说，这种评估不能由创业者及其团队去做，因为那样会出现"先入为主"及不够客观和全面的问题。这种评估应该由"第三方"（旁观者清）来完成，这种评估需要由专家（如创业导师）或有经验的人（如天使投资人）去完成，因为他们可借用自己的经验、判断或直觉去做出相对科学的评估。

（2）创业项目初始可行性评估。这是对于创业项目初始计划和设计方案的评估，这是在创业项目创意进一步细化后所开展的项目前评估。这种评估也被称为项目预可行评估，这种评估多使以定性方法为主进行评估。此时，评估的对象只是一个（而不是多个）创业项目初步的计划和方案，它们还没有太多的细节。因此，这种评估也需要借助专家们的经验去完成，包括专家们的经验、判断或直觉去做出相对科学的评估。从原理上说，这是一种"0 或 1"的评估，即这是制定是否开展创业项目决策的支持性评估，当这种评估的结果是"1"（项目可行），人们就可以开展后续创业项目的计划和方案设计，以及详细可行性评估。

（3）创业项目详细可行性评估。这是对于创业项目详细计划和设计方案的评估，是一种对于多个（不是一个）创业项目计划和设计方案的优化比选性的评估。所以，这种评估也被称为详细可行性评估，这种评估的方法以定量方法为主。这种评估的对象是多个详细计划和设计的创业项目备选方案，以供人们比较各个项目备选方案的可行和优劣情况，最终给出支持项目起始决策的前评估结果。显然，这种评估也并非是信息完备的（因为项目还没实施而每有项目的数据和信息），所以也需要借助专家们的经验去完成。这是一种"N 选 1"的评估，即在确定要开展创业项目后对项目各备选的可行性和优劣所做的评估，以便人们选定使用的创业项目计划和方案。显然，当评估结果认定"创业项目可行"，人们就可按选定方案去实施创业项目了。

3．创业项目跟踪评估的原理与方法

创业项目起始之后，创业项目评估就进入了跟踪评估的阶段。从原理上说，这种评估是为做创业项目跟踪决策服务的。从信息学的原理上说，人们在创业项目起始之后会逐步拥有项目及其环境的更多数据和信息，此时就可以根据这些信息去对创业项目进行跟踪评估了。根据项目评估的理论，跟踪评估是一种"非零起点"的项目评估，所以人们需要根据项目此前发生的数据去加工处理出相应的信息，同时人们可以在"非零起点"去开展更为精确的创业项目环境发展变化的预测和分析。作者的研究结果表明，创业项目跟踪评估需要使用如图 2-17 所示模型去开展三方面的评估，具体内容和方法分述如下。

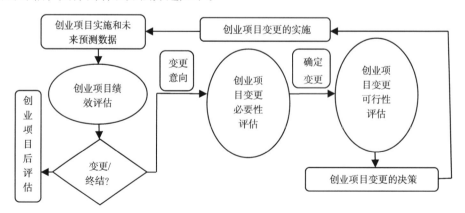

图 2-17 创业项目跟踪评估的原理示意图

（1）创业项目绩效评估的原理与方法。创业项目跟踪评估始于项目绩效评估，这是一种对于创业项目实施到"评估时点"时所开展的项目实施业绩情况的评估。从原理上说，这种评估是一种"实事求是"的评估工作，即首先是对于创业项目此前的实施情况开展绩效评估，以便找出问题和差距（事实），然后根据这些"实事"去做出未来发展变化的预测（求是）。通常，这种评估既需要使用"实际与计划"的统计比较分析方法，也需要使用"实际和计划与预测"进行比较分析的方法。所以，这种评估与日常运营的绩效评估有很大的不同，这种评估的根本目的是找出项目是否需要变更（而不是为了奖惩）。若在这种评估中发现创业项目出现偏差或问题之后，人们就需开展项目变更的必要性评估了。

（2）创业项目变更必要性评估的原理与方法。由于人们计划安排创业项目的时候，对于项目实施的环境情况是假设和预测的，而实际的创业项目环境会发展变化的，所以项目会出现变更而需要进行变更必要性的评估。实际上当创业项目环境与条件发展变化时，人们就需要做出项目计划和方案的改变。这种改变包括三种情况，其一是采取纠偏措施（只是开展微调），其二是对项目计划和方案进行变更（这是重新计划和安排），其三是放弃创业项目（终结项目）。为了做出这种选择，人们就必须开展创业项目变更必要性的评估。这种评估的根本方法是"充分/必要"分析法，其中的"充分"是指分析和确认创业项目是否具有足够的环境与条件继续下去（不充分就需要终止项目），而"必要"是指分析和确定创业项目是否需要放弃（没有继续的必要就放弃）。由图 2-17 可知，这种评估给出的是"纠偏""变更"还是"终结"项目的决策支持信息。

（3）创业项目变更方案可行性评估的原理与方法。创业项目的变更方案可行性评估是针对设计出的项目变更备选方案，所开展的一种可行性评估。这种评估的目的有两个，其一是评估给出项目变更是否可行，其二是从多个项目变更方案中选出满意或中意的方案。这种评估与创业项目前评估中详细可行性评估所用方法基本相同，只不过这是在"非零起点"上所开展的一种项目变更方案的可行性评估。所以，这种评估既需要考虑项目已经实施完成的情况，又要考虑项目未来环境发展变化的情况，最终综合考虑去做出创业项目变更方案的选择。由图 2-17 可知，若这种评估的结果是按照选定方案进行变更，就可以开始后续项目实施工作了。

需要注意的是，创业项目跟踪评估并不是一次性的，而是多次循环直至创业项目终结。通常有两种情况需开展创业项目跟踪评估，其一是创业项目实施到某个项目节点的时候，其二是创业项目环境发生重大变化的时候。

4. 创业项目后评估的原理与方法

创业项目后评估是为创业终结和退出决策服务的，是创业项目最后的评估。从原理上说，人们为了获取最大或满意的创业项目新增价值，就必须开展创业项目后评估并据此去做好创业项目的终结与退出工作。从信息学的原理上说，人们通过收集、加工、处理而不断得到创业项目实施结果及其环境发展变化的数据和信息，当人们的主观意愿和客观环境需要终结和退出项目时，项目就需要开展创业项目后评估。从项目评估的原理出发，创业项目后评估更多是一种"权衡利弊"的评估，即评估终结和退出创业项目与否各自的利弊。作者的研究结果表明，这种评估需要使用图 2-18 所示的模型去开展两方面评估，具体内容和方法分述如下。

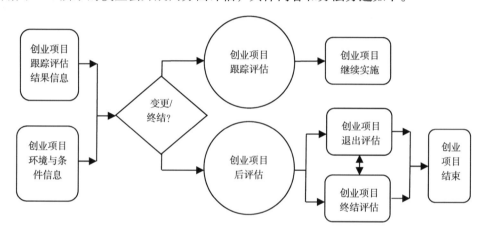

图 2-18　创业项目后评估的原理示意图

（1）创业项目终结评估。由图 2-18 可以看出，创业项目终结评估在前，退出评估在后。创业项目终结评估中包括两个方面的内容，其一是创业项目管理终结评估，其二是创业项目合同终结评估。前者是从管理角度出发，去评估项目是否到了应该进行终结及如何进行项目终结。后者是从法律角度出发，去评估项目所涉及的各方面合同需要终结及如何进行终结。这种评估主要是考虑创业者及其团队是否应该适时退出，通常这方面的最根本判据是新创企业的增长比例（市场和盈利的增长率）的高低。按照蒂蒙斯的模型，当新创企业的增长比例低于 30% 就应该考虑退出（详见图 2-6）。实际上最重要的项目终结评估判据是"继续"和"退出"哪个获益更大，这是创业项目终结可行性和科学性的根本判据。显然，并非人们认为"合适"的时候它们就能够终结项目，这还要看创业项目的合同责任和义务（如创业项目融资合同与代销或经销商的合同）的规定，所以还必须开展创业项目合同终结的评估。

（2）创业项目退出评估。当创业项目终结评估认定需要"退出"后，就要开展创业项目退出方案的评估了。这是一种多方案比较和优化的评估，其目的是找到最优或满意的退出方案，包括何时退出，如何退出（一次性退出还是逐步退出），以及退出所涉及的各种必要工作的计划和安排。因为商机和市场瞬息万变难以把握，有很多人退出创业项目后，新创企业却迎来了"第二春"，所以这种评估也是很困难的评估。例如，香港李嘉诚的公司退出了"腾讯"的创业项目，虽然赚取了十几倍的利润，但是"腾讯"的后续发展使得接手李嘉诚的西班牙公司赚取了上千倍的利润。所以，这种评估需要认真研究新创企业的全生命周期，评估好新创企业产品或服务的"更新换代"潜力与前景。对于如何退出新创企业的评估，由于退出方式有很多种（如上市退出，收购兼并退出，以职工持股方式退出等），再加上一次性全部退出还是分布逐渐退出的选项，人们需要从各种选项中找到最适合自己意愿和要求的方案。实际上创业项目最难的不是项目前评估而是项目后评估，因为只有做好项目后评估并适时终结项目才算成功。

综上所述，在创业项目管理基本原理和方法中，创业项目评估的原理和方法占据了十分重要的位置。所以，本书后续将分别用多章的篇幅，讨论创业项目评估的原理和方法。

第 3 章

| 创业项目商机的论证与评估

华中师范大学　张辉

对于创业者而言，识别市场机遇，充分利用创业项目的商机进入新市场是创业项目成功的关键。为了创建和（或）扩展企业，创业者需要识别创业项目的商机，并对商机进行论证与评估，进而从创业项目转化创业收益。

创业项目商机的论证与评估就是确定创业项目的商机是否可行的过程。最有效的创业团队，需要经过如下过程，包括：①识别商机；②启动创业项目；③论证与评估商机；④撰写项目策划书（或者商业计划书）；⑤获得创业收益和（或）创建企业。如果商机不满足可行性分析的一个或多个方面，那么与商机相对应的创业项目就需要关闭或者重新思考。许多创业者或者创业团队经常犯的一个错误就是，识别出了一个商机，就直接撰写创业项目策划书（或者商业计划书）以寻求支持。这种做法经常忽视或者很少关注对于商机是否适合自己的可行性评估，结果导致错误。

创业团队进行商机的论证与评估时，需要经历一种思想转变，从单纯将商机看作创业项目观点，转变为将商机视为一个企业创业起点。商机的论证与评估是对潜在业务的评价，而不是产品或服务的分析。如图 3-1 中体现的多个步骤清楚地区分了创业项目的商机的研究部分和规划、实施部分，以及后续的管理流程。商机的论证与评估是研究性的，旨在评价拟实施的创业项目商机的特点和价值。根据约翰·马林斯（John W. Mullins）的《新企业路考》（*The New Business Road Test*）的说法，完成整个创业项目的商机发现过程非常重要，其原因在于避免落入"商机各个方面都好"的心智模式。在马林斯看来，撰写创业项目策划或者商业计划之前，不进行对商机特点和价值的适当研究，会使得创业者或者创业团队难以发现与潜在业务相关的内容的风险，从而导致过于乐观的计划。

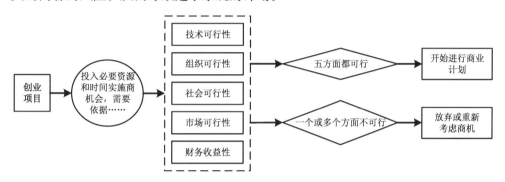

图 3-1　商机论证与评估在创业项目成功中的作用

本章提供了进行创业项目商机论证与评估的方法，主要包括创业项目的技术可行性论证与评估、创业项目的组织可行性论证与评估、创业项目的社会可行性论证与评估、创业项目的市场增长性论证与评估和创业项目的财务收益性论证与评估等五个方面。

表 3-1 概括介绍了创业项目商机论证与评估。完成创业项目商机论证与评估需要进行一手资料和二手资料研究。一手资料研究是由进行论证与评估的人亲自开展的资料收集活动，通常包括与行业专家交谈、获取潜在顾客反馈、召集焦点小组、实地调查等方式；二手资料研究是探索别人已经收集到的资料和信息，这类资料包括行业研究、人口调查局数据、分析师预测、图书馆和网络研究中得到的其他相关信息等。

表 3-1　创业项目商机论证与评估

组成部分	详细内容	
第一部分	技术可行性认证与评估	
	1. 产品或服务吸引力分析	2. 产品或服务需求分析

续表

组成部分	详细内容	
第二部分	组织可行性论证与评估	
	1. 团队管理才能分析	2. 资源丰度分析
第三部分	社会可行性论证与评估	
	1. 社会责任分析	2. 自然环境影响分析
第四部分	市场可行性论证与评估	
	1. 行业分析	2. 目标市场分析
第五部分	财务收益可行性论证与评估	
	1. 现金总量分析	2. 同类团队或企业的财务绩效
	3. 拟成立企业总财务可行性	
总体评价	初筛	

应该强调的是，在创业项目商机论证与评估过程中，创业者或者创业团队通过测试商业创意，论证和评估商机，有很大的空间对商业创意或商机进行修改、改进，这是反馈和分析带来的结果。论证与评估的实质是对商机进行测试——与行业专家交谈、调查潜在买家与顾客、研究行业趋势、思考市场机会、考察财务问题等，这些活动有助于确定商机是否可行，也有利于细化创业项目管理工作和规范管理流程。

3.1 创业项目的技术可行性论证与评估

创业项目的技术可行性论证与评估在于评估技术能否为创业团队提供可靠的产品或服务，所以技术可行性论证与评估就是指对将要推出的创业项目产品或服务的总体竞争力进行论证与评估。

3.1.1 创业项目产品或服务吸引力分析

创业项目产品或服务吸引力分析，旨在确认产品或服务的受欢迎程度，以及在市场中满足的需求。为了确定产品或服务的吸引力，创业项目应该分析以下问题。

（1）创业项目产品或服务有价值吗？合乎情理吗？是否令消费者激动不已？

（2）创业项目产品或服务利用了环境趋势、解决问题，还是填补了市场空缺？

（3）当前是将创业项目产品或服务引入市场的良好机会吗？

（4）在创业项目产品或服务的基础设计或概念中，存在重大缺陷吗？

在创业项目可行性分析阶段，正确的思维态度是获得对上述问题及解答的总体认识，而不是努力得到最终结论。概念测试是达到这种目的的好工具。

其中，概念描述包括向行业专家、潜在顾客提交产品或服务的基本描述，并征求反馈意见的活动，通常称为概念陈述。概念陈述包括以下部分。

（1）创业项目产品或服务描述。详细说明产品或服务的特征，给出产品的略图。

（2）创业项目目标市场描述。列举预期会购买产品或服务的消费者或企业。

（3）创业项目产品或服务的益处。描述产品或服务带来的好处，包括对产品或服务如何增加价值或解决问题的描述。

（4）相对于竞争者，创业项目产品或服务如何定位的描述。创业团队对产品或服务相对于竞争对手的地位。

（5）创业项目管理团队的简要描述。

概念陈述完成之后，应该交给创业项目团队成员分别观看。因为创业项目团队成员都非常熟悉创业项目所在的行业或者拟进入的目标市场，能够提供有见识的反馈。概念陈述应该分发给能够提供公正、有见识反馈与建议的人。一份简短的调查应该附在概念陈述之后。表 3-2 显示了调查应该涉及的内容。调查应制成表格，易于阅读。如果时间充裕，概念陈述可反复提炼，以夯实创业项目产品或服务的商业创意。创业团队或创业者可以将概念陈述交给一组潜在顾客，获得他们的反馈，细化商业创意，然后将概念陈述交给第二组潜在顾客，继续深化商业创意，如此反复，直至得到最为满意的创业项目产品或服务的概念陈述。

表 3-2 概念陈述之后的简短调查

问 题	调查结果
对于陈述中面熟的产品或服务商机或商业创意，列出你喜欢它的三个方面	
提出三项改进商机的建议	
你认为，商机可行吗？是否过于理想？	
提供你认为有用的其他建议或评价	

有些创业者并不适用正式的概念陈述，而是通过与别人谈论商机或者商业创意，或者召集小组成员寻求反馈等方式，进行最初的创业项目产品或服务可行性分析。巨人网络的史玉柱就非常擅长运用这种方法。在其创办巨人网络之前，针对"征

途"游戏的研制与开发，他经常通过 BBS 等在线社交与潜在的游戏玩家进行沟通，以获取潜在游戏玩家真正想要的网络游戏的特征，并最终运用到征途游戏的研发和创业项目中。史玉柱在回忆该创业项目之初是如何进行最初的产品或服务可行性分析时说道：

"我们做的第一件事情，就是放下策划书，去网络社区和许多不同的人交谈，让他们告诉我们，他们想要什么样的网络游戏。我们与 2000 个左右的网友进行了"对话"，讨论对游戏的具体的人物设置、剧情配置、资源配置等问题。但最初的困难是，确定商机是否在广泛的人群中具有合理性，人们现在网络游戏的方式、对待游戏更新的困难程度，等等。"

这尽管并非是一种完整方式，但创业者或创业团队与潜在顾客进行意见交换仍有其优点。理想方式是结合使用这两种方法——既给团队成员或更多能够提供价值反馈的人分发概念陈述，又积极与行业专家、潜在顾客进行正式或非正式的意见交流。很多创业者在决定继续前进之前，都要花费很多时间与别人谈论他们的产品或服务的商机或商业创意。NearbyNow 搜索引擎的创建者斯科特·邓兰普（Scott Dunlop），在成立创业团队之前与 2000 多人谈论了他的产品创意，与史玉柱如出一辙。

3.1.2 创业项目产品或服务需求分析

创业项目的技术可行性论证与评估的第二部分就是，确定人们是否对创业项目产品或服务有需求。这里介绍两种确定需求的方法：①购买意愿调查；②开展图书馆、网络与秘密调研。

1. 购买意愿调查

购买意愿调查是用来评价顾客对创业项目产品或服务感兴趣程度的重要工具。它主要包括概念陈述或者类似创业项目产品或服务描述，以及附在后面的简短调查报告组成。概念陈述和调查应分发给 30~40 位潜在顾客（已经完成概念陈述测试的人，不应再进行本项调查）。每个参与者都应该认真阅读陈述，完成调查。表 3-3 展示了调查的通常格式。

为了评价顾客的兴趣，调查者都要将表示出明确购买意愿的人数与可能购买创业项目产品或服务的人数结合企业考虑。现在，进行购买意愿调查越来越容易了。"调查星"之类的网站，允许人们免费或低成本发起小范围调查，或交纳很少费用进行大规模调查。

表 3-3 购买意愿调查

问 题	调查结果
如果我们进行生产，你在何种程度上愿意购买该产品或服务： —明确购买 —可能购买 —或许购买或不购买 —可能不会购买 —明确不会购买	
包括在调查中的附加问题： 你愿意为该产品或服务支付多少费用？ 你希望在什么地方购买到这种产品或服务？	
……	

需要注意的是，那些表示有意购买产品或服务的人，并非总能坚持到最后，因此，调查结果大多数时候显得很乐观。调查也不必选取正规的科学随机样本。不过，调查结果应该给创业者或创业项目团队，提供有关顾客对创业项目产品或服务代表的商业创意或商机感兴趣程度的总体认识。如果调查包括了表 3-3 所列的备选问题，人们可能会获得定价、销售和营销等方面的更多信息。

联系行业协会或者参加行业展销会，是创业者找到合适人选讨论创业项目产品或服务，或者回应概念陈述的一种有效途径。例如，如果你的创业项目产品服务商机涉及电动汽车或者无人驾驶汽车，你就可以通过电话或网络联系汽车行业协会（致力于汽车产业的全国性行业协会），获得一份你所在领域的协会成员名单。参加感兴趣的行业展销会，能使你直接联系到许多有帮助的人。也可能通过创业团队成员的社会关系网络找许多对自己有帮助的人。

2. 开展图书馆和网络与秘密调研

评价创业项目产品或服务需要的第二种方式是，开展图书馆、网络与秘密调研。尽管开展购买意愿调查很重要，但人们仍然需要更多数据信息。在创业项目可行性分析中，创业者必须积累证据，表明市场存在对创业项目产品或服务的合理需求。图书馆、网络与秘密调研，是三种重要的信息收集方式。

参考阅览室的图书馆员，经常能够为你指出有助于调查商机或者商业创意的资源，诸如特定行业的期刊、商务杂志或者行业报告。

例如，斯普瑞玩具公司（Sprig Toys Company）是一家制造高品质、高环境友好的教育类儿童玩具的新创企业及创业项目团队。这听起来创意十足，但"听起来好"远远不够——我们需要用事实来了解市场是否存在对该创业项目的未来产品的需求。创业项目团队至少需要有效地回答以下问题。

（1）玩具行业的发展趋势是什么？

（2）根据行业专家的说法，父母为孩子购买玩具的时候，考虑的最重要的因素是什么？

（3）这个商机在以前是否被尝试过？

（4）如果有人尝试过，结果怎么样呢？

（5）在玩具行业中，是否存在教育类玩具细分市场？

（6）如果存在，教育类玩具市场正在成长还是萎缩？

（7）是否存在教育类玩具制造商的行业协会，可以提供市场需求的数据信息吗？

创业项目管理团队必须为创业项目产品或服务的商业创意，积累有关可能需要需求的证据信息。无论是对于大学生创业，还是普通的创业者或创业团队而言，创业者所在的当地图书馆是开始行动的最佳地点。随着信息技术的发展，互联网或者搜索网站是不可多得的低成本甚至免费资源。只要在知名搜索网站的搜索框内键入"教育玩具的市场需求"，我们就能发现很多有关斯普瑞玩具公司的文章。其中就可能存在提供公司商业创意或者商机的可能挑战或者其他有用信息。

简单的秘密调研，也是获取产品或服务商机可能需求认知的重要途径。秘密调查者就是像侦探或者行业研究者，在任何可能获得信息或线索的地方四处搜寻。秘密调查者需要主动询问人们对创业项目产品或服务商机或商业创意的看法。如果商机是销售教育类玩具，那么可以在幼儿园看看孩子们是如何与玩具进行互动的。当然，秘密调查者也可以请一些玩具店老板或者经理去吃饭，来讨论自己所创玩具的商机或商业创意究竟如何。再或者，秘密调查者可以去逛逛玩具店，观察哪种或哪类玩具最受欢迎。对于一个合格的创业者或者创业项目而言，由于其中存在诸多风险，创业者或者创业团队就不能依靠臆想、臆测或者草率信息来确信产品或服务能够畅销。创业者或者创业团队需要在合理的时间限度内，收集尽可能多的信息，以消除创业项目中面临的诸多不确定性，进而执行合格的技术可行性论证与评估。

3.2　创业项目的组织可行性论证与评估

创业项目的组织可行性论证与评估,用来判定拟开始的项目是否具有足够的管理专业知识、组织能力和资源以成功利用创业项目商机,进而成功实施创业项目。

3.2.1　创业项目团队的管理才能分析

不管是创业者个体创业还是创业团队集体创业,拟建企业都要评估其创业项目管理团队的才能或能力。这就要求创业者个人在进行自我评价时,表现出诚实和公正。在论证与评估创业者才能时,需要关注两个非常重要的因素,一是个体创业者或管理团队对商机抱有的创业激情,二是创业者或创业项目管理团队对将要进入的市场的了解程度。这些方面的能力是其他因素无法替代的。

创业项目团队管理才能分析需要综合考虑诸多因素,这也有助于明确拟建企业所具有的管理才能。拥有广泛职业和社会网络的创业项目管理者具有很多优势,因为他们能够向同事或者朋友求援,帮助自己弥补经验或知识方面的不足。此外,潜在的新创建企业应该对组建何种类型的创业团队有足够的认识。新创企业项目团队是在企业创建初期,由创建者、核心员工和顾问组成的管理或者帮助管理新企业的群体。如果创业项目团队能够识别出一些企业创办后能够加入进来的高素质人才,那么这种知识将会提高创业项目组织可行性。同样的道理,也适合于那些可能加入创业项目的企业董事会或者顾问委员会的高水平人才。

在评估创业团队的管理才能的过程中,许多潜在的创建者发现自己会受益于找到一个或者多个合作伙伴共同开展创业项目。例如,你可能是以为拥有伟大创业项目的网络开发者,但是缺乏营销能力或销售经验。在这种情况下,为了成功实施创业项目和创建运营创业企业,你就需要找到一位有营销或销售经验的合作伙伴。寻找合适的商业合作伙伴并没有唯一的准则,相反这存在一些关键性标准。本节列出五个创业者或创业团队寻找合作伙伴的标准,以供参考。

1. 认清创业项目需要的技能和经验

创业者或创业团队需要客观诚实地评价自己的技能与经验,以及与创业项目团队能力状态存在的差距。然后,选择能够弥补这种差距的人。比如,如果你是经验丰富的互联网工程师,你可能不需要或者不想与其他有经验的互联网工程师或者网络设计师进行合作。相反,你可能要选择具有其他所需技能或经验的人,诸如运营管理、营销或者财务管理等方面的人才。

2．确信你们的个性和工作习惯相互一致

虽然创业者或者创业团队不必寻找与自身非常相像的人，但是需要与事业合作伙伴和睦相处。比如，如果你愿意每天工作 16 小时以保证创业项目按时完成与交付，而你的伙伴只愿意每天工作 8 小时并试图拖延创业项目期限，这种工作风格差异不可避免会引起冲突。而与此类似，如果你会见客户的时候喜欢穿正装领带，而你的伙伴认为穿牛仔非常棒，那么明显的矛盾就会出现。

3．确信你们与合作伙伴拥有共同的愿景与目标和激情

创业者或创业团队要确保合作伙伴会同自身一起为了创业项目愿景与目标而共同努力。比如，如果你的创业项目目标是创建一家规模 10 亿美元的企业，而你的合作伙伴满足于销售额达到千万美元后就将企业出售，显然，双方的冲突不可避免。那么，这位合作伙伴并不适合你。

4．关注正确的创业项目实现路径与流程

如果创业者或者创业团队并没有合适的人选，那么知道自己在哪里能找到潜在的合作伙伴就变得很重要。一般的社交场合（如商会内部交流），通常在寻找商业伙伴方面效果不佳。如果你需要寻找一位工程师，就应该联系工程师协会寻找帮助，或参加工程类商业交易会、专业人士的社交网站或招聘网站（领英网或者猎聘网等），也是寻找潜在创业项目合作伙伴的有效途径。

5．聘请一名律师

当你找到一位潜在合作伙伴并确信他满足了前面所述的各项标准或要求之后，你应该聘请一位律师去商讨各种细节问题，因为创业项目中寻找的合作伙伴不可避免涉及创业项目本身的诸多商业秘密（为法律规范可能涉及不到之处，需要签订特殊保密协议），而这是创业项目乃至拟建企业的核心竞争力的重要组成部分。创业者应该决定：每位合作伙伴应该为创业项目的企业做何种贡献，新创企业股权如何分配，新创企业所有权采取何种形式，每个合作伙伴在新创企业中的作业是什么，等等。聘请一位不忠诚于任何特定的合作伙伴的人，是非常重要的。聘请公正无私的人，会使得每个合作伙伴都感觉良好。

3.2.2　创业项目的资源丰度分析

创业项目组织可行性论证与评估的第二个方面是，确定创业项目是否拥有或者能够获得充足资源推荐项目实施或事业发展。创业项目组织可行性论证与评估关注非财务资源方面，目的在于识别出最重要的非财务资源并评估它们是否可以被创业

项目得到。一般来说，创业项目可能需要具有专业技能的员工。如果企业所在地区没有所需要的技术人才市场，那么严重的资源丰度问题就会出现。

资源丰度的另一个关键因素是，企业对其关键技术方面获得知识产业保护的能力。这种情况不适用于所有创业项目团队或初创企业，但是对那些依赖创新，尤其是技术创新的创业项目团队（例如发明了新产品的企业，或者引入新业务流程从而为产品制造或服务交付增加了价值的创业项目团队）而言，就显得至关重要了。例如，劳拉·尤德尔（Laura Udall）发明了组卡包。这是一种专为儿童设计的带有滚轮的新型背包，非常结实，孩子们在等校车期间可以坐在上面休息。那么，尤德尔所在的创业团队拥有背包的两项应用专利和两项设计专利，对创业项目成功实施就显得至关重要。如果组卡包没有足够的独特性获得专利保护，那么对于组建创业项目团队、实施创业项目或者创建新企业都显得风险极高，因为大企业会轻易复制生产这类组卡包。

资源丰度还涉及创业项目是否能够获得可负担起的适宜区位问题，其重要性要根据企业类型而变化。为了测试创业项目的资源丰度，创业项目管理团队需要列出6~12 项能够推进商机或商业创意开发的关键性非财务资源，并评估这些资源的可得性。

在可行性论证与评估阶段，对于创业项目而言，极其重要的一个因素是创业项目能否以可承担的成本得到合适的创业项目成果。对于某些创业项目而言，区位是非常关键的因素；而对于另外一些创业项目则显得不太重要。例如，许多服务类创业项目（如水电工、邮购公司、电商企业）不必拥有店面，他们的空间位置不是主要因素；实际上，这些创业项目可以选择不那么知名的地点办公，以节约项目成本。而对于零售类、特定服务业类或者专家业务类的创业项目，就需要精心挑选创业项目区位，因为创业项目需要与公众直接交易，区位成为极其重要的决定性因素。

区位选择需要关注哪种类型的经营场地效果最佳，创业者或创业团队需要有效地回答以下问题。

（1）顾客是步行前来，还是驱车来此进而需要停车场地？

（2）如果创业项目在同类企业附近实施，会引起顾客光顾吗？

（3）如果创业项目在互补类企业附近实施，会引起顾客光顾吗？

（4）创业项目所选场地周边地区的人口统计特征，使其非常重要吗？

回答上述四个问题，非常有助于创业者或创业团队是否可以得到合适的经营场地。与此同时，经营区内的人口统计特征结构是否适合创业项目，是另外一个重要方面。创业者或创业团队可以通过人口统计局来获得大部分社区的相关人口统计资料。

对于创业者或创业项目团队而言，需要论证与评估的第二件重要事情是合适的经营场地要花费的成本是多少。一般而言，最佳的创业项目实施地点也是花费最高的。创业者或创业项目团队清楚合适场地的成本费用，有助于创业项目确定考虑的优先顺序。

3.3 创业项目的社会可行性论证与评估

创业项目的社会可行性论证与评估是指创业项目团队分析其商机是否履行了其应尽的社会责任，以及针对创业项目相关利益主体的满意度进行分析。

随着时代发展，尤其是现在经济社会发展对自然资源的过度使用，导致环境保护、污染治理、全球治理等社会问题成为创业者、创业项目团队、创业项目及新创企业在进行创新项目管理与创业项目管理中必须考虑的责任前提和管理基准。因此，商机对应的社会责任构成了创业项目的社会可行性论证与评估的基础。

3.3.1 创业项目的社会责任分析

创业项目的社会责任直接影响着随后的拟建企业的社会责任，因此创业项目的社会责任分析是成功建立新创企业社会责任感的基础前提。

"企业社会责任"概念最早由西方发达国家提出，近些年这一思想广为流行，连《财富》和《福布斯》这样的商业杂志在企业排名评比时都加上了"社会责任"标准，可见西方社会对企业社会责任的重视。联合国也是推动企业发挥社会责任的重要机构。鉴于全球化的脆弱性和国际间越拉越大的差距，鉴于国家内部的差距也在拉大，以及财富的分配不公和不平等，特别是鉴于某些企业不合理的发展对世界安全和生态环境带来巨大威胁，联合国向国际商界领袖提出了挑战，那就是呼吁企业约束自己自私的牟利行为，并担负起更多的社会责任。1999 年 1 月，在瑞士达沃斯世界经济论坛上，联合国秘书长安南提出了"全球协议"，并于 2000 年 7 月在联合国总部正式启动。该协议号召公司遵守在人权、劳工标准和环境方面的九项基本原则，其内容如下。

（1）企业应支持并尊重国际公认的各项人权。

（2）绝不参与任何漠视和践踏人权的行为。

（3）企业应支持结社自由，承认劳资双方就工资等问题谈判的权利。

（4）消除各种形式的强制性劳动。

（5）有效禁止童工。

（6）杜绝任何在用工和行业方面的歧视行为。

（7）企业应对环境挑战未雨绸缪。

（8）主动增加对环保所承担的责任。

（9）鼓励无害环境科技的发展与推广。

分析这九项原则，对于创业项目而言，就是要保障创业项目团队成员的尊严和福利待遇；从创业项目外部看，就是要发挥创业项目在社会环境中的良好作用。总的来说，创业项目的社会责任可分为经济责任、文化责任、教育责任、环境责任等几方面。就经济责任来说，创业项目主要为社会创造财富，提供物质产品，改善人民的生活水平。就文化责任和教育责任等方面来说，创业项目要为团队成员提供符合人权的劳动环境，教育团队成员在行为上符合社会公德，在生产方式上符合环境保护和污染治理的要求。

如果用"全球协议"的标准来对照，这也为我们中国创业者提供了创业项目社会责任论证与评估的基准。

创业项目活动甚至能够重塑一个地区乃至国家的经济格局，包括生产要素的优化配置及经济发展的动力转化。一般认为，以追求经济利润为导向的经济创业项目可以创造新的财富、新的就业机会，以及造就新的企业家群体。然而，创业项目并不一定能解决带来的问题社会，比如一部分人通过经济创业项目富起来了，贫困的人口并不一定就减少了，创业项目成果仅让富人收益增多，可能的结果反而是使富裕人口与贫穷人口之间收入的差距越拉越大，造成更加严重的社会问题。此外，经济创业项目还可能带来的一个问题是环境的破坏，物质文明与生态文明之间出现背离与不和谐[①]。因此，环境优化与可持续发展也一直是在大力提倡经济创业项目时应非常关注和评估的问题之一。

因此，创业企业家社会责任的提出，主要是为了解决资本与公众的矛盾问题，是为了解决创业者、创业项目团队、创业项目与消费者的矛盾。例如，创业企业如果搞假冒伪劣，就会不正当地攫取消费者的利益，如果创业项目生产优质产品，不欺骗顾客，就要减少利润；如果要搞清洁生产、减少污染、保护环境，就要减少创业项目的利润。结合联合国号召公司遵守在人权、劳工标准和环境方面的九项基本原则，表3-4列出了创业者和创业项目团队社会影响可行性论证与评估中需要回答

---

① 栗战书. 文明激励结构分析：基于三个发展角度[J]. 管理世界, 2011, （5）: 1 - 10.

的核心问题。只有当创业者及其团队对这些问题的答案趋于正面才能保证创业项目的社会影响是正面的。

表 3-4 社会影响可行性分析

主　题	分　项
创业动机	• 个体自身客观因素产生的动机 • 个体心理因素产生的动机 • 社会环境影响产生的动机
商机开发	• 机会创新程度如何 • 创业机会开发过程是否符合社会创业要求
制度创业	• 企业合法性如何建立 • 商机的故事叙述是否合理 • 创业项目能够带来社会发展，如性别社会地位平等、国别社会地位平等
社会企业建立	• 社会性愿景与经济性愿景是否一致 • 社会福祉与商业利益的双重愿景与创业项目逻辑的逻辑匹配如何

3.3.2　创业项目的自然环境影响分析

创业项目的自然环境，在《中华人民共和国环境保护法》[①]已有规定：本法所称环境是指影响人类社会生存和发展的各种天然的和经过人工改造的自然因素总体，包括大气、水、海洋、土地、矿藏、森林、草原、野生动物、自然古迹、人文遗迹、自然保护区、风景名胜区、城市和乡村等。这种自然环境既是项目实施和运行的物质基础，又是人们生存的环境和条件。所以，企业家或者创业团队在实施创业项目的时候必须处理好项目和环境之间的关系，不能导致项目自然环境出问题。

创业项目造成的自然环境问题大致可分为两大类，一类是创业项目实施与运行的排放废物超过了自然环境净化能力而造成了环境污染和生态破坏（如工业废水过量排放而造成水环境的污染），另一类是创业项目对自然资源开发和利用不当而造成自然资源枯竭和生态破坏（如过量开采地下水而造成地下水位下降和地面沉陷等）。以加工制造业为主的工业经济最为重要的环境问题是其中有大量使用化石类

---

① 全国人大常委会于 1989 年 12 月 26 日通过，自发布之日起施行。

自然资源（如煤炭、石油、铁矿石等）的项目，这不仅会出现使用化石类自然资源而对环境造成污染，而且会造成开采过度而破坏自然环境。同时，即便是农业项目也会造成因过度耕作或不当开发（如围湖造田等）而对自然和生态环境造成破坏或影响。所以，任何项目都必须进行项目环境影响的评估。

创业项目环境影响评估是指在创业项目决策中通过充分调查研究和分析预评估，从而给出项目活动给环境造成的影响后果的工作。其中，项目环境影响调查和分析是项目环境影响评估的基础性工作，它需要去调查和分析项目对各种环境要素的影响。项目环境影响预测和评价是项目环境影响评估的实质性工作，它需要去预测和评价项目对各种环境要素的影响结果或危害。更进一步，项目环境影响评估还需要预测和估算消除项目对环境的影响所需的代价，甚至恢复项目环境影响造成的生态破坏多需的代价，等等。

创业项目环境影响评估的根本作用是指导人们按照经济发展与环境保护相协调的原则去做好项目决策，所以这种创业项目评估的主要作用是为项目的科学决策提供依据。实际上创业项目环境影响评估不仅关系到国计民生，而且直接涉及创业项目相关利益主体及国家等多方的利益。所以，创业项目环境影响评估具有专门的国家法规和标准，而且这些还会随国家与社会对自然环境保护要求的提高而不断地修订（如我国近年的区域功能规划等），这方面的法律和法规对于这种评估的程序、方法和内容做出必要的规定，所以这种创业项目的评估必须依法进行。本节只讨论这种评估的原理和方法，具体要求应参照最新的国家法律法规执行。另外，创业项目环境影响评估多数时间具有"一票否决权"的权重，只要创业项目环境影响评估的结果不达标，创业项目就不能开展。

1. 创业项目自然环境影响评估的流程

创业项目环境影响评估的内容十分广泛，而且不同项目的环境影响评估包含的评估内容也不同。按《中华人民共和国环境影响评价法》[①]规定：环境影响评价必须客观、公开、公正，综合考虑规划或建设项目实施后对各种环境因素及其所构成的生态系统可能造成的影响，为决策提供科学依据。因此，我国创业项目环境影响评估的内容应该包括以下方面。

（1）创业项目自身规划和规模的评估。包括对创业项目规划和项目立项两阶段的创业项目环境影响评估，其内容包括对创业项目规划、规模、选址等方面涉

[①] 全国人大常委会于 2002 年 10 月 28 日通过，自 2003 年 9 月 1 日起施行。

及创业项目环境影响的识别、分析和评价，这需要按照国务院《规划环境影响评价条例》①进行。

（2）创业项目所处环境的现状评估。包括对创业项目所处周围地区的地理、气候、大气、地表水、地下水、土壤、植物、动物、人们生活等环境现状的评估，该评估的目的是给出创业项目所处周围环境的现状，以及创业项目周围环境能够容纳的环境负担或载荷情况。

（3）创业项目环境影响的分析、预测和评估。包括对创业项目的各种自然环境有利和不利影响的分析、预测和评估，对于创业项目的各种自然环境可恢复和不可恢复影响的分析、预测和评估，以及对创业项目近期和长远的环境影响分析、预测和评估。

（4）创业项目环境保护措施及其技术经济评估。包括对创业项目应采取的环境保护或补救措施的方案及其技术可行性和经济可行性的评估，凡是有环境影响的创业项目都必须开展创业项目环境保护措施的技术和经济评估，这是国家的硬性规定。

（5）创业项目环境影响的经济损益分析与评估。是指对创业项目给环境造成影响的全面经济分析和评价，其中最主要的是针对创业项目对环境的不利影响进行经济损失，包括创业项目环境污染处理费用和生态恢复费用等，进行全面而深入的评估。

（6）创业项目实施活动环境的监测建议及其评估。创业项目实施活动会对环境造成影响，如有必要就必须采取相应的创业项目实施环境监测措施和方法，对于这方面的评估必须要给出对相应创业项目实施环境监测的建议及其评估，以确保创业项目实施的环境影响处于受控状态。

（7）创业项目运行活动环境的监测建议及其评估。创业项目运行活动对环境造成的影响是长期的，如有必要就必须采取相应的创业项目运行环境监测措施和办法，对于这方面的评估还必须给出对创业项目运行环境监测的建议及其评估，以确保创业项目运行对环境的影响处于受控状态。

（8）创业项目环境影响的其他专项评估。包括按照法律规定所需对创业项目环境影响进行各个专项评估，如涉及水土保持的建设项目必须经过相关行政主管部门评估和审查同意。所有涉及不同行政主管部门的专项评估在内容和方法等方面都需

---

① 中华人民共和国国务院令第 559 号，自 2009 年 10 月 1 日起施行。

按相关法律进行，如《中华人民共和国大气污染防治法》①《中华人民共和国水污染防治法》②《中华人民共和国环境噪声污染防治法》③《中华人民共和国固体废物污染环境防治法》④《中华人民共和国放射性污染防治法》⑤《中华人民共和国海洋环境保护法》⑥等。

（9）创业项目环境影响的全面评估结论。包括对于上述创业项目环境影响评估各项内容的全面综合评价，通常需要采用某种综合评估模型去对创业项目环境影响大小、环境保护措施、环境监控办法，以及它们的经济、技术、可持续性等方面进行定性和定量的综合评估。

2. 创业项目自然环境影响评估的原则

创业项目环境影响评估的根本目的是强制创业者或创业项目团队在创业项目规划和决策中必须考虑创业项目对于环境的影响，进而使得创业项目与其所处环境相互兼容。所以，在进行创业项目环境影响评估的工作过程中，必须遵循如下几个方面的根本原则。

（1）目的性与主导性原则。任何国家或地区的环境都有其特定的结构、功能和承载能力，这些要求创业项目必须有特定的环境保护目标和措施，因此在进行创业项目环境影响评估中必须有明确评估的目的并据此去确定这种评估的内容和任务，这就是目的性原则。我国这种评估的根本目的是充分保护人民的生存环境、生态平衡和经济与社会的可持续发展，所以我国这种评估主要是针对创业项目环境影响问题去评估，对起主导作用的创业项目环境影响进行评估，这就是主导性原则。

（2）整体性与相关性原则。在这种评估中不但要分别评估创业项目对环境的各种专项影响，还必须进一步分析和评估创业项目对环境的综合影响，这就是整体性原则。因为只有全面地评估创业项目对整个环境的总体影响，人们才能对各种创业项目提案或替代方案进行比较和选择以做出科学决策。同时，在这种评估中还必须充分考虑创业项目各专项环境影响之间的联系，分析和评估创业项目环境影响的传递性和相关性，以便全面评估创业项目环境影响的整体效果，这就是相关性原则。

（3）均衡性与动态性原则。创业项目各专项环境影响之间既相互独立又相互联

---

① 全国人大常委会于 2000 年 4 月 29 日通过，自 2000 年 9 月 1 日起施行。
② 全国人大常委会于 2008 年 2 月 28 日通过，自 2008 年 6 月 1 日起施行。
③ 全国人大常委会于 1996 年 10 月 29 日通过，自 1997 年 3 月 1 日起施行。
④ 全国人大常委会于 2004 年 12 月 29 日通过，自 2005 年 4 月 1 日起施行。
⑤ 全国人大常委会于 2003 年 6 月 28 日通过，自 2003 年 10 月 1 日起施行。
⑥ 全国人大常委会于 1999 年 12 月 25 日通过，自 2000 年 4 月 1 日起施行。

系，虽然各自表现出独特的创业项目环境影响属性，但是人们需要均衡地关注创业项目各专项环境影响评估（不能"单打一"或偏向哪个专项），这就是均衡性原则。同时，创业项目对环境影响是各个发展变化的动态过程，所以在这种评估中还必须贯彻动态性的原则，即在这种评估中还要评估创业项目和环境发展变化，以及由此而形成的创业项目环境影响的动态变化情况，这就是动态性原则。

（4）确定性与风险性原则。创业项目环境影响因素众多，创业项目环境影响结果复杂，创业项目及其环境影响多变，在创业项目实施和运行中存在各种各样的风险，这些都会给创业项目环境影响带来不确定性。所以，人们在这种评估中首先要评估创业项目确定性的环境影响情况，分析和预测创业项目活动会造成的确定性环境影响。同时，人们还必须对创业项目不确定性的环境影响进行评估（开展创业项目环境影响评估中的不确定性分析）。因为创业项目环境影响存在可能的风险，所以创业项目环境影响评估就必须进一步开展创业项目环境影响的风险性分析和评估。

（5）强制性与公众参与原则。创业项目环境影响评估必须根据国家项目环境影响评价的法律法规去开展，这就是强制性原则。国家根据创业项目对环境的影响程度规定：对可能造成重大环境影响的创业项目应当编制环境影响报告书以便对产生的环境影响进行全面评价，对可能造成轻度环境影响的创业项目应当编制环境影响报告表并对产生的环境影响进行分析或者专项评价，对环境影响很小的创业项目就不需要进行环境影响评价而只填报环境影响登记表即可。同时，创业项目环境影响评估还有一个公众参与的原则，对于环境有重大影响的创业项目必须建立社会公众磋商制度。

上述这些创业项目环境影响评估的原则是创业者及其团队在多年的环境保护实践中总结出来的，所以它们是在进行创业项目环境影响评估时必须遵守的基本准则。

3.4 创业项目的市场可行性论证与评估

创业项目的市场可行性论证与评估（或者称为目标市场的可行性分析及行业可行性分析）是对产品或服务进入的行业与目标市场所做的整体吸引力的论证与评估。创业者或创业团队所在的行业与目标市场之间，具有本质区别。行业是生产同类产品或服务的企业的集合，如计算机、飞机、房地产或汽车轮胎等；目标市场是指创业者或创业团队追求或者打算进入的行业的有限部分。一般的创业者或创业团队不会试图从一开始就服务于整个产业，他们会选择或者开拓某个特定的目标市场，并努力服务这个市场。诸如此类的案例非常之多，脸书网创业之初并没有瞄准整个互联网行业或社交网络行业，而只是针对校园内大学生的社交网络，它的目标市场只是在校大学生，甚至更为精确的是波士顿地区的在校大学生。

创业项目的市场可行性论证与评估包括两个主要方面：创业项目的行业分析和创业项目的目标市场分析。

3.4.1　创业项目的行业分析

行业本身的发展潜力彼此之间有非常大的差别。一般而言，对创业项目具有吸引力的行业有一些共同特征：其中，前三项特征因素尤其重要。如果行业具有新兴产业、生命周期早期阶段、分散化等特征，那么它更容易接纳创业项目进入市场；而与之相反的特征的行业对创业项目或者新企业就比较严苛了。创业者也希望选择一个具有结构吸引力的行业，这意味着创业项目或者新创企业能够顺利地进入市场并展开竞争。但是，有些行业具有很高的进入障碍，或者某些行业内已经存在一两家主导性企业，能将潜在的创业项目最终逐出市场。

创业项目最适应的行业主要包括以下几个方面：①新兴产业，而非传统产业；②行业生命周期早期阶段，而非后期阶段；③行业分散化，而非集中；④行业正在成长，而非收缩；⑤出售顾客"必定"要买的产品或服务，而非"可能想买"的产品或服务；⑥行业空间大，不存在拥挤；⑦具有较高营业利润；⑧不依赖关键原材料的历史低价来维持盈利。

开展创业项目这方面的评估，需要考虑的其他行业因素也很重要。例如，环境与商业趋势有利于行业发展的程度，对行业的长期健康、孕育新市场或利基市场的能力都很重要。持续变化的经济和社会趋势，促进还是损害了产业内现有企业呢？利润空间正在增加还是减小？行业内创新是在加速还是在消退？投入成本是在升高还是在降低？行业大宗商品的新市场正在开拓，还是因为行业竞争而导致当前市场萎缩呢？人们虽然难以准确了解行业的每个方面，但他们应该获得一种认识，用来判断拟进入的行业是否适合于创业项目或新创企业。

上述方面的信息，创业者或创业项目团队可以从行业分析报告或者收费数据公司处获取。当然，利用图书馆或搜索网站，也能获得一定量的免费信息。

3.4.2　创业项目的目标市场分析

目标市场是市场空间的一部分，是具有相同需求的顾客群的市场。大多数创业项目或初创企业，没有足够的资源进入广泛的市场。通过关注较小的目标市场，创业项目或新创企业通常能避免与行业领导者的正面竞争，并能很好地专注于服务特定市场或利基市场。通常来说，创业项目或初创企业向新市场引入全新产品是不太现实的。在大多数情况下，充当某个领域的开拓者，对创业项目或新创企业而言，代价太高了。多数成功的创业项目或新创企业，或在现有市场引入新产品，如巨人网络公司向现有市场引入了新游戏；或者将现有产品引入新市场，如苹果公司将图形界面技术引入个人电脑（新市场）中。

识别有吸引力的目标市场面临的困难是：目标市场对未来业务要足够大，同时，市场规模还得足够小，至少在创业项目或新创企业成功起步之前要避免吸引较大的竞争者。尽管人们比较容易获取全行业吸引力的信息，但是评价行业内较小目标市场的吸引力要困难得多，尤其是充当创业项目或新创企业的拟定目标市场的开创者。在这种情况下，创业者或创业项目团队需要收集、综合多个行业或市场的信息，并做出有远见卓识的判断。

与行业吸引力相比，创业者或创业项目团队在研究目标市场吸引力时，所利用的信息来源并不是太清晰。最后，创业者或创业项目团队需要将不同来源的信息和事实进行综合，获得进一步的认识，从而判断创业项目的目标市场是否是一个具有足够吸引力的市场。

3.5 创业项目的财务收益性论证与评估

创业项目的财务收益性论证与评估是创业项目商机论证与评估的最后一个环节。一般来说，初步的财务可行性分析就足够了。过分严格的财务分析对创业项目，尤其是创业项目早期的商机分析而言，是不必要的，因为创业项目的问题总是会不断变化，过早地花费大量时间去准备详尽的财务预算是没有实际意义的。

在这个阶段，创业项目最需要考虑的问题是创业项目的现金总需求量、同类创业项目团队或者企业的财务绩效和拟建企业的总的财务可行性，本节将围绕这三个问题阐述创业项目的财务收益性论证与评估。

如果拟建企业想通过财务收益性论证和评估，就需要完成预计（或计划）的财务报表，以证明拟成立企业1~3年内具有财务可行性。

3.5.1 创业项目的现金总需求量

创业项目财务收益的论证与评估，首要涉及创业项目为达成第一笔创业成果及其交易所需要的总现金量。这方面的一份现实可行的预算，应包括创业项目启动和事实过程中所需的所有预期资产购买费用。在确定创业项目现金需求总额之后，创业者或创业项目团队要对现金何处获得进行解释，避免进行笼统的解释说明。尽管创业项目最终可能涉及投资人（业主）或者借款人（债主），但是创业者或创业项目团队要对如何提供初始的现金需求做出更加周到合理的解释。

如果创业项目的资金来源于朋友和家庭，或者通过其他渠道筹集（如信用卡），那么创业者或创业项目团队需要提供合理的还款计划。如何满足并偿还创业项目的成本费用，是一种非常重要的事情。许多创业项目似乎前景光明，但是缺乏筹资渠道去继续推进或开创新企业，或难以偿还初期投入的成本。在预算创业项目费用时，最好高估要投入的成本，而非低估成本。墨菲定律在创业项目成立初期是普遍使用的——事情总可能变坏。创业项目或初创企业在创建初期总是会遇到各种意想不到的费用开支。

随着互联网技术的发展，网络上可以免费使用各种小型财务软件或者手机客户端（App）开展这方面的评估计算。创业者或创业项目团队在财务量相对较小时，可以使用此类创业项目初创成本工作表或 App 等。

3.5.2　同类创业项目团队或企业的财务绩效

创业项目财务收益论证与评估的第二部分是，将创业项目与现有同类企业财务绩效进行比较，评估创业项目的潜在财务绩效。显然，这种论证与评估只能得到不算精确的近似值，但是对创业项目降低财务风险却非常有用。在此，介绍几种评估创业项目潜在绩效的方法。

通过网络，大量内容丰富的公开资料提供了数千家企业的详细财务报表。各个证券交易所网站免费提供的上市公司资料，是最容易获得的企业绩效信息。只是这些企业规模太大，不适合与创业项目团队进行有意义的对比。创业者或者创业团队可以选择具有可比性的规模较小的企业财务绩效进行对比。现在世界范围内有很多评级机构或事务所组织能够免费提供按照产业公布的企业平均销售额和利润信息，并提供相关的简易的计算收益表的线上应用（如 bizStats.com）。创业者只需要按照产业分类计算企业预计的收入，就能够得到模拟的创业项目收益表，显示出同类产业中企业的平均利润率和交易费用比率。

其他方法也能获得规模较小企业的财务信息。如果创业者能够找到一家企业和自己拟建的企业类似，但又不是直接竞争对手，那么请求企业管理者或者所有者提供一份销售和收入信息。即使企业管理者或者所有者只愿意粗略谈论相关信息（如年销售额度、净利润等），人们也可以获得一些比较信息。

另外，通过简单观察和现场收集资料，是获得同类企业销售信息的途径。这种方式在有些情况下非常适合，但在其他时候未必适用。例如，如果你打算开一家冷饮店，你可以光顾本地类似的冷饮店，通过估计顾客人数、每人次平均购买量来推测销售情况。最基本的方法是，在一天的不同时段拜访这些冷饮店，并计算店铺进出的顾客人数。

3.5.3 创业项目拟成立企业总的财务可行性

这方面评估主要是根据拟新建企业的预计销售额度和回报率（或利润率）来进行。在创业项目财务收益论证与评估阶段，预计回报全面是一种主观判断的结果。更为精细的评价，要通过预计财务报表来计算，这包括 1~3 年的现金流量表、利润表和资产负债表。如果时间允许，创业者或创业项目团队可以完成这项工作，但是它主要用于创业项目的可行性论证与评估阶段。

为获得全面认识，创业者或创业项目团队的计划回报率应该兼顾下列因素，才能更好地论证与评估创业项目是否具有财务竞争力。

（1）资本投资量。

（2）创业项目创建企业附带的风险。

（3）创业项目投入资金的替代选择。

（4）创业者时间和精力的替代选择。

虽然有些商机表面上前景很好，但它们在财务上不值得追求。例如，创业者向一家资本密集型风险创业项目投入 1000 万元，却只获得 5%的投资回报率，这显得毫无经济意义。创业项目的回报率要求还依赖于创业者个人拥有的替代选择，即创业者的机会成本可能很大。例如，打算放弃 30 万元年薪而去创业或者参与创业项目的人，比放弃 10 万元年薪的人会要求更高的回报率。创业项目及其拟建企业总体财务可行性的其他评估要素如下。

（1）清晰界定的利基市场中，创业项目的拟建企业的销售额度要在成立后 3~6 年内稳定快速增长。

（2）比例很高的持续性收益，意味着创业项目或拟建企业一旦赢得某个客户，客户就会提供持续的收益来源。

（3）创业项目能够以合理的确定程度，预期收入和费用。

（4）具有自主和支持拟建企业成长的内生资金。

（5）创业项目投资者将权益变现的退出机会可得性（被收购或 IPO）。

第4章

| 创业项目所需资源的论证与评估

南开大学　翟磊

　　项目的突出特点之一即为资源的有限性，创业项目的这一特点更为突出，创业活动的目的就是要以有限的资源形成新的事业，以充分发挥资源的增值能力，以期不断发展并形成核心竞争力。因此，创业项目团队在决策阶段应当对创业所需资源进行详细分析和评价，并对资源的可获得性进行论证，从而确保创业项目有足够的资源支撑。

　　创业项目所需资源的论证与评估重点包括两个方面，一是创业项目需要哪些资源，二是如何获取这些资源。在这里需要强调的是，评估时不应局限于创业项目团队"拥有"哪些资源，而应当分析该团队可以"获得"哪些资源。资源获取与整合的基本原则就是"共赢"，通过适当的方案设计，使资源提供者在创业项目中各得其所，而创业项目团队则通过资源整合实现创业项目目标。

4.1　创业项目所需资金的论证与评估

　　创业阶段尤其是创业项目实施初期，资源有限、信用积累不足、缺少抵押物等内生特征决定了一方面创业项目需要大量资金与资源支持，另一方面由于未来收益具有高度不确定性，又很难获取足够资金支持。我国"大众创业"过程中暴露出的"融资难"问题就是这种现象的突出表现。因此，如何才能使创业项目得到足够的资金支持是创业项目团队论证项目可行性的重要组成部分。创业项目所需资金的论证与评估应从两个角度开展相关工作，其一是从资金需求角度对创业项目的资金需求进行预测，其二是从资金供给角度对创业项目的资金获取方案进行设计与评价，从而对创业项目在资金方面的可行性进行判断。

4.1.1　创业项目的资金需求预测

对创业项目资金需求的预测是论证后期融资可行性的基础。由于创业项目本身具有高风险、信息不完备、未来经营期长等特征，对其所需资金的预测也具有较大的难度。因此，本部分所讨论的创业项目资金需求预测主要集中于对创业项目的初期阶段的资金需求预测。

1. 创业项目资金需求总量预测

创业项目资金需求总量主要指的是创业项目顺利推进所需的资金，而不考虑资金的来源或资金投入的时间。由于创业项目普遍具有资源不充分的特点，因此在进行资金需求总量预测时应遵循的原则是"保底线"，即预测创业项目成功实施所需要的最少资金量。同时，由于创业项目发展过程中又具有高度不确定性，因此应根据创业项目的风险大小（风险识别与度量相关内容详见第 11 章）预留不可预见费，原则是风险大的创业项目应预留较大比例的不可预见费，而风险小的项目则不可预见费总额可以较少。

创业项目资金总量预测的常用方法有两种，一种是类比法，即根据同类创业项目的历史经验，对本创业项目的资金总量进行预测；另一种是基于创业项目 WBS（工作分解结构，该方法的具体相关内容见第 9 章第 9.1 节）的资金需求加总法，即根据创业项目范围管理所确定的 WBS，对完成各工作包所需资金进行预测，并以自下而上的方式加总得到创业项目所需资金总量。

2. 创业项目资金投入时间计划

与其他类型的项目类似，创业项目的资金投入与时间之间的关系也非线性的，而是 S 形的，如图 4-1 所示。

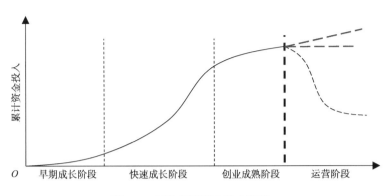

图 4-1　创业项目资金投入强度

在早期成长阶段，创业项目规模较小，主要工作集中于完善创业方案、组建创业项目团队、寻求各类资源及开展市场调查等，因此这时对资金的需求量相对较小。在创业项目的快速成长阶段，各种场地设备等固定资产投入、管理费用、市场营销费用等均快速增加，这一阶段对资金投入的需求量最大，对创业项目团队的资金获取能力形成的挑战也最大。如果在这一阶段资金投入无法保证，则很有可能导致创业项目资金链断裂，从而使创业项目目标无法达成。在创业项目成熟阶段，新创企业各项业务活动逐步走向正轨，且经营收入逐步增加，因此资金投入总量增长放缓，也就是说在此阶段增加的资金投入压力逐渐减缓。因此，创业项目的资金投入并不需要在创业初期全部完成，而应根据不同时间的资金需求按需投入。

在创业项目进入运营阶段后，对资金投入的需求可以分为三种情况：其一是对于获得市场成功且规模稳定的创业项目，进入运营期后，投资将逐渐回收；其二是对于获得市场成功并以所获收益持续扩张的创业项目，累计投资总量在持续扩张期将保持相对稳定；其三是对于获得市场成功并加大投入力度快速扩张的项目，以及市场需要较长时间培育的项目，则累计投资总量持续增长。

3. 创业项目资金需求优化

在对创业项目的资金需求总量和时间进行预测和计划的基础上，应在创业项目实施前进行资金需求优化工作，在不影响创业项目实施的情况下，实现资金投入及其成本的最小化。开展创业项目资金需求优化的有效手段为专家咨询法，可以邀请创业导师等提供专业的指导。目前我国地方政府及各类孵化器组织大多组建了创业导师库，可以借助其专业知识提供创业项目资金需求优化方案。

4.1.2　创业项目所需资金的获取

"获取"一词强调了创业项目的一大特点，即"借力"。由于创业项目所需资金总量通常超出创业者的自有资金总量，因此如何从不同渠道、不同主体获得资金支持就成为创业项目团队需要考虑的重要问题，也是决定创业项目成败的关键性因素之一。

1. 股权融资

股权融资是以获取创业项目未来的利润分红为目的的融资方式，其前提是投资人对创业项目未来的收益有足够的信心，并且愿意承担投资失败的风险。

（1）自有资金融资。典型代表是以中小企业主的个人储蓄作为种子资金。初创时期，道德风险与信息不透明等问题比较严重，内部股权融资是创业企业主要的资金来源①。尤其是对于创业项目规模较小、科技水平不高、经营模式较为传统的，自有资金融资比例往往较高。

（2）天使投资。2016 年 9 月发布的《国务院关于促进创业投资持续健康发展的若干意见》（以下简称"创投国十条"）从培育多元创业投资主体的宏大视野，将天使投资正本清源为"除被投资企业职员及其家庭成员和直系亲属以外的个人以其自有资金直接开展的创业投资活动"；从整个创业投资体制建设的宏观高度，提出了"积极鼓励包括天使投资人在内的各类个人从事创业投资活动"行动纲领②。天使投资人具备丰富的商业经验，通常选择高成长性的创业项目直接投资。统计显示，2016 年中国天使投资机构投资起数是 2008 起，比 2015 年的 2075 起略有减少，投资金额是 121.92 亿元，比 2015 年的 101.88 亿元增长了 20%③。

（3）风险投资。风险投资是对高新技术产业的一种中长期投资行为，而这种投资往往是高风险与高回报并存。国内外研究表明，创业企业不仅可以从风险投资公司得到资金上的帮助，还可以得到经营管理、重大决策等方面的增值服务。据清科私募通的统计数据，2017 年国内风投机构已达 2980 家。2013—2015 年，创业板 353 家上市公司中，有风险投资公司介入的有 155 家企业。而且，绝大部分风险投资公司在创业企业上市后继续持股④。风险投资之所以能够成功是由于其通过风险投资合同，实现了投资人对初创企业发展全过程的监管⑤。风险投资者决定投资时间和投资类型，并负责筛选、签约和监督企业，全程参与企业的战略规划和战略决

① 韩军伟. 中小企业融资模式研究：国外研究综述[J]. 现代管理科学，2016（9）：103-105.
② 刘健钧. 发展天使投资需澄清的八个问题[J]. 证券市场导报，2017（4）：4-11.
③ 数据来源：http://www.sohu.com/a/125029715_355115.
④ 杨昀，邹正宣. 风险投资公司对创业企业投资行为的影响[J]. 金融发展研究，2017（8）：41-48.
⑤ 仇晓光，杨硕. 公募股权众筹的逻辑困境与治理机制[J]. 广东社会科学，2016（6）：225-235.

策①。实证检验的结果显示，风险投资机构提供的增值服务与创业企业绩效有显著的正相关关系②。

（4）股权众筹。股权众筹是指从大量投资人手中为创业项目团队筹集创业资金的一种新型融资模式，分别以公募和私募两条路径发展股权众筹已经成为国内理论和实务界的共识，其正在世界范围内迅速扩张。2014 年年底证券业协会发布《私募股权众筹融资管理办法（试行）（征求意见稿）》，2015 年 8 月 10 日发布《场外证券业务备案管理办法》，其第 20 条第 10 项将"私募股权众筹"修改为"互联网非公开股权融资"，确立了私募股权众筹在我国的合法地位③。2015 年 3 月《证券法》修订草案增加公募股权众筹豁免条款。2015 年 7 月 18 日十部委发布《关于促进互联网金融健康发展的指导意见》，随后 24 日证监会表态认定股权众筹应具有"公开、小额、大众"的特征，这是对公募股权众筹的立法探索。因此，在我国现行法律体制下，只有被称为"互联网非公开股权融资"以私募方式进行的股权众筹是合法的。根据 2013 年 10 月世界银行发布的《发展中国家众筹发展潜力报告》，众筹模式已在全球 45 个国家发展成为数十亿美元的产业。预计到 2025 年，全球发展中国家的众筹规模将达到 960 亿美元，其中，中国众筹规模将达到 460 亿～500 亿美元④。

2. 债权融资

与股权融资不同，债权融资是具有还本要求的，由于这种融资的风险较低，因此债权融资的成本也较低，但还本压力则较大。

（1）银行贷款。商业银行是传统的从事贷款业务的机构，也是创业项目团队最容易想到的债权融资渠道。但是总体来看，由于银行贷款对贷款规模和担保的要求相对较高，因此很多创业项目团队获得银行贷款存在一定的难度。未来应进一步完善全生命周期的产品服务链条，通过与保险、信托等各类机构合作，探索风险分担机制，增强对创业项目，尤其是科技企业早中期阶段的支持⑤。

（2）其他金融机构贷款。这里其他金融机构，主要是除商业银行外可以为创业项目提供贷款支持的机构，如信托投资公司、网络金融平台等。针对科技型创业而

① 韩军伟. 中小企业融资模式研究：国外研究综述[J]. 现代管理科学，2016（9）：103-105.

② 董静，汪江平，翟海燕，汪立. 服务还是监控：风险投资机构对创业企业的管理—行业专长与不确定性的视角[J]. 管理世界，2017（6）：82-103.

③ 仇晓光，杨硕. 公募股权众筹的逻辑困境与治理机制[J]. 广东社会科学，2016（6）：225-235.

④ 张亚欣. 科技型小微企业股权众筹融资探讨[J]. 科学管理研究，2016（10）：85-88.

⑤ 国家开发银行课题组. 支持创新的金融体系和政策建议[J]. 保险研究，2018（6）：124-127.

言，还可以选择科技银行。所谓科技银行是专为科研机构、科技中小企业融资的专营性银行机构，与传统银行相比，科技银行的受众小，目标客户为高科技企业，依托于政府政策支持，精准发力于科技金融领域。其经营方式有别于注重担保和抵押的传统理念，以风险控制为主要运营原则，信贷决策注重企业的价值发现、市场前景，借助风险投资，解决科技型中小型企业的融资难题①。我国 21 世纪初开始倡导银行提供科技行业的信贷支持。2009 年，成都银行、杭州银行、汉口银行先行试点，成立了科技支行，随后各地陆续开设了多家科技支行。到 2017 年，全国范围内科技银行超过 300 家，依托于政府政策扶持，科技银行模式逐渐成熟。

除此之外，中小企业私募债也是债务融资的重要方式。上海证券交易所和深圳证券交易所 2012 年 5 月 22 日分别发布实施《上海证券交易所中小企业私募债券业务试点办法》和《深圳证券交易所中小企业私募债券业务试点办法》，需提交最近两年经审计财务报告，因此在创业项目或新创企业发展成长后可选择此种方式。

3. 政府的政策性资金

国务院总理李克强 2014 年 9 月在夏季达沃斯论坛上公开发出"双创"的号召，各级政府为了鼓励创新创业，出台了一系列相关政策，其中与资金相关的主要包括各类创业补贴和政府引导性基金。

（1）政府补贴。从各地的实践来看，政府补贴主要是对创业给予的各种直接的资金支持或费用减免。按照补贴对象不同可以分为对企业的补贴、对场地的补贴、对人员的补贴等。以深圳市为例，政府对创业项目提供的补贴主要分为以下几种类型。

1）场租补贴。自主创业人员可在初创企业实际缴纳场租满 3 个月后，提出首次场租补贴申请。自主创业人员入驻市区政府部门主办的创业孵化载体创办初创企业，按照第一年不低于 80%、第二年不低于 50%、第三年不低于 20%的比例减免租金。自主创业人员在上述主办载体及认定载体外租用经营场地创办初创企业的，按每月给予最高不超过 500 元（每年最高不超过 6000 元），最长不超过 3 年的租金补贴。

2）初创企业补贴。自主创业人员可在初创企业正常经营满 6 个月以后提出初创企业补贴申请。自主创业人员在本地创办初创企业，自取得商事主体营业执照（或其他法定注册登记手续）之日起正常经营 6 个月以上，可申请 5000 元的初创企业补贴；属于合伙创办企业的，经核实合伙人条件、出资比例等，按该初创企业首次

---

① 田文佳. 基于国家自创区的科技金融工具和模式探讨[J]. 现代管理科学，2018（5）：18-20.

申请时的商事登记合伙人人数每名计发 5000 元初创企业补贴，其中商事登记合伙人应具有自主创业人员身份。初创企业补贴只能申请并享受一次且合计金额不超过 5 万元。

3）社保补贴。自主创业人员可在其初创企业正常缴纳社会保险费 3 个月后提出首次社会保险补贴申请。自主创业人员在本地创办初创企业，进行商事登记（或其他法定注册登记）取得经营资质，并在该初创企业缴纳社会保险费的，按本地当年度最低缴纳社会保险费标准，对单位承担部分给予补贴。若单位实际缴纳部分低于最低缴纳标准的据实给予补贴，补贴期限最长不超过 3 年；个人应缴部分仍由其本人承担。

创业带动就业补贴按年度申请。首次申请应在初创企业与户籍人员签订 1 年以上期限劳动合同，并已为其缴纳 6 个月以上社会保险后提出。自主创业人员在本地的初创企业吸纳户籍人员就业并按规定缴纳社会保险费的，可按其吸纳就业（签订 1 年以上期限劳动合同并已缴纳 6 个月以上社会保险费）人数申请创业带动就业补贴。招用 3 人（含 3 人）以下的按每人 2000 元给予补贴；招用 3 人以上的每增加 1 人给予 3000 元补贴，总额最高不超过 3 万元。

（2）政府创业引导基金。国家发展改革委、财政部、商务部三部门于 2008 年 10 月联合发布了《关于创业投资引导基金规范设立与运作的指导意见》（以下简称《指导意见》）。《指导意见》提出，"引导基金是由政府设立并按市场化方式运作的政策性基金[①]"。创业投资引导基金是指由市政府设立并按照市场化方式运作的政策性基金。引导基金主要是发挥财政资金的杠杆放大效应，引导民间资金投向重点发展的产业领域，特别是战略性新兴产业，并主要投资于处于种子期、成长期等创业早中期的创业企业，促进优质创业资本、项目、技术和人才集聚[②]。财政部于 2015 年颁布《政府投资基金暂行管理办法》，明确基金募集、投资、管理和退出的市场运作方式。国家发展改革委 2016 年 12 月 30 日下发《政府出资产业投资基金管理暂行办法》。截至 2017 年，政府引导基金新设立 255 只，披露的目标规模约为 3 万亿元[③]，如图 4-2 所示。政府引导基金作为推动"双创"发展的引导力量，得到东部地区直至中西部地区的各级政府普遍重视。

---

① 国务院办公厅转发发展改革委等部门关于创业投资引导基金规范设立与运作指导意见的通知，国办发〔2008〕第 116 号，2008-10-18.
② 上海市发展改革委员会，上海市财政局.上海市创业投资引导基金管理暂行办法，2010-10.
③ 杜月，应晓妮.政府创投引导基金：爆发式增长后的理性回归[J].宏观经济管理，2018（5）：35-39.

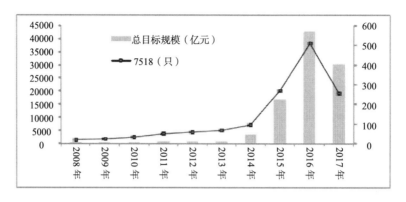

图 4-2 2008 年以来政府引导基金的设立情况①

政府创业投资引导基金的出资方式在逐渐放宽，从参股和提供融资担保到允许直接投资于非公开交易的股权，政府引导基金的定位更加灵活。政府创投引导基金的角色定位从单纯引导向引导与管理并行的方向转变②。政府引导基金的总体定位是重点放在解决市场失灵问题，提高资金使用效率，引导社会资金向资金短缺的领域投入。在这种基金运行中的定位应放在治理角色上，日常管理以制衡和监督为主，加以政策引导，确保基金在正确轨道上运行③。

在现行的政府创业引导基金模式下，引导基金对创业投资者的补偿采取的是单一让利补偿方式，即引导基金承诺④，无论创业投资企业是盈利还是亏损，其在未来退出转让股权时，转让价格在原始投资金额的基础上加上一部分按照一个较低的收益率（同期的银行贷款基准利率或国债利率）计算的投资收益，剩余投资收益让利于创业投资者。

4.2 创业项目所需人力资源的论证与评估

人力资源对于创业项目而言具有突出重要的意义，由于创业项目本身是一种创造性极强的项目，并且涉及财务、技术、法律等方方面面的专业领域，因此从创业

---

① 杜月，应晓妮. 政府创投引导基金：爆发式增长后的理性回归[J]. 宏观经济管理，2018（5）：35-39.

② 李雪婷，宋常. 政府创业投资引导基金的角色定位与管理逻辑[J]. 中国行政管理，2018（3）：102-105.

③ 赵维久. 我国创业投资引导基金对社会资本的带动效应[J]. 财会月刊，2016(17).

④ 刘砚平，冯曰欣. 现行创业投资引导基金补偿方式的缺陷及其完善措施[J]. 山东社会科学，2018（9）：180-187.

项目方案设计到创业项目的实施都离不开各类人才。

4.2.1　创业项目的人力资源需求预测

能否为创业项目匹配所需人才，是创业项目成功的关键因素或者根本性因素，因为人是从事创业项目的主体，通过各类专业人才的主观能动性发挥，可以为创业项目匹配所需资金、物资，为项目设计更为优化的方案。反之，即使创业项目本身再好，没有人力资源的支持也只能是"纸上谈兵"。

1．创业项目人力资源需求总量预测

由于人力资源各自的专业领域不同，因此预测创业项目人力资源需求时不能只是简单地预测创业项目需要的人力资源总数，而应当在细分专业与方向的基础上，对各专业人力资源的需求进行预测。通常情况下，创业项目需要的人力资源包括经营管理、财务、法律、人力、营销、技术等。

预测创业项目人力资源需求总量的方法与预测资金需求类似，具体包括类比法和基于 WBS 分解的人力资源需求预测法。其中，类比法指的是根据以往创业项目的情况和本创业项目的特征，对本创业项目人力资源的需求进行调整的方法。而基于 WBS 分解的人力资源需求预测则是自下而上的，通过对 WBS 各工作包所需人力资源的估计，逐层向上加总得到人力资源需求总量。

2．创业项目人力资源投入时间计划

在创业项目的不同阶段，对于人力资源的需求强度和结构都是不同的，因此在预测人力资源需求总量的基础上，应进一步对其投入创业项目的时间进行预测，从而确保在创业项目需要的时间段，确保相应人力资源的投入。这种预测可以采用人力资源负荷图的方式，直观地反映创业项目各时间段各类人力资源的需求情况，如图 4-3 所示。

3．创业项目人力资源需求优化

在对创业项目人力资源需求预测和时间计划的基础上，应对其进行进一步分析，从而对其中计划不合理的地方进行调整。如图 4-3 所示，创业项目所需人力资源具有波动性，其中的 11 月人力资源需求突然下降。在这种情况下，如果 11 月将部分人力资源解约，则可能造成 12 月人力资源不足的情况；如果为了确保 12 月有足够的人力资源保障，则 11 月则存在部人员工作量不足的问题。因此，应结合实际情况寻求平衡波动的解决方案，从而在整体上降低创业项目人力资源总成本。

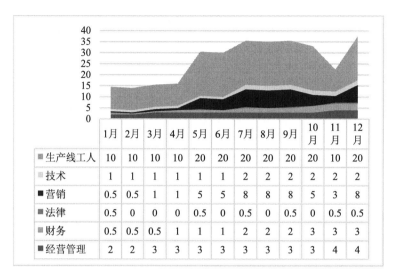

	1月	2月	3月	4月	5月	6月	7月	8月	9月	10月	11月	12月
■生产线工人	10	10	10	10	20	20	20	20	20	20	10	20
▨技术	1	1	1	1	1	1	2	2	2	2	2	2
■营销	0.5	0.5	1	1	5	5	8	8	8	5	3	8
▨法律	0.5	0	0	0	0.5	0	0.5	0	0.5	0	0.5	0.5
▨财务	0.5	0.5	0.5	1	1	1	2	2	2	3	3	3
■经营管理	2	2	3	3	3	3	3	3	3	3	4	4

图 4-3　创业项目的人力资源负荷图

4.2.2　创业项目所需人力资源的获取

根据人力资源需求预测的结果,创业项目团队或发起人需要具体开展人力资源获取工作。创业项目人力资源规划是进行人力资源开发的起点[①],创业项目团队或发起人应首先进行人力资源规划,符合创业项目需求的人力资源规划不仅可以保证创业项目团队的创新活力,还可以加快创业项目团队知识更新的速度。根据人力资源与创业项目团队的关系及工作时间,创业项目所需人力资源可以通过招聘专职人员、兼职人员,或者外部聘请的方式获取。

1. 专职人员

专职人员是创业项目实施的核心力量,由于创业行为是为响应新组织建立需求,因此它必须以创造性模式建立且在既定环境中生存发展[②]。这就决定了创业项目所需的专职人员,尤其是创业团队中的核心成员应当具有相当的专业技能和创造能力。从知识观的视角来看,创业团队进行创新的根本是利用个体间不同的知识储备促进新观点、新思维的产生以提高自身创造力[③]。创业团队的管理者要注重知识

---

① 齐齐,李辉,冯蛟. 知识管理视角下高新技术企业的人力资源开发策略——以 D 企业为例[J]. 中国人力资源开发,2015(6):48-52.

② 许成磊,王玉华,赵陈芳. 创业团队簇合作策略协同内涵及评价研究[J]. 科技进步与对策,2018(7):122-127.

③ 吴岩. 创业团队的知识异质性对创业绩效的影响研究[J]. 科研管理,2014,35(7):84-90.

异质性，有意识地组建跨越知识边界的团队，即为了共同的团队目标把不同的知识背景、知识认知的个体组织在一起，以提高团队的知识异质性，这就为团队拥有丰富的知识、经验、技能提供了保障[①]。

从流程上分析，应首先对所要招聘的岗位职责清晰明确，才能在招聘过程中明确目标[②]，在获取专职人员的基础上，应对人员培训、绩效考核等进行设计与开发，从而最大限度地调动人力资源的主观能动性，使其能力更好地为创业项目目标实现服务。

首先，制订招聘计划。创业者在开始招聘工作之前需要进行工作分析，明确所招聘职位的本质及其要求的条件，然后利用获得的信息，编制工作说明书，进行职务描述和职务规范，详细解释该项工作所需要的知识和技能，在确定出恰当的工作名称（或各种类别）、工作报酬和福利的基础上，制订招聘计划，包括招聘规模、招聘范围和招聘经费预算等[③]。

其次，信息发布与人员选拔。创业项目团队应根据招聘计划进行招聘信息的发布，可以选择的渠道包括报纸、广播、电视、网络、户外广告等，也可以选择专业的人力资源管理公司或者孵化器组织代为发布招聘信息。在选择媒体时，应首先考虑媒体本身的信息传播能力，即各种传播媒体的优缺点和使用范围[④]，结合项目人力资源特点选择潜在应聘者更容易接触到的有效方式。

通常的人力资源选拔过程包括简历筛选、笔试、面试、心理测试等，对于创业项目团队而言，在人员选拔的过程中应根据团队需要采取更为灵活高效的方式，如情景面试、无领导小组面试、人力资源测评等，其目的是为创业项目团队选择真正适合岗位需求，并且能快速融入创业项目团队的人。

2. 兼职人员

在从创业项目过程中，尤其是创业项目初期阶段，创业项目对各种专业人员的需求一方面具有一定的刚性，另一方面其资源需求量可能很低。以财务、技术岗位为例，创业项目团队一方面需要专业人才提供服务，另一方面对相关专业人才的需求数量并不高。在这种情况下，可以选择聘用兼职人员，保障人力资源需求的同时

---

① 刘泽双，杜若璇. 创业团队知识异质性、知识整合能力与团队创造力关系研究. 科技管理研究[J].2018（8）：159-167.

② 刘晓云. 我国中小企业人力资源管理问题研究[J]. 经济体制改革，2011（5）：112-115.

③ 王艳茹. 创业资源[M]. 北京：清华大学出版社，2014.

④ 高世葵. 项目人力资源管理[M]. 北京：机械工业出版社，2011.

有效降低人力资源成本支出。

兼职人员的获取流程可以采用推荐方式或招聘方式,招聘流程可以参照专职人员招聘流程。

3. 外聘专家

由于创业项目是对一个新领域开展的探索性活动,在这一过程中往往需要各种专家提供智力和技术等支持。如果创业项目对某一类型专家的需求是具有持续性的,且以专家个人技能需求为主,则可以采用聘请专职或兼职人员的方式。选择外聘专家的情景主要有以下两种:第一,所需专家技能需要以项目团队方式实现,且这种需求是短期的、单一的,如产品营销方案设计、产品研发等;第二,所需专家技能必须由具备一定资质的人员完成,如律师、会计师等。

外聘专家的获取通常可以采用与专业机构或专家个人签约获取其服务的方式,协议中应明确规定双方的责任义务和履约时间、方式等。此外,各国的政府和社会组织还会通过各种不同方式为创业项目或新创企业提供各类专家支持。例如,美国的退休经理服务团(SCORE),是美国联邦小企业署的合作伙伴,通过整合退休经理等资源为创业企业提供智力支持。在我国,政府和各类孵化器机构通常也会为创业企业提供各种专业智力支持,并且费用低廉甚至免费,创业企业应善于收集相关信息并充分利用这些资源。

4.3 创业项目所处微观环境的论证与评估

创业项目的微观环境就是指创业项目自身的内部环境,微观环境的构成是由创业项目和创业项目团队自身决定的。根据能力类型,可以将创业项目团队微观环境分为创业项目团队、技术和产品三个主要方面。

4.3.1 创业项目团队评估

创业项目团队是创业项目微观环境营造的主体,创业项目团队所营造的创业环境优劣直接影响创业项目的成败。

1. 创业者评估

通过学者们的研究及对创业实践的总结可以发现,合格的创业者应当具备一定的特质、相应的知识和能力。其中,狭义的创业者主要指主导创业项目的人;广义的创业者则指参与创业项目团队的所有成员,既可以是商业创业也可以是公益创业，乃至岗位创业[①]。本部分所评估的创业者主要指的是主导创业的人，即创业项目的发起人及核心领导团队成员。

创业者的特质和能力对于营造微观创业项目环境具有至关重要的作用，根据相关研究和实践的总结，对于创业者的评估主要包括如下三个方面。

（1）创业者的特质。为将创业者与非创业者区分开来，突出创业者在经济发展过程中扮演的角色与功能，学者赋予创业者一系列独特职能，如套利职能、创新职能，体现出创业者的冒险精神、创新精神及对待不确定性的乐观态度，并将其神化为与生俱来、非常人可为的特质[②]。创业特质既是一种先天人格特点，也是一种后天塑造的人格特征，如控制源、创新、成就动机、情绪特质等。研究结果表明创业者的创业激情等正向影响新创企业的机会获取与绩效；同时，创业激情对于新创企业绩效作用的发挥通过机会获取发挥作用[③]。创业特质使创业者在创业项目中的角色和功能更加鲜明，对个人创业行为和创业结果发挥着重要作用。

（2）创业者的知识。创业成功需要创业者具备必要的知识，如商业方面的知识、技术方面的知识等。对于创业者而言，创业所需的必要知识包括如下三个方面。一是行业知识，即创业项目所在行业的相关技术、市场等知识。康佳的创始人陈伟荣、创维的创始人黄宏生、TCL 的创始人李东生都是华南理工学院（1988 年更名为华南理工大学）恢复高考后无线电班的第一批学生，他们的创业成功与其所学专业知识和行业内资源有着极大的关系。二是法律知识，即与创业项目相关的法律方面的知识。创业者需要了解和遵守创业项目中涉及的各类法律法规，包括注册登记和商标广告方法的法律法规、合同法、税法等。三是经济和管理知识，包括宏观经济学、产业经济学、区域经济学、投资学、战略管理、人力起源管理、项目管理、市场营销、财务管理等。

（3）创业者的能力。虽然知识与能力具有较强的相关性，但并不意味着拥有相关知识的人就一定具有创业的能力。作为一名优秀的创业者，应当具备以下三种核心能力。一是决策力，因为在既定市场发展形势复杂性增加的情况下，只有通过对各种信息资源进行有效的收集、整合和分析，从中获得与创新创业工作密切相关的信息，从而降低决策过程中的风险，提升决策的有效性，才能够在不断变化的环境

---

① 王艳茹. 创业资源[M]. 北京：清华大学出版社，2014.

② 何良兴，苗莉，宋正刚. 创业特质研究：基于黑暗人格和情绪特质的述评[J]. 科技进步与对策，2017（12）：125-130.

③ 马翠萍，古继宝，窦军生，等. 创业激情对新创企业绩效的影响机制研究[J]. 科学学与科学技术管理，2017（11）：142-154.

下实现良好的效果提升[①]。二是学习能力，即创业者要充分重视和有效开展自身的创业学习，同时激励和促进员工创业学习。三是管理能力，对于创业者而言，管理能力的核心是战略管理能力和团队管理能力。

2．创业项目团队的创新能力评估

从效益的角度来看，创新力是从市场需求的角度来进行的创新能力，是迎合了经济、社会等各方面的发展需求的一种具有正向性的力量。它不仅能够为创业者自身提供良好的优势和资源支撑，同时也能够为社会的发展提供丰富的内容，提升发展的层次和质量。而从社会发展的整体来看，创新能力的提升是国家、社会发展的一种必然趋势，是在激烈的市场竞争中取胜的关键。对于创业者来说，创新力方面的优势往往是其赢得融入社会发展的一个重要因素，通过对近年来的初创企业的发展研究，可以发现创新力是可以支撑创新创业者在短时间和资源缺乏的情况下通过自身的能力来获得立足和发展的[②]。

对于创业项目团队创新能力的评价应着重考察两个方面的内容。一是动态能力。这个概念最早由蒂斯等学者提出，认为企业要想在复杂多变的外部环境中维持竞争优势就必须具备动态地整合、重构内外部资源和能力的能力[③]。这一定义得到了学术界的认可，即认为"整合"与"重构"是动态能力的核心，这要求企业始终保持与外部环境的动态一致性，从而可以不断地适应外部环境的变化并在此过程中管理其他方面的能力[④]。创业动态能力不仅应该包含整合重构的内涵，还应该具备为组织搜寻资源与识别机会的内容[⑤]。二是学习能力。创业的本质就是学习，创业学习对新企业的发展具有重要的战略意义，创业者应该在战略层面上重视自身学习，有效规划和推进自身创业学习，创业者应该推动学习型组织的建立，形成积极的组织工作氛围[⑥]。

① 袁凌杰，袁翔. 创新创业者必备的三项"软实力"[J]. 人民论坛，2017（11）：102-103.

② 同①。

③ Teece D J, Pisano G, Shuen A. Dynamic capabilities and strategic management[J]. Strategic Management Journal, 1997, 18(7):509-533.

④ Collis D J. Research note: How valuable are organizational capabilities?[J]. Strategic Management Journal, 1994, 15(S1):143-152.

⑤ 周键，王庆金. 创业企业如何获取持续性成长？——基于创业动态能力的研究[J]. 科学学与科学技术管理. 2017，38（11）：128-141.

⑥ 朱秀梅，杨姗，董钊，等. 创业学习会传染吗？——创业者到员工的创业学习转移机制[J]. 外国经济与管理，2018（10）：3-16.

3. 创业项目团队管理能力评估

创业项目团队管理能力主要指的是各种具体事务或职能的管理能力。这些能力对于任意一个组织都具有必要性和重要性，具体包括财务管理能力、人力资源管理能力、市场营销能力等。对于创业项目团队而言，应当侧重考察这些能力中的开拓性内容，如市场开拓能力、人力资源开发能力等。

4.3.2　核心技术评估

技术是企业创新的关键资源，在当前知识经济的时代背景之下，核心技术对于创业项目具有突出重要的意义。在这里，对于核心技术应当做广义的理解，也就是说，不能简单地把核心技术理解为只是科学技术，还应当包括各种社会科学的"软性"技术，包括信息处理技术、服务技能型技术、管理技术等，如大数据技术、按摩服务技术、丰田零库存管理技术等。所以，对技术的评价应主要从三个方面开展，即技术的先进性、技术的可控性和技术未来的发展潜力。

1. 核心技术的先进性

技术先进性就是技术创新性，只有创新才能保证所开发的技术成果具有先进水平，创新是技术开发中选题与成果评价的重要依据。例如，技术的指标、参数、结构、方法、特征，以及对科学技术发展的意义等。在知识经济时代，人们普遍感受到了技术创新的快速发展，并且技术创新已成为未来企业的核心竞争力来源。因此，应当对创业项目的技术先进性进行评价，其难点在于技术本身往往是无形的，因此带来相应的计量问题，也带来了技术资源的产权划分等问题。

需要强调的是，技术并非越先进越好，对技术的选择应当结合另外两个方面的评估做出综合决策。

2. 核心技术的可控性

有关创业项目技术评估的相关研究表明，通常将技术评估分为技术的先进性和适用性评估两个方面。这里之所以使用"可控性"而非"适用性"，原因就在于可控性更强调从创业项目管理的视角出发，适用性则主要是从技术的角度出发。技术的可控性具体体现在以下三个方面。第一，创业项目团队是否能够很好地掌握该项技术，如果创业项目团队对核心技术拥有知识产权，则技术的可控性强；如果需要通过购买或学习的方式获取技术，则需要对技术的掌握程度进行评估。第二，创业项目团队能否在核心技术领域进行持续开发。具体指的是创业项目团队是否有技术力量进行持续开发和是否存在技术开发的法律障碍两个方面，其中的法律障碍主要就体现在知识产权保护方面。第三,核心技术市场化的可行性。这是指技术在市场上创造财富的能力,或者技术在应用领域产生经济、社会、环境等效益的能力。核心技术的可控性越强,则在创业项目中取得成功的概率越高。

3. 核心技术未来发展潜力

每一项技术都有自己的生命周期,这指的就是技术从产生到发展、成熟,最终被淘汰的过程,如图4-4所示。

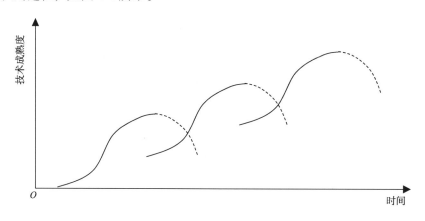

图 4-4　技术的生命周期及更替

随着科学技术的不断进步,技术的生命周期越来越短,技术资源的实效性对人们在技术选择、利用中的要求越来越高。旧时代的通信方式,每隔一千多年才会更新,而现代通信方式的更新速度则大幅度缩短,从电话、短信、QQ、微博到微信的应用,从传统的纸币交易到银行账户再到移动支付和数字货币,技术的快速更新换代要求创业者必须对核心技术未来的发展潜力进行分析,从而确保创业项目有持续发展的技术支持。

4.3.3　产品供求评估

产品需求评估虽然涉及与外部环境之间的关系,但其重点仍然在于创业项目的产品(或服务)评价,因此将其归入微观环境评估部分。对于创业项目产品的评价可以从供求两个方面展开,一方面从供给的角度对创业项目产品的生产能力进行预测,另一方面从市场角度对创业项目产品的需求进行预测。

1. 生产(服务)能力预测

创业项目的最终产出物是某种产品或者服务,在开始创业项目前,应当对创业项目未来的生产能力进行预测,如果创业项目的产出是提供某种服务,则应当对服务提供能力进行预测。

影响产品生产或服务提供的因素主要有如下几个方面：第一，创业项目的人员数量；第二，创业项目的场地范围；第三，创业项目的资金总量；第四，创业项目的产品或服务的特征，主要包括创业项目的目标顾客定位、项目的机械化程度等；第五，创业项目或新创企业的战略定位。

2. 市场需求预测

市场需求预测是在营销调研的基础上，运用科学的理论和方法，对未来一定时期的创业项目产品市场需求量及影响需求诸多因素进行分析研究，寻找市场需求发展变化的规律，为创业项目提供决策支持的活动。市场需求预测的基础是开展市场调查，创业项目团队应根据创业项目的产品或服务特征，确定创业项目产品需求调查的范围和方法。可以采用的方法包括访问调查法、观察法、实验法、网络调查法等，还可以使用更为先进的大数据分析技术对创业项目产品市场需求进行更为准确地预测。

在对创业项目产品的供给和需求预测的基础上，应进一步对其供求关系进行分析，以确定创业项目未来的发展目标和市场营销策略等。

4.4　创业项目所处宏观环境的论证与评估

宏观环境指的就是创业项目最高层的外部环境，也是创业项目生存的土壤。STEEP 分析为创业项目宏观环境分析提供了分析框架，即从社会、技术、经济、环境和政治五个维度具体展开分析工作。具体到创业项目的宏观环境分析，可以简化成从总体营商环境和创业政策环境两个部分进行分析。

4.4.1　营商环境

近年来普遍关注的营商环境评价主要就是创业项目产品市场相关的宏观环境评价，通过评价可以帮助创业项目或新创企业认识和客观分析所在国家或区域的总体情况，从而为创业项目决策提供宏观层面的基础信息。营商环境可理解为在一定时期内，某一经济体政府为改善国内经济以及拉动对外贸易，通过政治、经济、法治及对外开放等多领域的系统改革，所营造的影响投资主体从事商业活动的政治环境、经济环境、法治环境及国际化环境等各种环境的有机复合体[①]，其评价方法大

---

① 宋林霖，何成祥. 优化营商环境视阈下放管服改革的逻辑与推进路径——基于世界银行营商环境指标体系的分析[J]. 中国行政管理，2018（4）：67-72.

致可涉及如下三个方面。

1. 营商环境评价的不同维度

世界银行的营商环境分析是以企业创办到企业破产这一企业生命周期为主线，从十个领域（开办企业、办理施工许可、获得电力、登记财产、获得信贷、保护投资者、交税、跨境贸易、执行合同和办理破产）所涉及的手续、实践和成本来评价营商环境[①]，具体评价指标见表4-1。

表4-1 世界银行营商环境评估指标[②]

企业周期	一级指标	二级指标
创业阶段	开办企业	手续、时间、成本、最低成本要求等
	雇用工人	雇用制度韧性、就业质量
获得场地阶段	办理施工许可证	手续、时间、成本
	获得电力	手续、时间、成本
	登记财产	手续、时间、成本
获得融资阶段	获得信贷	信息深度指数、法律权利指数
	保护少数投资者	披露程度指数、董事责任程度指数、股东诉讼便利指数、所有权和管理控制指数、公司透明度指数、少数投资者保护力度指数
日常运营阶段	纳税	次数、时间
	跨境贸易	办理进出口与出口分别所需的文件、时间、成本

英国经济学人智库组织（EIU）的商业环境评估是从"外商投资"的视角对世界各国发展环境的评判，其评估指标可以分为两大类：一类是宏观发展指标，包括政治环境、宏观经济环境、市场机遇、税收、财政、人力资源市场及基础设施；另一类是国际投资政策指标，包括私营企业政策、国际投资政策及国际贸易政策。

经济学人智库公布的《营商指标模型》侧重于对区域发展的市场化程度的评价，综合了宏观环境和市场重点要素领域的政策评价指标，对政治环境、宏观经济环境、市场竞争政策、投融资政策等进行系统的评价，见表4-2。

---

① 世界银行. 2012 年营商环境报告：在更透明的世界里营商. 2011.

② 娄成武，张国勇. 基于市场主体主观感知的营商环境评估框架构建——兼评世界银行营商环境评估模式[J]. 当代经济管理，2018（6）：60-68.

表 4-2 经济学人营商环境评估指标①

一级指标	二级指标
政治环境	政治稳定性
	政策有效性
宏观经济环境	通货膨胀率
	财政支出占 GDP 比重
	宏观经济决策质量
市场机遇	以购买力平价计的 GDP
	占世界货物贸易额比重
	区域一体化程度
自有市场及竞争政策	私有财产保护
	对民营企业的进入的限制
	知识产权保护
外资政策	国家文化开放度
	对境外投资者的保护
外贸及汇率管制	资本项目的开放
	贸易保护政策
税率	企业赋税
	对投资的补贴与鼓励
	税收系统复杂度
融资	金融部门开放度
	金融监管体系
劳动市场及基础设施	劳动法规制度
	网络通信设施、交通及其他基础设施

2. 我国创业项目的营商环境分析

我国当今经济结构将不断得到优化升级，经济增长动力逐步由要素驱动、投资驱动向创新驱动转换。创业项目的营商环境评价主要可以从以下几个方面进行评价：第一，经济政策的明确性，具体包括政策的稳定性、政策的透明度、政策的合

---

① 娄成武，张国勇. 基于市场主体主观感知的营商环境评估框架构建——兼评世界银行营商环境评估模式[J]. 当代经济管理，2018（6）：60-68.

理性和政策的执行性；第二，要素供给的支撑性，具体包括要素的可获取性、要素获取的便利性、要素获取的成本、基础设施被套和税费成本；第三，政务服务的便利性，包括企业设立和注销的便利性、企业投资项目审批的便利性和企业日常经营行为的便利性；第四，法治体系的完备性，包括商事法律制度的完善性、执法行为的规范性和创业活动的保护力度；第五，要素资源的流动性，具体包括资金进出的便利性、人才进出的便利性、货物进出的便利性和信息获取的便利性；第六，市场体系的公平性，包括标准的公平性、信用体系的有效性和优惠政策的平等性；第七，市场准入的统一性，包括市场准入的明确性、市场准入的一致性和市场准入的透明性[①]。

4.4.2 政策环境

从政策层面上来说，国家为了鼓励更多的资源投入经济社会的发展之中，提出了"双""互联网+"行动计划及供给侧结构性改革等重大举措，并通过税收、财政补贴等方式加大了对创新创业方面的支持[②]。

1. 国家层面的创业政策

"双创"出自 2014 年 9 月夏季达沃斯论坛上李克强总理的讲话，李克强提出，要在 960 万平方公里的土地上掀起"大众创业""草根创业"的新浪潮，形成"万众创新""人人创新"的新势态。此后，他在首届世界互联网大会、国务院常务会议和 2015 年《政府工作报告》等场合中频频阐释这一关键词。国家层面出台了一系列支持创新创业的政策措施，具体可以分为三类。

（1）普惠性政策。2015 年，国务院先后发布了《进一步做好新形势下就业创业工作》（国发〔2015〕23 号）和《关于大力推进大众创业万众创新若干政策措施的意见》（国发〔2015〕32 号）两个文件，为改革完善相关体制机制，构建普惠性政策扶持体系，推动资金链引导创业创新链、创业创新链支持产业链、产业链带动就业链提供了制度方面的基础。2018 年 9 月发布的《国务院关于推动创新创业高质量发展打造"双创"升级版的意见》，涉及财税支持、投融资促进、"双创"基地及孵化载体建设等众多领域政策，明确提出支持双创企业未盈利上市、发企业双创债、将"企业研发费用加计扣除比例提高到 75%"的政策扩大至所有企业，大学毕业生允许用创业成果申请学位论文答辩等具体内容，通过改革制度、搭建平台，聚

---

① 张威. 我国营商环境存在的问题及优化建议[J]. 理论学刊，2017（9）：60-72.
② 袁凌杰，袁翔. 创新创业者必备的三项"软实力"[J]. 人民论坛，2017（11）：102-103.

集"双创"资源，催发内生动力。

以上三个国务院文件是当前创业活动的纲领性文件。除此之外还有一些普惠性的政策，具体包括以下三个方面。第一，以上市登记制度改革为切入点，降低创业门槛。2014 年国务院下发的《注册资本登记制度改革方案》（国发〔2014〕7 号）规定，除法律、行政法规及国务院决定对特定行业注册资本最低限额另有规定外，取消有限责任公司最低注册资本 3 万元、一人有限公司最低注册资本 10 万元、股份有限公司最低注册资本 500 万元的限制。第二，创业融资政策。2014 年发改委办公厅就"进一步做好支持创业投资企业发展相关工作"发文，旨在通过促进创业投资行业健康发展可加大对小微企业的支持力度。2014 年 8 月，科技部和财政部联合下发《国家科技成果转化引导基金设立创业投资子基金管理暂行办法》（国科发财〔2014〕229 号），用以规范国家科技成果转化引导基金设立创业投资子基金工作。第三，财政支持政策。国家层面提出了多项相关政策。其一是税收优惠，《关于小型微利企业所得税优惠政策有关问题的通知》《关于完善固定资产加速折旧企业所得税政策的通知》中均对创业税收优惠政策做出具体规定。2018 年，为进一步推进纳税便利化改革，打造稳定公平透明的税收营商环境，税务总局近期推出优化税收营商环境十项硬举措，鼓励多地先行先试探索优化营商环境方式。其二是财政补贴，人社部办公厅《关于进一步推进创业培训工作的指导意见》中强调了创业培训补助的发放规定与要求。其三是规费减免，财政部、国家税务总局下发了《关于对小微企业免征有关政府性基金的通知》，降低创业企业的规费负担。

（2）特定群体创业支持政策。为了鼓励和支持特定群体开展创业活动，国家有关部门出台了有针对性的支持政策，如大学生创业、农民创业等。为鼓励和支持大学生创业，《人力资源社会保障部等九部门关于实施大学生创业引领计划的通知》（人社部发〔2014〕38 号），提出了普及创业教育、加强创业培训、提供工商登记和银行开户便利、提供多渠道资金支持、提供创业经营场所支持、加强创业公共服务等多项措施。2015 年，国务院办公厅印发《关于深化高等学校创新创业教育改革的实施意见》（国办发〔2015〕36 号），对高校开展创新创业教育进行了总体部署。为鼓励和支持农民创业，农业部在《关于加强农民创新创业服务工作促进农民就业增收的意见》中提出了认真推动落实促进农民创新创业的扶持政策、努力搭建农民创新创业示范基地、进一步强化农民创新创业培训辅导、积极提供农民创新创业各类专业服务、不断探索农民创新创业融资模式和切实提高加强农民创新创业服务工作的指导水平等具体措施。国务院办公厅在《国务院办公厅关于支持农民工等人员返乡创业的意见》（国办发〔2015〕47 号）中，不仅提出了农民工返乡创业园整合发展的思路，还鼓励金融服务机构对园区基础设施建设提供支持①。在退役军人创业方面，2018 年退役军人事务部等军地 12 部门联合印发《关于促进新时代退役军人就业创业工作的意见》，要求提升退役军人就业创业能力，完善多层次、多样化的教育培训体系，优化退役军人创业环境等措施。

（3）特定产业创业支持政策。特定产业创业支持政策是指国家为鼓励和支持某一特定产业的创业活动而出台的相关政策。2015 年，《国务院关于积极推进"互联网+"行动的指导意见》（国发〔2015〕40 号），强调要制定互联网准入负面清单，实行平等准入，营造宽松环境。2017 年，《国务院关于印发新一代人工智能发展规划的通知》（国发〔2017〕35 号），提出大力发展人工智能领域的创业活动。2018年，教育部印发的《教育部关于印发〈高等学校人工智能创新行动计划〉的通知》中提出，鼓励国家大学科技园、创新创业基地等开展人工智能领域创新创业项目；认定一批高等学校双创示范园，支持高校师生开展人工智能领域创新创业活动。

（4）创业孵化平台支持。各类创业孵化平台是国内外创业活动产生与发展的重要载体，因此我国也十分重视各类创业孵化平台的发展。2015 年 3 月，《国务院办公厅关于发展众创空间推进大众创新创业的指导意见》（国办发〔2015〕9 号）下发，不仅明确了众创空间的发展目标，还明确提出了发展众创空间的八项重点任务，随后又下发《国务院办公厅关于建设大众创业万众创新示范基地的实施意见》（国办发〔2016〕35 号），从总体思路、师范布局、改革措施、建设任务及步骤安排等方面对建设"双创"师范基地进行部署，明确提出了"到 2018 年底前建设一批高水平的双创示范基地"的发展目标。2015 年 9 月，《科技部关于印发〈发展众创空间工作指引〉的通知》，进一步明确了众创空间的功能定位、建设原则、基本要求和发展方向。

此外，还有加强创业公共服务、加强政府采购支持等一系列政策措施，为创业项目提供了良好的政策环境。

2. 地方层面的创业政策

为了配合和有效落实国家关于创业的各项政策，各级地方政府也会相应地出台各项政策措施，以支持本地的创业活动。政策的方向和着力点通常与国家层面的政策具有较强的一致性，但政策的总体数量则远多于国家层面。据统计，2018 年各

---

① 余兴安. 中国人力资源发展报告[M]. 北京：社会科学文献出版社，2016.

月出台的创业政策排名前三位的省份见表 4-3。

表 4-3　2018 年创业政策数量排名前三名的省份①

时　　间	名　次		
	第一名	第二名	第三名
2018 年 1 月	江苏	上海	广东
2018 年 2 月	广东	江苏	四川
2018 年 3 月	广东	浙江	北京
2018 年 4 月	广东	江苏	山东
2018 年 5 月	山东	福建	陕西
2018 年 6 月	山东	广东	安徽
2018 年 7 月	广东	上海	山东
2018 年 8 月	山东	安徽	广东
2018 年 9 月	上海	山东	广东
2018 年 10 月	上海	山东	安徽

以 2018 年 9 月为例，创业政策比较多的地区有上海、山东、广东，其中上海共发布政策信息 29 条，位居榜首，山东发布 18 条，广东发布 15 条。而从 9 月发布的政策来看，上海近期项目申报比较集中，包括公共服务平台建设项目、博士后激励资助、技师工作资助、技术改造升级、企业设施设备采购等共 18 项。其中，下达节能减排专项资金 17 197.46179 万元；对支持企业采购区内先进制造业企业生产的设施设备，经认定给予企业采购费用的 15%，最高不超过 300 万元的补贴②。

4.5　创业项目所处竞争环境的论证与评估

创业项目的竞争环境评估主要指的是以产业分析为主体的中观层面的评估，其目的是了解创业项目所处产业的发展阶段特征和竞争者的总体情况，所谓"知己知彼，百战不殆"。

---

① 创头条政策月报. http://www.startup-partner.com/7868.html. 2018-11-24.
② 创头条政策月报. http://www.startup-partner.com/10468.html. 2018-11-24.

4.5.1　产业发展环境

产业发展环境分析主要是对产业总体情况的分析和评价，从产业发展规律来看，可以将其分为初创阶段、成长阶段、成熟阶段和衰退阶段，对于产业发展环境的分析有助于创业项目了解当前所处阶段的特征并做出更为有效的决策。

1. 产业规模与增长率

产业规模是指一类产业的产出规模或经营规模，产业规模可用生产总值或产出量表示。创业项目团队在分析产业规模时不仅要对产业发展历程和当前的产业规模进行分析，还应当对未来的产业规模及产业发展进行有效预测。预测产业规模的方法大体包括两类：一是从行业协会或统计年鉴等资料中获取产业发展数据，并通过数据分析和趋势外推等方法预测未来的产业规模；二是通过市场调研的方法来进行预测，首先应对细分市场进行划分并确定总体基数，然后采用抽样方法抽取一定的客户进行调研，了解客户使用特定产品的比例，以此推断未来的市场规模。

市场增长率是衡量产业发展速度的指标，也是确定产业所处阶段的重要指标。市场增长率与市场规模之间的关系如图 4-5 所示。在早期成长阶段市场总体规模较小且增长率不高；成长阶段市场规模快速扩大，这一阶段也是增长率最高的阶段；成熟阶段市场总体规模达到高峰但增长率不高甚至为负值；衰退阶段则呈现负向增长，市场规模下滑。

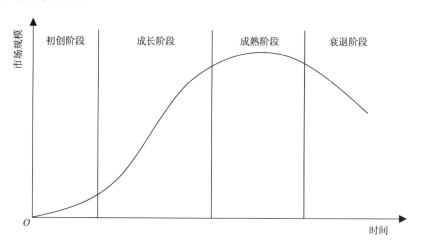

图 4-5　产业生命周期

分析创业项目的产业总体发展阶段对于创业项目未来的发展潜力及可持续性均具有十分重要的意义。总的来说，如果创业项目所在产业处于初创阶段或成长阶段，则创业项目未来的发展潜力和可持续性较好；如果创业项目所在产业处于成熟或衰退阶段，则其发展潜力和持续性较差。以当前新兴的人工智能产业为例，2016年中国人工智能市场规模达到 239 亿元，其中智能硬件平台为 152.5 亿元，占比达到 63.8%，高于 86.5 亿元的软件集成平台。随着 2016 年《"互联网＋"人工智能三年行动实施方案》的发布和国家对制造业的高度重视，人工智能市场将迎来新兴机遇点，2017 年产业规模达到 296 亿元，2018 年将达到 381 亿元，复合增长率达 26.3%。预计到 2020 年，国内人工智能市场规模将达到 700 亿元，形成百亿美元级别市场，如图 4-6 所示。在人工智能产业快速发展的过程中，形成了若干创业机会，创业项目未来的潜力和可持续性总体较强。

图 4-6　2015—2020 年国内人工智能市场规模及增长率

2. 产业技术创新能力

产业技术创新是指以市场为导向，以企业技术创新为基础，以提高产业竞争力为目标，以技术创新在企业与企业、产业与产业之间的扩散为重点过程，从新产品或新工艺设想的产生，经过技术的开发（或引进、消化吸收）、生产、商业化到产业化整个过程一系列活动的总和。

美国学者阿伯纳赛（Abernathy）与厄多伯克（Utterback）最早对美国汽车工业中的技术创新的动态变化作了研究，得出了产品创新和工艺创新速率随时间而变化的规律，从产业组织经济学的角度出发对技术创新的动态模式进行了探讨。产业技术创新的动态模式又简称为 A-U 模式，该模式认为技术创新包括产品创新和过程创新，如图 4-7 所示。产品创新是指寻找生产某种新产品的技术，而过程创新是寻找生产某种新产品的成本节约型技术所进行的投资。前者强调技术上有变化的产品的商业化，如全新的产品或改进的产品；后者更强调产品生产技术的重大变革，如新工艺、新设备、新的管理和组织方法①。

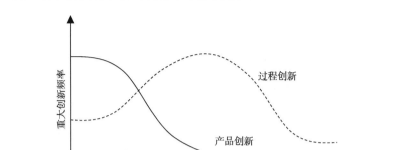

图 4-7　技术创新动态模型（A-U）模型

总体来说，在技术创新频率较高的变动阶段，创业的空间较大，创业项目成功的概率也较高。创业频率较高的过渡阶段主要以产业内部现存企业的持续改进为主要特征，创新项目进入该产业的难度增加，创新成功概率有所下降。在确定阶段，产品和过程创新频率均较低，则创业项目成功概率随之下降。

3．产业风险分析

产业风险分析主要通过对产业的成本结构分析、产业成熟期分析、产业同期性分析、产业盈利性分析、产业依赖性分析、产品潜在性分析和法律、政策环境分析，了解整个产业的基本状况和发展趋势。这不仅要分析产业中长期及跨经济周期的风险状况，还要分析产业的发展趋势及产业风险的变动情况，最终对产业长期和短期的风险状况分别做出评价。可以将产业风险评价分为五档：风险很小、风险较小、风险一般、风险较大和风险很大。

创业项目所在产业的风险大小对于创业项目收益的高低、未来的发展和战略决策等均产生影响，应结合创业者的偏好、创业项目的目标、创业项目的资源等进行分析，从而合理、有效地做出创业项目的各种决策。

4.5.2　竞争规模与程度分析

对于创业项目而言，除了对其所在产业的总体情况进行评价之外，还应具体结

---

① 刘志迎. 现代产业经济学教程[M]. 北京：科学出版社，2007.

合本项目的特点，对项目自身的竞争规模与程度进行分析。该领域较为成熟的分析模型即为波特的"五力模型"，如图 4-8 所示。该方法是对一个产业盈利能力和吸引力的静态断面扫描，说明的是该产业中的企业平均具有的盈利空间，所以这是一个产业形势的衡量指标，而非企业能力的衡量指标。通常，这种分析法也可用于创业能力分析，以揭示本创业项目在本产业或行业中具有何种盈利空间。

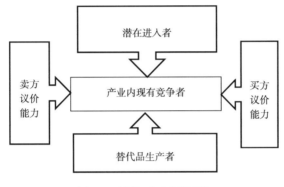

图 4-8　波特"五力模型"

1. 产业内现有竞争者

产业内现有竞争者是产业竞争环境的最直接表现。现有竞争者数量越多、产品的同质性越强、规模能力越接近，则产业内竞争越激烈。现有企业之间的竞争常常表现在价格、广告、产品介绍、售后服务等方面，其竞争强度与许多因素有关。一般来说，出现下述情况将意味着行业中现有企业之间竞争的加剧：①行业进入障碍较低，势均力敌竞争对手较多，竞争参与者范围广泛；②市场趋于成熟，产品需求增长缓慢；③竞争者企图采用降价等手段促销；④竞争者提供几乎相同的产品或服务，用户转换成本很低；⑤一个战略行动如果取得成功，其收入相当可观；⑥行业外部实力强大的公司在接收了行业中实力薄弱企业后，发起进攻性行动，结果使得刚被接收的企业成为市场的主要竞争者；⑦退出障碍较高，即退出竞争要比继续参与竞争代价更高。

2. 潜在进入者

潜在进入者指的是有能力、有意愿进入本行业参与竞争的企业或个人。创业本身就是潜在进入者实施的进入某一产业的行为，通过创业项目可以将潜在进入者转化为行业内的竞争者。潜在进入者的数量越多，能力越强，则本产业的竞争环境越激烈。竞争性进入威胁的严重程度取决于两方面的因素，即进入新领域的障碍大小与预期现有企业对于进入者的反应情况。进入障碍主要包括规模经济、产品差异、资本需要、转换成本、销售渠道开拓、政府行为与政策、不受规模支配的成本劣势、自然资源、地理环境等方面，这其中有些障碍是很难借助复制或仿造的方式来突破的。预期现有企业对进入者的反应情况，主要是采取报复行动的可能性大小，则取决于有关厂商的财力情况、报复记录、固定资产规模、行业增长速度等。

3. 替代品生产者

处于同行业或不同行业中的企业，可能会由于所生产的产品是互为替代品，从而在它们之间产生相互竞争行为，这种源于替代品的竞争会以各种形式影响行业中现有企业的竞争战略。替代品生产者数量越多、产品替代性越强，则本行业的竞争越激烈；替代品价格越低、质量越好、用户转换成本越低，其所能产生的竞争压力就越强。而这种来自替代品生产者的竞争压力的强度，可以具体通过考察替代品销售增长率、替代品厂家生产能力与盈利扩张情况来加以描述。

4. 卖方议价能力

卖方主要通过提高投入要素价格与降低单位价值质量的能力，来影响行业中现有企业的盈利能力与产品竞争力。当卖方议价能力强时，就会导致本行业的利润空间压缩，从而加剧行业内部的竞争。一般来说，满足如下条件的卖方集团会具有比较强大的讨价还价能力：①卖方行业为一些具有比较稳固市场地位而不受市场激烈竞争困扰的企业所控制，其产品的买主很多，以至于每一单个买主都不可能成为卖方的重要客户；②卖方各企业的产品各具有一定特色，以至于买主难以转换或转换成本太高，或者很难找到可与卖方企业产品相竞争的替代品；③卖方能够方便地实行前向联合或一体化，而买主难以进行后向联合或一体化。

5. 买方议价能力

买方主要通过其压价与要求提供较高的产品或服务质量的能力，来影响行业中现有企业的盈利能力。当买方议价能力强时，同样会导致本行业的利润空间压缩，从而加剧行业内部的竞争。影响买方议价能力的因素主要包括：①买方的总数较少，而每个买方的购买量较大，占了卖方销售量的很大比例；②作为卖方的本行业由大量相对来说规模较小的企业所组成；③买方所购买的基本上是一种标准化产品，同时向多个卖主购买产品在经济上也完全可行；④买方有能力实现后向一体化，而卖主不可能前向一体化。

根据上面对五种竞争力量的讨论，创业项目可以对其拟进入行业的竞争激烈程度进行判断，并在创业项目开展的过程中采取有效措施，以增强自己的市场地位与竞争实力。

第 5 章

| 创业项目团队的评估

天津商业大学　郑丽霞

创业者和创业项目团队的能力对创业成功有着至关重要的作用，如何对其进行科学有效的论证和评估，对创业项目成功有着重要意义。

5.1 创业项目创始人的论证与评估

创始人是创业项目的发起人，担当团队领导者与管理决策人、项目计划者和分析师、项目组织者与共同合作者、项目控制者和预测评价者、项目利益协调人和促进者等职责，必须具备很高的职业技能和心理素质，包括发现问题、分析问题、处理和解决问题、制定和做出决策、灵活应对和变更等能力，勇于决策、勇于承担责任、积极和大胆的创新精神等基本素质。创始人是项目团队的领导者，其能力、素质、理念和工作直接关乎项目成败。创业项目是比一般项目更具复杂性和不确定性的项目，对创始人的要求更高，对创始人的评估主要从创始人能力评估和创始人能力匹配评估两方面开展。

5.1.1 创始人能力评估

领导者因素是创业项目的重要影响因素，没有领导，有计划的创业项目就不能实现。创始人作为创业项目的计划、组织、领导与控制者，其能力高低对创业项目是否能够取得成功至关重要。因此，创业项目的组织评估首先需要评估创始人的能力，主要包括组织管理能力、分析决策能力、预见能力、应对能力、企业家精神，如图 5-1 所示。

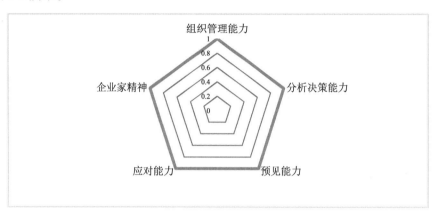

图 5-1 创始人能力评估的内容

1. 组织管理能力

创业项目的创始人是项目的组织者、实施者和监控者。作为创始人，仅仅迈出了将创新理念作为创业项目基础的第一步。创始人在开展创业项目之前，首先需要组建创业项目团队，根据创业项目需要设计创业项目团队的构成，分配创业项目团队成员的角色，安排成员的工作职责，积极进行授权，组织和协调成员开展各方面的工作。在创业项目实施过程中，创始人要全过程、全面、及时地控制项目的各项工作，既要根据创业项目目标和创业项目业主/顾客的要求制定创业项目各项工作的控制标准，又要对照管理控制标准去度量创业项目的实际绩效和确定创业项目出现的各种偏差并决定所要采取的纠偏措施。同时，创始人还扮演着创业项目预测和评价者的角色，他要不断地客观预测、衡量和评价创业项目的时间、质量、成本、预算等的实际完成情况，并及时预测、评价各种偏差对创业项目的影响，根据分析和评价作出各种创业项目变更以实现创业项目优化。

创业项目的实施是将创新想法变为现实的过程，这一过程要求创始人能够汇集各方面信息和知识以减少创业项目的内在不确定性，从而制订创业项目开展的计划，合理安排创业项目计划实施的各分部分项活动和工作，并能够最终将创业项目的成果投入应用，实现创业项目开展的目的和意义。组织管理能力是对创始人从组建团队到团队正常运行整个周期能力的一种评估。它伴随整个创业项目周期中，尤其是在某些重大节点（如刚组建团队、团队重大决策）时对创始人的一种考验。

2. 分析决策能力

当今社会，唯一不变的就是变化本身。我们正处在一个瞬息万变的环境中。创业项目周期中内部与外部环境无时无刻不在发生着变化。这就需要创始人拥有在面对变化做出正确合理的分析与决策的能力。

分析决策能力是创始人分析问题并以此为基础做出决策的能力。分析问题的能力是指创始人要具备分析问题的逻辑性、可靠性和透彻性。其中，分析问题的逻辑性是指创始人必须具备严密的逻辑思维能力，能够透彻地分析创业项目工作中各类问题的前因后果及各种逻辑关系。分析问题的可靠性是指创始人在分析各类创业项目工作中的问题时，能够依据事实、理论和实际经验，而不是凭空想象和任意蛮干。分析问题的透彻性是指创始人在分析问题时要能够从正反两个方面和多个不同的角度出发，深入透彻地分析问题的实质和原因。同时，创始人还要有系统的思维方式和能力，以便能够集成地考虑问题、综合地分析问题的原因。

创始人在复杂情况下制定决策的能力是能够在各种情况下找出解决问题的可行性方案并付诸实施。这方面的能力主要包括：收集信息的能力；加工和处理信息的能力；制订和实施最佳方案的能力。收集信息的能力是指创始人具备利用各种手段获取创业项目信息的能力；加工和处理信息的能力是指创始人对收集到的创业项目数据和信息进行汇总、分类整理、统计分析的能力；制订和实施最佳方案的能力是指创始人利用信息分析所得进行制订和实施最佳方案的能力，这是创始人最重要的决策能力。创始人，尤其是创新创始人，其所面临的组织环境是开放的、不确定的，而其所拥有的资源又是有限的。因此，创新创始人必须具备发现问题和分析问题原因的能力，从而识别并抓住创新的机会。

3. 预见能力

俗话说："人无远虑，必有近忧。"创业者要有预见能力，要看见别人看不到的地方，想到别人想不到的思路，创新出别人创新不出的产品，要看得比别人长远。要有未雨绸缪的意识，这样才能对未来有更清晰的规划与定位，不致走错、走偏。只有预见未来才能做对事，只有预见未来才能走得更远。对未来预见得越早越清晰，就越可能做正确的事。创始人未必天生就有预见性，但是作为创始人，必须有未雨绸缪的意识，学会预见未来。

预见能力并非空想而来，而是创始人知识水平、应用能力及思维方式、思想传统等思维能动性的表现，是对时局的一种把握和掌控，是知识经验积累到一定程度之后，跳出具体的战术问题和细节从战略高度思考和规划并且通过归纳、总结、提炼，能分清主次和轻重缓急之后做出的一种对未来的"赌博"。

4. 应对能力

创业项目的不确定性因素有很多，创业项目范围、周期、成本、质量和各种资源都是可变的，创业项目团队成员也是可变的，甚至创业项目各方面的要求与期望都是可变的。创始人面对如此之多的可变因素，还要保证创业项目的盈利能力，就必须灵活应对各种变更，这是一种通过控制和灵活应对来获取创新收益的能力。创始人灵活应对和变更的能力主要表现在两个方面，一是对创业项目变更的快速反应能力，二是灵活地运用各种手段处理创业项目各种发展变化的能力。快速反应能力是指一旦创业项目发生变化，创始人能够以最快的速度做出反应并提出应对措施，而不至于使创业项目的问题扩大或造成的损失不断增加。处理创业项目各种发展变化的能力，是指创始人灵活运用各种手段处理所发生的各种变动和灵活地调整创业项目管理和工作，以及带领创业项目团队尽快适应变化后的内外部环境。

5. 企业家精神

著名的管理学大师彼得·德鲁克曾经指出，组织领导者最重要的任务是努力抓住各种机遇，从而实现"再创新"，借助创新使企业抓住机遇实现跨越式发展，并提出"企业家精神"的概念。企业家精神的内涵，最主要的是企业家具备真知灼见、远见卓识和高瞻远瞩的素质，并能够借此发现或创造企业发展所需要的各种机遇，按照优先顺序调用企业能够使用的资源，抓住创新机遇并实现创新目标。创始人在创业项目开展过程中的一个重要作用，就是利用自身的企业家精神，影响甚至塑造组织的创新创造氛围，因此创始人必须具备顽强的进取精神、创新精神、勇于承担风险的精神、合作精神、敬业精神、持续学习精神等企业家精神，对创始人能力的评估也应从这些方面展开，如图 5-2 所示。

进取精神是指创始人不畏挫折不怕失败的积极向上的心态。创新精神是指创始人积极大胆探索，并鼓励创业项目团队成员共同创新的精神。由于创业项目的一次性、独特性和不确定性等特点，没有现成的创业项目管理经验和办法可以借鉴，作为创始人，一味地保守和教条会给创业项目和项目管理带来问题和麻烦，因此，创始人必须具备大胆的创新精神。勇于承担风险的精神是指创始人独自承担决策和管理的责任，由于创业项目管理本身所处环境的不确定性和创业项目要求与实施条件不断变化等原因,在创业项目管理的过程中,创始人经常需要做出各种各样的决策,创始人必须能够勇于决策并勇于承担责任。合作精神是指创始人与团队成员及团队外成员通力合作的精神,合作精神体现的是创始人的沟通、协调、妥协、规避并转化矛盾和纠纷等重要的能力。敬业精神是指创始人吃苦耐劳、任劳任怨、身先士卒、积极肯干的态度。在创业项目的实施和管理过程中,会有许多需要解决的矛盾和冲突,人们会对创始人有各种各样的抱怨和意见,如果创始人没有任劳任怨的作风和积极肯干的敬业精神,就无法做好创业管理;因为创始人是创业项目团队的领导者,其言行举止会对创业项目团队产生深远的影响。例如,如果创始人不是任劳任怨而是不断抱怨,不是积极肯干而是消极怠工,那么创业项目团队整体的情绪就会非常低落,创业项目的目标就无法实现。持续学习精神是指创始人对专业技能和管理技能持续不断的学习精神。创始人一定要具备与所管理创业项目相匹配的专业技能,虽然创始人不一定要是创业项目所属领域的权威人士,但必须掌握创业项目所需的基本的专业知识和技能[①]。

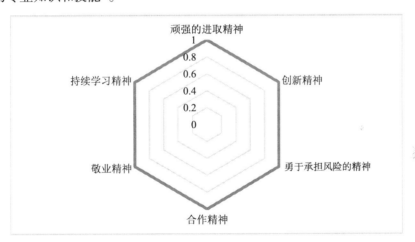

图 5-2　创始人企业家精神评估的内容

5.1.2　创始人能力匹配评估

创始人能力与创业项目要求的适应性会直接导致创业项目的成败,因此创始人不仅要具备创业项目管理所必需的能力,更要不断提高自己的能力,使自身能力与相应创业项目的要求相匹配。如果创始人所具备的能力与创业项目的要求不相匹配,即使创始人的综合能力很强,可能还是会出现"好心办坏事"的情况。领导特

---

① 戚安邦. 创新项目管理[M]. 北京:中国电力出版社,2017.

质理论认为，领导者所具有的性格特质、价值观、经验、知识水平等特质会形成不同的领导风格，不同的领导风格呈现出不同的领导行为，而领导行为才是对组织产生影响的最直接最关键的因素，不同类型的领导行为对组织变革的影响会不同。比如，变革型的领导行为对组织创新氛围的建立、创新效率的提高、员工创造力的激发、员工创新绩效的提升等都会产生积极的正向影响。

"创业项目"这个词意味着项目的开展是缺乏经验的、无历史规律可循的。创业项目管理最大的难处在于对创业项目的不确定性的管理，而导致创业项目不确定性的因素非常多，其中最重要的是管理者的认识深度与广度的有限性，其次是创业项目本身信息的不完备性，最后是创业项目所处环境与条件的动态变化性。因此，创业项目的实施要求创始人对人、财、物等生产要素的调度与协调更加灵活，创始人在创业项目实施过程中需要发挥多重干预、组织与协调作用，创始人的协调与纠偏能够保证创业项目的顺利实施与创业项目目标的顺利实现。同时，一切新鲜事物在出现之初，都会面临各种质疑之声、各方面的压力。创新的前提是打破旧的，在旧的已经破除而新的尚未完全建立之前，创新就处于各种不同程度的混乱之中，此时创始人的信念、领导风格及领导能力对创业项目能够取得成功就变得格外重要，甚至会起到直接的决定作用。

创始人是创业项目实施的领航者，在创业项目实施的整个过程中，创始人需要时刻关注创业项目内外部环境的变化，并做到如下三点：首先，做到及时发现其中存在的问题；其次，从内外部环境中收集信息从而提出解决问题的方案；最后，根据内外部环境的变化预判创业项目未来的发展方向，及早调整创业项目后续的实施计划。

创业项目的开展是需要团队的，创始人不仅要能够合理分配组织可以利用的物力资源，更要合理搭配创业项目团队成员。创始人要协调所有创业项目团队成员，充分挖掘创业项目团队成员的创新潜能，促使他们之间相互协调，共同为实现创业项目目标而努力。创业项目的开展需要创业项目团队文化的支持。从团队文化的来源看，创始人对创业项目团队文化的形成最为重要，因为领导者行为是团队文化根植与传播的途径。当创业项目团队文化不适应创业项目开展要求时，就会阻碍创业项目目标的实现，创始人要对这些不适应因素及时进行识别并加以改进。总而言之，创始人的类型要与创业项目的要求相匹配，而不是简单地选用"重量级"创始人来完成任务。

5.2　创业项目团队构成的论证与评估

创业项目团队是由创始人和成员组成的一个共同体,它合理利用每一个成员的知识和技能协同工作,解决问题,达到共同的目标。一个好的创业项目团队对创业项目的成功起着举足轻重的作用。创业者只有在意识到组建创业项目团队可以弥补自身能力与创业目标之间存在的差距时,才有可能考虑是否需要组建创业项目团队,以及对什么时候需要引进什么样的人员才能和自己形成互补做出准确判断。

5.2.1　创业项目团队基本构成要素

1. 目标

创业项目团队应该有一个既定的目标,为团队成员导航,知道要向何处去,没有目标这个创业项目团队就没有存在的价值。所以目标必须明确,这样才能使创业项目团队成员清楚地认识到共同的奋斗方向是什么。与此同时,目标也必须是合理的、切实可行的,这样才能真正达到激励的目的。有了共同目标后,创业项目团队成员才朝着这个目标共同努力,在完成一个共同目标的过程中,创业项目团队成员之间就会无形中产生一种高于团队成员个人总和的认同感。这种认同感为如何解决个人利益和团队利益的碰撞提供了有意义的标准,使得一些威胁性的冲突有可能顺利转变为建设性的转折。

2. 人员

人员是构成创业项目团队最核心的力量。创业者之所以寻求团队合作,其目的就在于弥补创业目标与自身能力间差距。因为创业项目目标是通过人员具体实现的,所以人员的选择是创业项目团队中非常重要的部分。在一个创业项目团队中可能需要有人出主意,有人订计划,有人实施,有人协调不同的人一起去工作,还有人去监督团队工作的进展,评价团队最终的贡献。不同的人通过分工来共同完成创业项目团队的目标,在人员选择方面要考虑人员的能力如何,技能是否互补,人员的经验如何。只有当创业项目团队成员相互间在知识、技能、经验等方面实现互补时,才有可能通过相互协作发挥出"1+1>2"的协同效应。

3. 团队的定位

团队的定位包含两层意思:团队的整体,团队在整个行业内所处的位置,伴随着内外部环境的变化及团队规模的发展,团队整体在整个行业内位置的变动;团队的个体定位,作为团队的成员在团队中扮演的角色,创业项目初期的团队成员个体很多时候可能会一身多职,这时更需要创业项目团队中的个体明确自己在团队中的定位，这样工作才会有侧重点，才会有主有次。当创业项目团队规模发展到足够大的时候，个体的定位就会清晰而不会像初始时候那么模糊不清，如果还是像最开始时那样模糊不清，创业项目团队的工作也会变得混乱。

4. 权限

为了保证创业项目团队成员执行创业项目计划、顺利开展各项工作，必须预先在创业项目团队内部进行权力的划分。创业项目团队的权力划分就是根据执行创业计划的需要，具体确定每个团队成员所要担负的职责及相应所享有的权限。创业项目团队成员间权力的划分必须明确，既要避免权力的重叠和交叉，也要避免无人承担造成工作上的疏漏。此外，由于还处于创业项目过程中，面临的创业项目环境又是动态复杂的，会不断出现新的问题，创业项目团队成员可能不断出现更换，因此创业项目团队成员的权力也应根据需要不断地进行调整。团队当中领导人的权力大小跟团队的发展阶段相关，一般来说，团队越成熟领导者所拥有的权力相应越小，在团队发展的初期阶段领导权是相对比较集中。

5. 计划

在确定了创业项目目标之后，紧接着就要研究如何实现这些目标，这就需要制订周密的创业项目计划。创业项目计划是在对创业项目目标进行具体分解的基础上，以创业项目团队为整体来考虑的计划，创业项目计划确定了在不同的创业阶段需要完成的阶段性任务，通过逐步实现这些阶段性目标来最终实现创业目标。

5.2.2 创业项目团队结构

团队结构是当创始人组建了自己的创业项目团队之后，根据创业项目的需求、规模、资源等将创业项目团队的结构进行细化。一般来讲，常见的组织结构分为金字塔型结构、扁平型结构和智慧型结构。

1. 金字塔型结构

这是较常见的也是较为简单的一种组织结构。金字塔型结构是由高层、中层、基层逐层分级管理的组织结构。这种组织结构的特点是结构比较简单，责任分明，命令统一。缺点是缺乏组织弹性，缺乏民主意识，过于依赖高层决策，高层对外部环境的变化反应缓慢，而突显出刻板生硬、不懂得应变的机械弊端。此结构仅仅适用于创业项目团队组建初期，如若一直使用此种组织结构，十分不利于创业项目团队发展。

2. 扁平型结构

扁平型结构本质是一种学习型组织结构，在这种结构中，管理者与被管理者界限变得模糊，无权力分层和等级差别，个人或部门在一定程度上有了自由性，能有效解决创业项目团队内部沟通问题，面对环境的变化，也不再是机械和僵化的，但学习型的本质对于创业项目团队成员的要求更高。

3. 智慧型结构

智慧型结构是一种新型的结构模式，它是构建一个以人为核心、形神兼备、遵循宇宙和自然组织普遍法则，能够不断修正、自我调节、随机应变的智慧型组织，并将中国人文国学（为人处世之道）与西方现代管理学（做事高效高量之法）相互融合，进行企业人性化管理的新型组织管理运营模式。它融西方现代管理学、中国人文国学于一身，集自然科学、社会科学于一体，更加符合创业项目团队的发展规律和需要。

5.3 创业项目团队个体能力的论证与评估

创业项目的完成不是靠创业者一人之力就可以实现的，需要创业项目团队成员齐心协力。"人"是创新项目能够取得成功的最重要的因素，也是最复杂的因素。对创业项目团队的评估，首先是对创业项目团队成员能力的评估，包括创新能力、学习能力与风险应对能力等个人能力，以及创业项目团队成员间的协作能力。

5.3.1 创新能力

创业的起始是基于创新的创业，因此在创业项目过程中，整个过程既是创业也是创新，因此可能无法按照人们已知的管理方法来进行管理。无论是创始人还是整个创业项目团队的成员，必须用一种创造性的思维方式和创新实践能力看待整个项目进程。创造性的思维方式要求组织成员首先要接纳组织内部的知识（尤其是隐性知识），并持续不断地将外界新知识与组织原有知识有机融合；同时，还要经常反思、总结。结构惰性理论认为，随着组织不断发展成熟，其惰性日益增强而组织变革的可能性则变小。究其原因，还是组织内成员缺乏开拓接纳新知识的动力。古语有云："温故而知新。"通过反思与总结，会得到新启发、新知识。创业项目不仅要具备创新思维、创新想法，更要有将意向转化为实际生产力的行动力。创业能力的评估主要从三个方面开展：一是获取新知识的能力，二是对新知识持续积累、吸收和有效利用的能力，三是对创业项目管理的能力。获取新知识的能力评估是对创业项目团队成员是否从组织内外部环境中不断学习,并添加到自己已有知识体系中的能力的评估。在日益发达的知识经济时代,这种新知识的获取能力是发展和保持竞争力的基本条件。获取新知识后更重要的是对新知识的吸收、消化与再利用。获取新知识是为了补充或修正已有知识,与已有知识融合后提升,从而指导人的创业性行为。但在不断变化的环境中,这两种能力也是不够的,我们必须能够不断适应和改变自身的知识体系,不断对创业能力进行修改和发展完善,包括添加新元素、丢弃过时的旧元素,形成动态循环过程。

5.3.2 学习能力

学习是一件持续性的、不可间断的过程。学习应是伴随整个项目周期而不仅仅是某一个时限。由于项目周期中内部与外部环境不断发生着变化,通过自我学习,可以弥补创业项目团队及个人对于这种环境变化产生不确定性而产生的恐惧感,可以让创业项目团队在动态的变化中更为科学合理地调整创业项目团队的工作进程甚至更改短期目标,趋利避害。创业项目团队成员的学习能力和主观能动性是提高创业项目团队成员创新能力、形成学习型创业项目团队文化的前提和保障。一方面,创业项目团队成员的学习能力越强,其所能掌握的知识越广泛,知识积累越深厚;另一方面,创业项目团队成员的学习能力越强,对新事物的接受能力越强,思维越活跃,创造力就越强。因此,创业项目团队个体能力的论证与评估要对创业项目团队成员的学习能力进行评估,评估创业项目团队成员是否能够从创业项目中学习。

5.3.3 风险应对能力

任何创业项目都是存在风险的,风险的存在可能会带来收益也可能会带来损失。除创始人外,创业项目团队中的每一位成员都应该具有很强的风险应对能力,从风险中准确识别机遇与威胁,抓住机遇、避开威胁,如果能够将威胁转变为机遇则是更佳的。

风险应对能力主要从面临困难时的心态、解决问题的态度、思维方式等几个方面体现。具有较强风险应对能力的人在面临困难时能够保持积极乐观的心态,持有积极寻求解决办法的态度,并具有辩证看待问题的思维方式,而这些都是促进创业项目跨过重重困难的重要因素。创业项目开展要求创业项目团队成员都具有很强风险应对能力的原因主要有两个方面:首先,强风险应对能力是保证创业项目取得成功的重要动力;其次,弱风险应对能力是导致创业项目失败的原因之一。如果每一位项目成员都能够保持乐观的心态、全力以赴寻求解决问题的办法、能够理性辩证地看待问题，创业项目团队自然就会呈现积极向上、斗志昂扬的精神面貌，困难都可以迎刃而解，创业项目必然容易取得成功。相反，如果项目成员中有人意志薄弱、畏难情绪严重甚至思想偏激，就很容易影响到创业项目团队中其他成员的情绪与精神状态。正所谓"千里之堤毁于蚁穴"，事情的失败可能完全不是大的问题和矛盾，而是极容易被人忽略的小问题。创业项目亦不例外，创业项目团队成员的悲观情绪、消极态度，可能是导致创业项目不能取得成功的罪魁祸首。因此，对创业项目团队个体能力的论证与评估，对创业项目团队成员风险应对能力的评估至关重要。

5.3.4 沟通能力

沟通的根本目标是保证有关的项目信息能够适时地以合理的方式产生，收集处理存储和使用，保证创业项目团队成员的思想和感情能够有效地获得交流。在整个项目周期中，管理工作的每个步骤，都依赖于组织成员良好的沟通，良好的沟通成为实现组织行为过程中重要的要素。在创业项目开展过程中，由于信息不对称而导致的矛盾和误会是不可避免的，但是这又能很好地考验项目成员中关于沟通和协调方面的能力，他们可以通过沟通协调来减少甚至消除这种不对称，从而使各方资源的利用率达到最大化。

信息沟通的核心是相互理解，项目成员在沟通中不仅需要获得信息，还需要双方全面完整地理解对方。项目成员必须学会并熟练地使用所谓的项目语言发送和接受信息，管理和规范项目的沟通活动和沟通过程。沟通管理必须对项目沟通过程中的口头、书面、电子和其他形式的沟通方式方法熟练运用于项目沟通之中（见表5-1）。沟通中，可以使用某种沟通方式，也可多种沟通方式并用，这样既可以提高沟通效率减少误解，也可以实现多种沟通方式互补。例如，某些成员喜欢通过面对面沟通来进行信息交流，某些成员喜欢通过书面沟通厘清项目中的时间等。项目成员还要具备项目沟通中信息发布技巧，也包括项目沟通中信息接收技巧。在项目沟通中要充分理解对方就必须掌握听、说、读、写四个方面的技巧，其中听和说涉及的沟通技巧最为重要。作为信息接收方，存在的问题可能会是被动地听、注意力分散、偏见和固执、过早下结论等。而表述方面又可能存在逻辑不清、编码错误、缺乏互动、语言不生动等问题。这些问题都会给沟通带来不便甚至可能造成成员之间信息不对称加剧，严重时会影响项目时间等。如果发生这类问题，成员们能否通过学习等改善此类状况也是很重要的，如正确地安排沟通次序和时间、适时地营造沟通氛围、不能进行超范围的沟通活动、充分运用信息反馈、积极驾驭语言与使用词汇、积极地使用非语言信号[①]。

下述沟通问题只是项目沟通中最为主要的沟通障碍和克服方法，各种不同专业领域的项目会有自己独特的沟通问题和克服方法，因此这里只是一般原则和方法而已。

表5-1　各种沟通方式的定义与特点

沟通类别	口头沟通	书面沟通	非语言沟通		电子媒介沟通
定义	面对面的，也可以是通过电话或会议的方式实现的沟通	运用书面文件和信函传递信息和交流思想，包括使用报告、报表、备忘录和信函等方式开展的沟通	身体语言：指手势、面部表情和其他各种能够表示一定含义的身体动作	语调：信息发送者在传递信息过程中所使用的各种腔调，以及对目沟通等方面、某些词汇或短语的强调或弱化，这些语调同样可以传递信息和表达思想	电子邮件、多媒体和信息网络的沟通方法。各种各样的电子商务、计算机通信和网络、通信设备与设施等
特点	准确和便捷地传递思想感情和获取信息的方法。这种沟通方法为讨论、澄清问题、相互理解和即刻反馈等沟通内容和缓解矛盾提供了许多方便	在无法或不方便采用口头沟通方法时，书面沟通方法是一种可替代的沟通方式。要求有较高的技巧：包括书面沟通的文件格式正确、内容清楚、叙述简洁，书面文件不能冗长和包含与主题无关的内容，书面文件的格式和内容必须为沟通服务等	人们的各种手部动作、面部表情及其他姿态都能够传达思想感情或态度观点方面的信息。同时，人们在进行口头沟通过程中会配合有大量的身体语言，这些身体语言或者表示某种独立的含义，或者是口头表达信息的补充		要有互联网络的连接，创业项目团队的成员可借助电子媒介进行所需的各种沟通，并可同时将信息传递给多位项目团队成员，实现更为开放和有效的多向沟通

[①] 戚安邦. 项目管理学[M]. 北京：科学出版社，2007.

5.3.5　执行力

执行力通常是指企业内部员工贯彻经营者战略思路、方针政策和方案计划的操作能力和实践能力。它是把意图、规划化为现实的具体执行效果好坏的体现，其强弱程度也直接制约着创业项目目标能否得以顺利实现。如果不能被付诸实施的话，再周密的计划也是一钱不值。优秀的执行力是对意图的充分理解并付诸实践当中去，这是贯彻战略、完成预定目标的能力。拥有优秀执行力的项目员工不应该是被动地监管，而是主动地去完成各项工作。执行力需要培养自己的自觉习惯，摒弃惰性。观念决定行为，行为形成习惯。执行力的提升需要改变心态、形成习惯，把等待被动的心态转变为主动的心态，面对任何工作把执行变为自发自觉的行动。

5.4　创业项目团队整体能力的论证与评估

5.4.1　团队精神

团队精神是一个团队的思想支柱，是一个团队所拥有的精神的综合。创业项目团队精神应包括以下几个方面内容。

（1）高度相互信任。创业项目团队成员之间有高度的信任，每个团队成员都相信创业项目团队的其他人所做的和所想的事情是为了整个集体的利益，是为了实现创业项目的目标和完成创业项目团队使命。

（2）强烈的相互依赖。创业项目团队成员之间在资源等方面强烈相互依赖，一个创业项目团队的成员只有充分理解每个创业项目团队成员都是项目成功不可或缺的重要因素之一，他们才会很好地合作并且相互依赖。

（3）一致的共同目标。全成员具有的一致目标，以及创业项目团队每位成员都希望能够为实现项目目标而付出自己的努力。

（4）全面的互助合作。创业项目团队全体成员的互助合作，以及在全面互助合作时所进行的开放坦诚而及时的沟通。

（5）平等与积极参与。成员之间关系是平等的，每个人都全力并积极参与项目的工作和管理。

（6）自我激励和管理。任何一个创业项目团队都应该按自我激励与自我管理的模式开展项目工作，这种自我激励和自我管理的模式使创业项目团队协调一致并更好地表现出团队精神和意志。

5.4.2　团队文化

创业项目团队文化是组织内被大多数项目成员认同和遵循的核心价值观、信念和行为规范。创业项目团队文化的评估可以从三个方面展开：首先，评估创业项目团队文化的物质层面，主要是评估是否有明显张贴的标语、员工的行为举止是否与项目目标保持一致；其次，评估创业项目团队文化是否被所有人认同；最后，评估项目成员对创业项目团队文化的践行是否一致，创业项目团队成员间是否有默契。

信念和价值观影响人的行为，而组织成员一致认同并遵循的信念和价值观对组织的影响更是巨大的，即创业项目团队文化的影响是重要而深远的。创业项目团队要实现创业项目的成功，必须具备与创业项目相匹配的团队文化。创业项目团队文化能对团队整体和团队每个成员的价值取向及行为取向起引导作用，使之符合创业项目团队所确定的目标。具体表现在两个方面，一是对创业项目团队成员个体的思想行为起导向作用，二是对创业项目团队整体的价值取向和行为起导向作用。当一种价值观被该创业项目团队成员共同认可之后，它就会成为一种黏合剂，从各个方面把创业项目团队成员团结起来，从而产生一种巨大的向心力和凝聚力。

5.4.3　团队学习

创业项目团队学习强调全团队学习、全过程学习与终身学习，通过组织学习，创业项目团队成员能够积极改变对自身与周边环境的认识，识别并掌握团队内外部有用的知识，从而指导创业项目团队的行为，以便更好地适应创业项目内外部环境的变化。

创业项目团队学习从来不是被动、消极地接收知识，而是主动学习、消化并转化知识为自己所有。为学习创业项目团队外部的新知识，团队内部必须具备或产生相应的新知识作为接受新知识的基础，这本身就是创业项目团队内部的创新，这种创新与创业项目外部创新相融合，拓宽了创业的范围和规模。

创业项目团队学习的塑造是团队开展其他要素创新和变革的前提和保障，创业项目团队中形成稳定的学习型团队文化对引导创业项目团队成员的创业性行为具有重要作用。特别是在现今网络信息极其发达的时代，不断学习变得尤为重要。外部环境随时都在变化，只有通过学习，形成不同创业项目团队成员、不同利益主体间共有的思维模式，才能顺利实现创业项目的目标。

5.4.4　共同愿景

共同愿景是美国学者圣吉提出的。创业项目团队中所有成员的共同愿望、理想或目标，并且这种愿望、理想或目标表现为具体生动的景象，来源于创业项目团队成员个人的愿景而又高于个人愿景。建立在共同价值观基础上，是对团队发展的共同愿望，并且这个愿望不是被命令的，而是全体成员发自内心想要争取、追求的，它使不同个性的人聚在一起，朝着共同的目标前进。

共同愿景包含景象、价值观、使命和目标。它们之间相辅相成，缺一不可。使命具有令人感到任重道远和自豪的感觉，而这又与景象和价值观相关。没有良好的景象，使命感会消失殆尽；没有良好的价值观，使命感不会持久。景象就是未来组织所能达到的一种状态及描述这种状态的蓝图、图像。景象应具有一定的气魄和诱人特性，能够成为全体创业项目团队成员发自内心的共同愿望；也正是如此，景象应该产生于团队全体成员个人愿望之上。价值观指人们对社会与组织的一种总的看法。价值观与景象是有很大相关性的。某种意义上说价值观不同，追求的景象就会不同或至少具体实现这种景象的方式途径会不同。使命是创业项目团队未来要完成的任务过程。使命代表了创业项目团队存在的根本理由。只有具有使命感的员工才可能创造出巨大效率和效益，才可能有持续的内在动力。目标则是共同愿景在客观环境中的具体化，能够为创业项目团队成员指明方向，是创业项目团队运行的核心动力。

5.4.5　风险应对

创业项目风险是指由于项目所处环境和条件本身的不确定性和项目业主/顾客，创业项目团队主观上不能准确预见或控制影响因素，使创业项目的最终结果与创业项目团队的期望产生背离。在创业项目实现过程中，风险是不可回避和忽视的，而且风险是伴随整个项目周期的。尽管高风险会伴有高的回报率，但同样，如果风险应对或把控不当，将会使整个创业成果毁于一旦。一个创业项目团队的抗风险能力是许多要素的综合表现。在风险把控和应对上，创业项目团队应具有风险规避、风险转移、风险减轻、风险接受等方面的基本能力。

1. 风险规避

风险规避是从根本上放弃创业项目或放弃使用有风险的项目资源、创业项目技术方案等，从而避开项目风险的一类应对措施。例如，对创业项目开发过程中存在的技术风险，我们可以采用成熟的技术，创业项目团队成员熟悉的技术或迭代式的开发过程等方法来规避风险；对于创业项目管理风险，我们可以采用成熟的项目管理方法和策略来规避不成熟的项目管理带来的风险；对于进度风险，我们可以采用增量式的开发来规避项目或产品延迟上市的风险；对于项目需求不确定的风险，我们可以采用原型法来规避风险。所以，这方面的能力是创业项目团队必须具备的能力，因为创业项目需要规避大量的各种风险。

2．风险转移

这类创业项目风险应对措施多数是用来对付那些概率小，但是风险损失过大（超出了承受能力）或创业项目团队很难控制的项目风险。这方面的能力包括通过购买保险的方法将创业项目的风险转移给保险商，以及通过签订个中对外委托协议使自己去做会有很大风险损失的工作在转移给具备能力的组织去做等等（合同实际就是风险转移的法律文件）。创业项目团队必须了解和学会使用风险转移的方法，从而具备开展创业项目风险转移工作的能力。

3．风险损失消减

风险损失减轻是为减少不利的创业项目风险事件的后果到一个可以接受的范围所采取的应对措施和方法。通常在创业项目的过程中采取风险损失消减策略可以收到很好的效果。例如，创业项目过程中人员流失对于项目的影响非常严重，我们可以通过人员激励等方法来减轻人员流失带来的风险损失。因此，创业项目团队必须具备消减风险损失方面的能力，这是创业项目团队所需要拥有的关键能力，因为这是创业项目管理中"趋利避害"的关键所在。

4．风险收益提升

应对创业项目风险事件的根本作用是"趋利避害"，这需要创业项目团队具备科学地制订创业项目应急计划，以及积极地开展提升或扩大创业项目风险收益的工作能力。创业项目团队在具备风险规避、风险转移或者风险损失消减能力之外，还必须具有随时抓住机遇去扩大或提升创业项目收益的能力，因为这也是创业项目管理中"趋利避害"的关键所在。

第6章

| 创业项目风险论证与评估

南京审计大学   熊琴琴

如前所述，本书所讨论的创业项目是在创新项目的成果基础上开展创业项目管理的过程。创业项目最显著的特点是独特性，这种独特性也意味着不确定性和风险性。创业项目的独特性主要表现在两方面，一是由其定义可知创业项目本身就是具有独特性的活动；二是创业项目是以创新项目的成果为基础而开创的事业，创新项目的成果"新"，以此为基础所进行的创业过程必然"新"，这种"新"就意味着与以前或其他的项目管理及运营管理均有所不同。这种不同是人们以前没有经历或管理过的，这使得人们缺乏相应的信息和经验，在整个进行的过程中项目及其环境条件如何发展变化，应该如何应对才会使项目产生积极结果，人们并不清楚。创业项目的这种不确定性可能导致项目最终结果与项目相关利益主体的期望产生背离，引发创业项目风险。可以说，创业项目的独特性是其生存和成功的重要条件，但这种独特性所引发的风险如果应对不当也可能是项目失败的根源。创业项目的一次性特点意味着只有一次机会，必须在有限的资源、时限条件下尽可能"趋利避害"，规避项目损失，使得项目最终获得较高的"风险性收益"。这就需要积极对创业项目进行全面风险评估和管理。"创业过程本身是动态的，只有那些认识到风险的人才能更好地把握创业过程并获得更多的回报。"①

创业项目风险涉及方方面面的多个要素，任何一个要素的不确定都可能会引发项目风险导致项目利益受损或风险性收益。其中，对于创业项目影响最大的主要是技术、财务、市场、环境等几个要素，本章将从这几方面分别分析创业项目风险因素的评估和管理。

6.1 创业项目技术风险评估

任何创业项目的实施和运行都需要一定的技术作支持，创业项目所采用的技术是否先进，对于创业项目能否达到预期的目标和实现创业项目各相关利益主体的利益有着至关重要的作用。同样，如果创业项目技术不能够可靠地支撑项目实施和运行，必然会影响创业项目目标的实现。创业项目是在创新项目成果基础上进行的创业，其所依赖和使用的技术不一定十分成熟可靠（即便是成熟的技术其先进性也要进行评估，否则在其生命周期内的竞争力会存在较大问题），很可能存在不确定性，有必要对创业项目技术风险进行分析和评估。

6.1.1 创业项目技术及其风险的含义

一般意义上的技术是指由系统科学知识、成熟经验和操作技艺等综合而成的某一种从事生产或社会活动的专门学问或手段。创业项目技术按照其物化形式可以分为创业项目的技术方法、技术装备、人的技能水平和技术支持体系四方面，而且这四方面构成了一个有机的整体。由此可见，创业项目技术是在整个创业项目生命周期内所使用的全部技术综合。创业项目技术风险则由于不确定性因素的存在和技术环境的变化，使得创业项目技术的可行性和先进性在其生命周期内可能发生改变，最终影响创业项目目标的实现，导致创业项目实际效果与项目利益相关主体期望产生背离。

理论上而言，创业项目技术风险在整个生命周期内都可能发生，但有一些比较关键阶段中的创业项目技术风险需要格外关注。一个是创业项目启动阶段，此时项目团队的主要注意力在于发现新的市场需求，为吸引客户，创业项目团队会向有需求的客户预售概念产品或服务。尽管创业项目技术人员会付出巨大努力，但能否解

---

① 杰弗里·蒂蒙斯，小斯蒂芬·斯皮内利.创业学[M]. 6 版. 周伟民，吕长春，译.北京：人民邮电出版社，2005.

决创业项目的技术问题并在承诺的时间和预算内完成项目的风险始终存在。[①]另一个关键的创业项目阶段是创业项目产品或服务细节的设计与开发阶段,在这个阶段人们将搭建模型或蓝本进行必要测试。一般在此阶段,创业项目资源已全部投入,人们对项目结果已经有了大致预估。项目技术是不是能够满足项目关键利益相关主体的期望不仅仅在于技术本身,还在于涉及许多技术之外的沟通、协调及管理,但这些创业项目技术之外的处理结果直接会影响项目技术的实现效果及利益相关主体对此的认可程度。此外,技术政策或环境的变化也会直接影响创业项目技术的可行性和先进性,对于与创业项目相关的产业技术发展也是需要在技术风险评估过程中持续关注。

6.1.2　创业项目技术风险评估的原则

创业项目技术风险评估是一项科学的项目评估工作,它必须按照一定的原则和步骤去开展,其中创业项目技术风险评估的主要原则包括下述几方面。

1. 先进性和适用性相结合的原则

创业项目技术的先进性是指创业项目产品生产工艺技术和装备,以及创业项目实施技术中包含的技术含量应该尽可能具有国际国内的先进或领先水平;创业项目技术的适用性是指项目采用的工艺技术与装备,以及项目实施技术的技术水平必须能适应创业项目特定的要求和实际拥有的技术条件。在项目技术评估中必须在坚持实用性的基础上追求项目技术的先进性,从而达到二者的有机结合。这一原则要求创业项目所采用的工艺技术和装备,以及实施技术和创业项目产品生产技术的含量都能适应现有技术条件并符合国情和国家技术发展的水平。

2. 经济性与合理性相结合的原则

创业项目技术的经济性是指项目所选用技术的代价是否经济,创业项目技术的合理性是指在项目技术的选择上要符合项目全体相关利益主体的利益。这一原则要求合理地协调创业项目技术的经济与合理的特性,以相对较低的技术代价获得相对较高的经济效益,并保障创业项目全体相关利益主体的利益。

从技术经济学的角度看,创业项目的技术与经济是互相促进、互相依存、互相制约的。一般情况下,创业项目要取得较好的经济效益就应该选用先进的技术方案,但是技术的先进性必须在充分保障技术的经济性和合理性前提下实现。因此,一般

---

① Kaye Remington,Julien Pollack.Tools for Complex Projects[J].Project Manage ment Journal,2010,
　39(3):126.

在能够满足创业项目技术要求的前提下应尽量采用能取得较好经济效益的项目技术，全面贯彻创业项目技术的经济性与合理性相结合的原则。一定要防止单纯追求技术先进性而忽视创业项目技术的经济性与合理性，要避免为追求一时的经济效益而违背技术规律的情况发生。

3. 项目技术安全性与可靠性相结合的原则

创业项目技术的安全性是指在项目技术的运用中不会出现对整个创业项目或项目实施与运行主体造成危害的问题，这包括对于人身、设备、创业项目主体和项目环境等一系列的相关要素的安全性问题。创业项目技术的可靠性是指在项目技术的运用中不会出现创业项目技术失效或过多的故障或问题，这包括对于创业项目工艺技术和技术装备与项目实施技术等一系列的相关技术的可靠性问题。这一原则要求从财产保护、劳动保护和环境保护等角度出发，全面评估创业项目技术的安全性与可靠性。这要求创业项目技术既不会对工作人员的身心和项目环境造成危害，同时也要求创业项目工艺和实施技术方案成熟和可靠，并且创业项目的工艺装备选择必须合理。

创业项目技术安全性问题的原因主要有两个，其一是创业项目技术方案本身存在缺陷，其二是创业项目技术使用不当。其中，创业项目工艺技术和创业项目实施技术的不合理或不过关是项目建设和运营的安全与可靠方面的最大隐患。因此，人们必须做创业项目技术安全性和可靠性的评估。

4. 有利于环境保护性的原则

任何创业项目采用的技术都必须考虑对于环境进行保护的因素，所以在创业项目技术评估中应该将项目技术对于环境的保护和危害作为最基本的要求，甚至应该给予最高的权重获一票否决权。从整个社会和自然环境保护的角度来讲，对创业项目技术进行评估以确保项目技术必须保护和改善人类生存的环境是我国法律和国际法所要求的。创业项目技术必须维持生态环境的平衡是当今技术发展的重要趋势，创业项目技术的优劣包括了其对自然和社会环境的影响，所以对于创业项目技术的环境影响评估也是创业项目技术评估的重要内容之一。

6.1.3　创业项目技术风险评估的主要内容和程序

创业项目技术风险评估内容和过程符合一般的项目风险评估原理，主要是在整个创业项目生命周期中有组织、有计划地开展风险识别、度量、应对、跟踪评估。其主要工作内容和程序如图 6-1 所示。

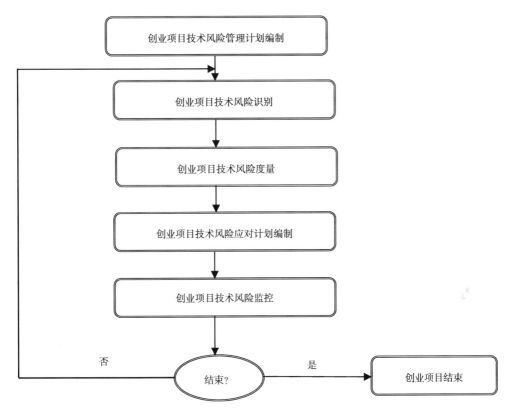

图 6-1　创业项目技术风险管理内容及程序示意图

1．创业项目技术风险管理计划编制

这是确定如何在创业项目过程中开展创业项目技术风险管理活动的计划安排工作，这一工作给出的创业项目技术风险管理计划书是整个创业项目技术风险管理的指导性文件。其主要内容应包括明确创业项目技术风险征兆和应对，选择合适的创业项目技术风险管理方法，明确项目团队成员的创业项目风险管理职责，给出相应的风险管理的预算和时间安排等。这是对整个创业项目生命周期内项目团队如何组织和开展创业项目技术风险管理活动进行总体安排的纲领性文件。尽管这是一个创业项目技术风险管理的事前控制，但这一工作为后续的具体技术风险的识别、度量、应对和监控明确了基本规范。当然，考虑到具体的创业项目过程是动态和不断迭代的，创业项目技术风险管理计划必须具备灵活性，并在使用过程中根据创业项目面临的情况适当调整。

2．创业项目技术风险的识别

创业项目技术风险识别是指分析和识别出项目在技术方面存在的风险，以及引发这些风险事件的因素，并对创业项目技术风险事件的后果进行初步预计。创业项目技术风险的识别是开展风险对量和应对的基础，是风险管理中非常关键的环节。因此，在进行创业项目技术风险识别时，必须遵循系统性和全面性的原则，否则可能会因忽略或遗漏风险要素而导致创业项目风险损失的发生。可以从创业项目全过程的各个阶段逐一分析识别出可能存在的技术风险，以及引起这些风险的原因和影响因素；或者从创业项目内部和外部风险因素入手进行识别；或者从创业项目相关利益主体期望和要求变化方面进行风险识别（虽然人与技术似乎是两个层面，但不确定性和变化性的因素很大程度上是由人导致的，这种不确定性和变化会直接引起创业项目技术风险）。经过多个维度的多次识别，最终形成创业项目技术风险清单和风险识别报告。

需要指出的是，创业项目技术风险识别不是一次性的工作。创业项目的内外部条件与环境在不断地发展变化，已经识别出的技术风险随着创业项目条件的变化和信息的逐渐完备可能不会再发生，而同时可能出现新的创业项目技术风险，因此需要人们定期与不定期地开展技术风险识别工作并及时更新风险识别结果。

3. 创业项目技术风险度量

创业项目技术风险度量是在技术风险识别的基础上对已识别出的风险进行定性和定量的评价，包括创业项目技术风险发生可能性的度量、后果严重程度度量、关联性和发展进程性度量四方面的内容。这需要收集与创业项目技术风险相关的各种数据和资料，然后选用或建立不同的风险度量模型和方法，计算出创业项目技术风险的发生概率、关联影响、可能后果和时间进程，并在此基础上对项目技术风险进行综合性的评价。这也是人们最终采取何种风险应对措施和管理决策的依据和基础。

4. 创业项目技术风险应对

在对创业项目技术风险识别和度量的基础上，人们就可以依据风险情况和自身资源与外部环境，分析和确定风险的应对措施并制订创业项目技术风险应对计划。根据人们对于风险的偏好不同和组织对于技术风险的承受能力的不同，人们可以选择和制定风险容忍、规避、转移、消减等一系列的应对措施，以备未来创业项目技术风险事件发生时及时应对和控制，因此也需要将这些风险应对措施编制成相应的"创业项目技术风险应对计划书"。当风险应对计划付诸实施后编制创业项目技术风险应对工作报告，这是对创业项目技术风险应对工作的总体情况和效果的总结和检查，可以在创业项目生命周期的重要节点或里程碑处进行编制，也可以在创业项目风险应对工作出现问题或改变时进行。随着创业项目开展和进行,创业项目外部环境和组织内部条件可能发生变化,因此还需要及时修订、调整或更新原有的创业项目风险应对措施和计划书。[①]总之,创业项目技术风险的评估工作,不论是风险识别、度量还是应对都不可能一蹴而就,都需要在整个生命周期内多次反复进行。

5. 创业项目技术风险监控

创业项目技术风险监控是在项目过程中进行风险监督、实施应对措施和过程控制的工作,是人们不断进行创业项目技术风险的跟踪评估。由于创业项目、环境、组织等各方面情况在不断发展变化,人们在完成了初始的创业项目技术风险规划、识别、度量和应对后,还必须进一步开展后续的创业项目技术风险再识别、再度量、再应对等一系列的实施与控制。因此,在创业项目的整个生命周期中都需要不间断地开展项目技术风险的发展变化情况的识别和度量工作,跟踪评估已识别的风险,识别和发现新出现的风险,监督风险的进程和征兆表现,积极采取风险应对措施和不断更新风险应对措施,最终实现监督和控制创业项目技术风险并获得或扩大创业项目风险收益,同时规避或降低风险损失的管理过程。

6.2 创业项目的财务风险评估

从物质形态上看,创业项目全生命周期是各种实物要素投入和产出的过程,从货币形态上看,创业项目全生命周期是一定量的资金从垫付到回收和增值的过程。对于创业项目而言,这种投入产出和回收增值的过程性十分突出:创新项目的成果是否真正能够在市场中获得认可并创造价值是通过创业项目这一过程来实现的。由于各种不确定性因素的存在,为确保创业项目的顺利开展,必须对创业项目财务风险进行评估和管理。

创业项目整个生命周期中可能会有多种财务风险,本章以创业项目财务活动过程为主线进行财务风险的分析和评估。创业项目的财务活动主要有资源需求分析、筹措资金、资金运用等几个重要环节。本节分别从这几个主要环节和财务分析方法可能导致的财务风险进行评估。

6.2.1 资源需求分析风险及其评估

资源需求分析是创业项目管理十分重要的工作,通常在启动创业项目或者项目

---

① 戚安邦. 项目风险管理[M]. 天津:南开大学出版社,2010.

上马前的评估中就需要对创业项目所需资源进行分析和预测，预测很难十分精准，以预测信息作为确定信息进行决策必然会引发创业项目后续一系列的风险，因此必须对这些风险进行分析。

对于使用创新成果开展创业的项目而言，合理预测创业项目的资源需求（数量、质量、种类、使用时间）非常重要。这些资源在分析时都会以资金形式表现在财务分析中，并根据其在生产流通中的表现和作用划归为各项经济要素，通过对经济要素的具体分析得出财务结论。因而，基础的经济要素数据十分重要，各项经济要素的表现是创业项目未来损益分析的基础，直接决定了创业项目的现金流量，会直接影响后续的创业项目决策。但这种预测并不容易，存在许多困难。对创业项目未来各项经济要素的预测是基于人们对现有产品或服务市场的分析估计与创业项目产品或服务市场的预期进行的，创新项目的成果到底多大程度上满足了人们的需求，其替代品和潜在竞争者的力量如何？创业项目产品或服务产量和质量如何？如何定位和定价？由于信息缺口的存在和市场的发展变化，这种预测往往带有较大的不确定性。在一般项目中，人们往往以历史资料或类似项目信息为蓝本进行当前项目的资源预测；但是对于创业项目而言，其使用创新项目成果作为创业的基础，很少有相关资料和信息可以借鉴，预测的难度大幅增加，准确性也更难保证。经济要素的测算是基础，财务分析都是以此为基础进行的，基础的不确定会使得后续工作的不确定性和风险大幅增加。

详细的创业项目计划会在很大程度上降低经济要素不确定性。创业项目团队应该尽可能地收集详细数据，对其解释并清楚地表述出来。这是一个具有创造性和重复性的工作，具体的计划不仅能指导创业项目工作开展，同时能降低经济要素测算时的不确定性。

6.2.2 资金筹措风险及其评估

资金是创业项目的血液，在开展创业项目时不可避免地要进行资金筹措活动。筹集的资金可支持创业项目实施，但同时如果筹集的资金存在不确定性又会增加创业项目风险。资金筹措风险主要包括资金供应风险和资金筹措成本过高风险。

1. 资金供应风险

资金供应风险主要是分析创业项目是否能够获得所需总投资和分年投资需要量的足够的、持续的资金供应。为了获得充足的资金，创业项目往往会进行项目融资，因此需要对融资方案进行深入分析，识别和预测可能存在的不确定性因素。

常见的资金供应风险包括：原定融资方案发生变化，筹资额全部或部分落空，拟议中投资者或承诺出资的投资者中途变故，不能兑现承诺。由于融资方案涉及提供资金的其他组织和机构独立于创业项目组织，其可控性非常小，对创业项目团队而言不确定性较大，因此在确定融资合作对象前应对融资提供者进行周密的调查和分析，确认其资信、经验能力和以往的投融资记录，以评估其可靠性，并在具体合同签署前进行深入交流和沟通，令投资者对创业项目的需求和进展情况有所了解，并创造良好的合同共赢氛围。

2. 资金筹措成本过高风险

筹措资金需要付出成本，资金成本过高会影响造成创业项目较大负担，也会对项目收益产生负面影响，需要对创业项目的资金筹措成本进行详细分析和计算。影响资金成本的因素很多，主要包括以下因素。

（1）融资期限。融资期限越长，未来的不确定性因素越多，风险也越大，投资者为弥补其风险要求的报酬率也越高，从而导致的资金成本就越高。创业项目因合理安排自有资金和融资资金的投入时间，尽量减少资金不必要的闲置，缩短融资期限。

（2）市场利率。市场利率是资金市场供求关系变动的结果，作为各类融资方式的基准利率，当其提高是会相应提高融资方式的成本，反之会降低成本。市场利率不容易控制，但选择进入市场的时机是创业项目在初始决策时就要评估和选择的。

（3）通货膨胀率。从投资者角度看，通货膨胀率实质上是名义收益率与实际收益率之间的差异，是应对货币购买力风险而进行的价值补偿，因此其作为系统性风险对创业项目收益会产生影响。通常，通货膨胀率越高，融资成本越高。

（4）资金结构。在融资总量一定的情况下，融资方的组合比例不同其加权平均成本也会不同。[1]

（5）此外还有抵押担保能力、组织信用等级、融资工作效率、政策因素等。这些因素都需要创业项目团队科学评估各备选融资方案，制订合理的融资计划，从总体上对创业项目在一定时期内的融资数量和资金需要时间进行周密安排，充分掌握各种融资方式的基本程序，理顺融资程序中各步骤之间关系，并制定具体的实施步骤，以便于名步骤之间衔接与协调，节约时间和费用。

---

[1] 黄有亮. 工程经济学[M]. 3 版. 南京：东南大学出版社：2015.

6.2.3 资金运用风险及其评估

资金运用的风险在于，由于创业项目存在不确定性，使得筹集的资金在投入使用时与项目投入计划出现偏差，尤其是出现实际投入大于计划的情况，此时创业项目就可能出现后续资金不能满足需求的风险。创业项目一旦资金短缺很可能引发项目失败的重大风险，因此，在创业项目实施过程中在资金运用方面要严格责任制，密切要关注资金计划与运用的对比差异，分析差异原因，并及时调整；同时，要设立不可预见费，制订资金筹集的应急预案，提前进行资金储备。

另外，要充分意识到现金是创业项目的生命线。创业项目实施取得阶段性成果时人们往往容易沉湎于生产产量提高、市场份额扩大的"喜悦成就"，忽视了创业项目团队所获取到的现金。真正支撑创业项目向目标发展的是持续的、可靠的现金流。一旦陷入现金困境，创业项目就很难继续发展。

6.2.4 财务管理的风险及评估

创业项目财务管理过程中所使用的方法也可能会引发创业项目的财务风险。

1. 电子数据表误区

人们往往会使用电子数据表来预测创业项目财务状况，将创业项目各期的财务信息输入表格，表格的数据在计算机中是确定的，最终通过一系列的计算得到创业项目财务指标结果，但事实上这些结果只是"如果……就……"的表达。倘若这个"如果"不发生，"就"的一切就没有任何意义。这种不确定性信息以确定方式的表达会令信息使用创业者产业错觉，进而做出未必合理的决策，造成实际的创业项目财务风险事件发生。财务信息使用者必须充分认识到这些影响财务效果的因素，只要创业项目还没有结束，信息就不可能完全确定。

2. 财务指标影响

在创业财务管理中有一些重要的基准指标需要测定，例如在进行动态财务效果分析时创业项目的现金流要进行折现，折现所使用的基准收益率的取值会对财务分析和管理结果产生重大影响，即便是完全相同的财务数据采用不同的基准折现率（哪怕只差1%）最终得到的财务分析结果也会大相径庭；创业项目计算期也是创业项目财务分析时必须要确定的，计算期关系到财务数据的折算年限，对整个现金流量分析会产生影响，同时对创业项目投资回收期的判定也会产生影响。如果这些财务分析所使用的基本指标设置不当，就有可能得出不合理的财务评价结论。

3. 风险评估与管理

为避免创业项目成本要素预测偏差引发的创业项目损失，应该对创业项目财务分析和所产生效果进行不确定性和风险分析。即设定最可能的情况，预测出创业项目在最可能情况下的财务表现，以此作为分析基础；然后根据创业项目可能发生的不确定性情况及其发生概率分别讨论各种可能情况下的创业项目财务表现；并在此基础上判断创业项目团队是否能接受各种相应后果，并据此进行管理决策。比较常见且实用的定量方法是盈亏平衡分析、敏感性分析、概率分析等。其中，盈亏平衡分析是分析各种影响创业项目财务效果的不确定性因素，找到因素变化引起项目财务效果发生质的改变的临界点，以判断创业项目对不确定性因素变化的承受能力；敏感性分析是通过分析预测不确定性因素发生增减变化时对创业项目财务效果的影响大小，找出影响程度大的因素，从而通过敏感性因素变化的可能性分析项目财务风险的大小。

此外，前文谈到创业项目财务风险中很突出的一点是项目管理人员将带有不确定性特点的信息当作确定信息进行分析和决策，并且通常是通过电子数据表而导致的。事实上，人们可以充分利用电子数据表反映财务信息"如果……就……"的特点，分析创业项目财务信息之间的关联性，通过电子数据表格预测创业项目现金流。创业项目管理者可以设想并回答这样的问题："如果销售额以 10% 而不是 15% 的速度增长，会怎么样？如果在工人工资每人增加 500 元，会怎么样？"[①]通过电子表格快捷地计算可以预测这些变化对现金流的影响，帮助创业项目管理者进行风险管理和决策。

6.3　创业项目的市场风险评估

创业项目首先面临的就是创新产品或服务的市场问题，只有产品或服务能够"卖出去"才有可能收回成本并盈利。创业项目产品或服务能否获得客户认可，最终能否盈利往往是支撑创业项目继续进行的关键要素，这与项目市场密切相关。从产生创业项目创意开始到项目结束整个过程中，创业项目存在市场风险需要评估。

6.3.1　思路转化为商机的风险评估

任何创业项目产生的前提都存在尚未解决的问题或未被满足的需求。当有解决

---

① 杰弗里·蒂蒙斯，小斯蒂芬·斯皮内利. 创业学[M]. 6 版. 周伟民，吕长春，译. 北京：人民邮电出版社，2005.

问题或满足需求的机遇时就可能提出创业项目，创业项目也是如此。对于创业项目成果而言，当其产品或服务能够迎合客户的需要，能为客户提供高增值的利益时，其市场价值就存在。在这里，为客户创造价值是创业项目的立身之本，其核心思想在于创业项目团队运用其创造力将现实中的问题转化为可以为客户创造或增加价值的产品或服务。这一点是创业项目产品或服务存在市场潜力的根本，这也是创业管理著作中提到的"商机"①。对于具体的创业项目而言，"商机"很重要。

思路与商机的关系如图 6-2 所示。相对而言，思路是"想"，商机是"做"。将"想"与现实世界的情景及创业项目团队的创造力发生交互作用，就是"做"，通过"做"得到创业项目产品或服务。在创业项目中，由于其突出的创新性和不确定性特点，一方面，容易使得项目发起人将"思路"视作"商机"，使得项目停留在虚无的难以捉摸的境地，无法把握创业项目市场；另一方面，从思路转变为高潜力商机的历程是高度动态、不断变化调整的过程，这种进程中的不确定性也会引发创业项目的市场风险。

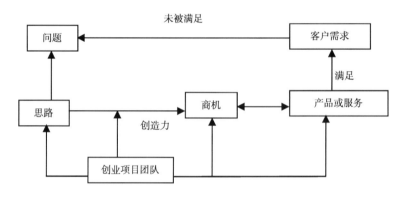

图 6-2　思路与商机的关系示意图

为了应对创业项目思路与商机转化过程中的风险，需要对与创业项目商机有关的要素进行明确和分析。

首先，要明确创业项目产品与服务的客户和市场需求，这是商机的根本。通过分析客户需求来规划实现的路径，界定清晰的商机，核心始终是产品与服务的客户和市场需求。

其次，需要分析创业项目拥有的资源与团队能否与商机相匹配。在蒂蒙斯的创业三区动力模型中强调了驱动因素的匹配与平衡：商机、资源和团队如同三角形的

① 杰弗里·蒂蒙斯，小斯蒂芬·斯皮内利. 创业学[M]. 6 版. 周伟民，吕长春，译. 北京：人民邮电出版社，2005.

三个顶点，为保持平衡，需要使三个要素相互匹配[1]。对于使用创业项目成果进行创业的项目而言更是如此，项目发起人必须始终保持警惕："现在的团队能胜任吗？资源足够吗？"这种不间断的平衡过程，需要持续不断的评估和修订，使得项目能持续发展。

最后，在评估市场风险时需要全面审视创业项目商机是否存在致命缺陷。一般人们在做出某项判断时是有假设或前提条件"如果……就会……"，但"如果"的内容一旦未能发生，后续的结果也会不尽相同。需要将这些假设清晰地识别和表达出来，并逐一分析可能的后果和应对方法。人们在创业项目初始往往怀有美好的希望，对有关未来客户的订单、销售预期等方面过于乐观，这种乐观可能会带来负面后果，需要按重要性和严重程度对各项风险排序并提前制订风险预案。

6.3.2　市场结构和容量分析

创业项目须准确定位产品或服务的市场，使得项目产品或服务能够迎合某一客户群的需要，为客户解决问题或提供增值。定位的客户群可以触及，没有其他的品牌忠诚，这是创业项目获得并保有市场的重要基础。在此基础上，市场结构和市场容量分析是创业项目市场风险的重要因素。市场结构包括创业项目产品或替代品，销售者规模、数量、进入和退出环境，购买者的数量、需求和对价格变化的敏感度等要素。细分的、不完善的或新兴行业往往会存在一些真空或不对称性，它们会产生一些还没有人进入或进入者不多的夹缝市场[2]，或者存在信息或知识不对称的竞争性市场，若创业项目的产品或服务定位在这样的市场，则市场吸引力较大；否则，在高度集中、处于成熟期或衰退期的行业未来市场的风险较大。市场容量由于市场需求总是存在理论上都很大，但对于创业项目而言，其产品或服务进入的时机非常重要，能否满足市场需求空档，能否持续扩张，以及未来的发展变化如何，都需要进行深入评估。

6.3.3　竞争者与竞争优势分析

哈佛商学院迈克尔·波特教授在其《竞争优势》一书中提出了一个产业中的五种竞争作用力（"五力模型"），"无论任何产业，无论是国内或国际的，无论生产产品或提供服务，竞争规律都将体现五种竞争的作用力：新的竞争对手入侵、替代品

---

① 杰弗里·蒂蒙斯，小斯蒂芬·斯皮内利. 创业学[M]. 6 版. 周伟民，吕长春，译. 北京：人民邮电出版社，2005.

② 同①。

的威胁、客户的议价能力、供给商的议价能力，以及现存竞争对手之间的竞争"[①]。
"五力模型"对于分析创业项目的竞争风险依然是适用的。图 6-3 给出了这五种竞
争共同作用所形成的创业项目竞争环境。

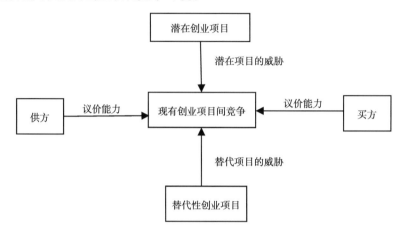

图 6-3　基于波特"五力模型"的创业项目竞争环境示意图

1. 现有创业项目间的竞争风险评估

这主要包括两方面的内容：一是现有竞争对手的识别，创业项目产品竞争环境
取决于其所处的产业、参与的市场，以及创业项目产品的各种特性，必须依据这些
情况识别与判断创业项目产品实际存在的竞争对手；二是现有竞争对手间争夺的激
烈程度的评估，对创业项目产品现有竞争对手之间的价格竞争、广告战和其他种种
竞争的激烈程度给出科学的分析和度量。在大多数产业中，竞争的激烈程度与多种
因素有关，这些因素包括竞争对手的多寡、产业增长速度、固定成本与库存成本的
高低、供给链的长短、成本的高低、竞争利益的高低、退出壁垒的大小等，这些都
是在进行创业项目竞争风险分析中必须分析和确定的关键因素。决定创业项目现有
竞争激烈程度的诸因素也会发展和变化，因此应当注意对创业项目竞争环境中竞争
激烈程度做出合理的预测和评估。

2. 潜在进入创业项目的竞争威胁评估

这主要包括两方面的内容：一是潜在进入创业项目的识别，一般可以通过创业
项目所在产业进行评估；二是潜在进入创业项目的威胁程度评估，其大小取决于进
入壁垒和现有从业者的反击，如果进入壁垒高或同业者坚决地打击报复，则这种威
胁的程度就会较小。任何一种行业的进入壁垒主要有规模经济大小、产品区分度高

---

① 迈克尔·波特. 竞争战略[M]. 陈小悦，译. 北京：华夏出版社，2005.

低、资本需求、转换成本、获得分销渠道的难易、政府政策等。另外，潜在进入创业项目对于现有创业项目的反击预期也是进入壁垒。需要通过以上内容的分析进行相应评估。

3. 替代创业项目的竞争威胁评估

替代创业项目是那些能够实现本创业项目产品同种功能的其他产品的创业项目，它的存在或出现也构成了创业项目竞争环境之一。替代创业项目所提供的产品或服务在价格—性能上可能更有吸引力，因此替代创业项目所造成的竞争威胁会很大。所以，必须对于替代创业项目所造成的潜在竞争进行全面的分析和评估。替代创业项目的竞争威胁评估不但要找出创业项目产品的各种潜在的可替代品的创业项目，而且要分析和评估这种替代的可能性和进程，即分析和评价替代产品的竞争威胁程度。这包括对于各种替代创业项目所带来的竞争威胁程度的评估和主要的替代创业项目的竞争威胁程度的评估。每种替代创业项目的竞争威胁程度评估又包括该项目在功能、价格、时间和替代程度等方面的评估。

4. 买方议价能力的竞争威胁评估

买方对创业项目产品造成的竞争威胁手段就是压低价格，或者要求更高的产品质量或者索取更多的服务，这会使创业项目产品的盈利下降或经济利益受损失。顾客或买主的议价能力强弱取决于创业项目产品的特性和市场具体情况。对于买方议价能力所造成的创业项目产品竞争威胁同样需要从两方面进行评估，一是充分识别一个创业项目的产品买主或顾客，二是充分评估这些买主或顾客的议价能力及其造成的威胁程度。实际上，创业项目产品买方的议价能力是随着市场条件的发展变化等因素而不断变化的，因此应该对买方议价能力做出动态和较为全面的评估。

5. 供方议价能力的竞争威胁评估

创业项目运行中的供给商（包括参加招投标的承包商）可能通过提高供给产品价格或降低服务质量等方法与创业项目业主展开竞争或者对项目业主施加压力。供方的这种竞争可以迫使创业项目产品的成本增长从而失去其应得的利润。造成供方议价能力增强的主要因素包括供方数量有限或者由几个主要供给商支配、供方集中程度高、供方具有向创业项目业主供货的某种优先权（包括行政性或资源性的垄断等）、创业项目对于供方产品依赖度高等。对于供方的议价能力所造成的创业项目产品竞争威胁需要从两方面进行评估，一是要充分识别创业项目的供方（供给商或承包商）及其具体情况，二是充分评估这些供方的议价能力及其造成的威胁程度。创业项目供方的议价能力也是随着商品和劳务供给市场条件的发展变化和创业项目供求双方力量的消长等因素而不断变化的，需要进行动态连续的评估和应对。[①]

6.4 创业项目的环境风险评估

创业项目环境的发展变化会直接或间接作用于项目而造成项目风险，在创新项目成果基础上开展的创业项目更是如此。本节将从创业项目宏观环境、微观环境、管理环境（实际上管理环境是微观环境的一部分，本文考虑其对创业项目的直接影响而单列）三个方面进行环境风险的评估。

6.4.1 宏观环境风险评估

创业项目的宏观环境是项目所涉及国际国内的政治、经济、社会、技术和自然等环境因素。创业项目的宏观环境可比作"天时"，或称为"天下大势"，它能直接导致"顺势者昌，逆势者亡"，故必须做好宏观环境发展变化的分析和预测，帮助创业项目在出现不确定性和风险时"趋利避害"。

创业项目宏观环境的发展变化是众多因素共同作用的结果，只能通过分析和预测而获得信息，再根据这种带有预测性的信息去做出对于环境的选择、适应和应对，以及有限的"改造"。因而，对于宏观环境风险的管理最重要的是"凡事预则立，不预则废"，即只有"预先"获得必要的信息，并"预先"做好各种相应的应对措施，才有可能做好宏观环境风险的管理。其基本原理如图 6-4 所示。

收集创业项目宏观环境方面的相关信息资料 → 根据信息资料进行分析和预测推断 → 根据预测制定应对环境变化的策略 → 监督环境变化并根据变化采取措施

图 6.4　创业项目宏观环境风险管理原理示意图

创业项目宏观环境的风险评估包括前评估、跟踪评估和后评估。在创业项目初始决策之前对涉及国内外政治、经济、技术、社会、自然等一系列具体内容使用历史数据进行预测和分析其发展变化，并预测对创业项目产生的影响，在此基础上从设计的可行项目备选方案中选定创业项目实施方案。在方案实施过程中不断分析和论证创业项目宏观环境发展变化的现状和未来会对项目造成的风险收益或损失，以及如何据此开展创业项目实施阶段的跟踪决策，并在创业项目实施和运行过程中收集实际发生的真实数据和项目未来发展的预测数据，为创业项目可持续发展提供决策支持。

① 戚安邦. 项目评估学[M]. 北京：科学出版社，2012.

可以看到，创业项目宏观环境风险的评估和管理主要是"禁于未发之前"。因为单一创业项目对宏观环境主要是依赖关系，宏观环境的发展变化不受创业项目管理者的主观愿望所左右，其发展变化相对独立和自主，创业项目管理者主要是通过提前预测和预案设计安排来进行管理，一旦创业项目环境发生变化，人们就没有开展管理的机会了。

6.4.2 微观环境风险评估

创业项目所处的微观环境主要指项目所涉及的资源供应、市场销售、资金筹集、地方和产业政策等环境因素。与宏观环境相对应，创业项目的微观环境可视为"地利"，或者称为"生存土壤"。创业项目与其微观环境之间主要也是依赖关系，微观环境的发展变化多数不受创业项目管理者的主观愿望所左右，只有少数大型创业项目或创新型项目有可能对其所处的资源供应、地方或产业政策环境倒逼改革从而使环境适应自身发展（如共享单车项目、移动支付项目等），但这种环境改造并不是一蹴而就和预先设计的，而是在发展过程中与其赖以生存的微观环境相互影响和磨合进行的，而且往往在"有限改造"的过程中做出妥协和付出巨大代价，并因此引发其他的不确定性和创业项目风险。

因此，对于创业项目所处的微观环境风险进行评估和管理时，基本方法主要包括两方面，一是通过创业项目评估而获得有关其微观环境方面的分析和预测信息，二是根据所获信息而使用选择、适应等被动的管理方法。在具体评估和管理中主要可通过创业项目环境前评估、跟踪评估和后评估进行创业项目微观环境风险的论证与评估，并在创业项目进行过程中进行风险决策。通过对环境信息的收集和创业项目实施过程中的决策，以及在决策过程中的不断学习和信息缺口的弥补，积极对风险进行应对。

传统项目对微观环境的影响较小，以创新成果为起点进行的创业项目是有可能对其所处的法律、技术、产业政策等微观环境产生影响并"改造"的，这需要创业项目管理者更加细致地收集项目相关信息，尤其是在创业项目初始决策之后进入实施阶段，要跟踪项目实施的具体情况，收集客户及市场反应，分析其发展限制条件，并积极向相关主管部门反馈和沟通，争取优惠政策和资源。这一过程的进程是具有较大不确定性的，对创业项目的未来发展影响也很大，可能直接决定项目未来的走向，因此需要更加谨慎地跟踪和评估微观环境的发展变化，并据此不断地做好创业项目的跟踪决策直到项目终点。

6.4.3　管理环境风险评估

创业项目管理环境主要是指项目团队所在的组织、项目团队及创始人的管理素质所构成的微观环境。与前述宏观环境和微观环境相对应，创业项目的管理环境可视为"人和"。与人相关的因素的发展变化方向和规律是相对模糊和复杂的，对这类风险的管理需要从沟通、合作、公平和效率最佳替代入手。对创业项目的成功而言，"天时""地利""人和"缺一不可。

1. 创业项目团队所在的组织环境风险

创业项目团队作为临时性的组织往往会有依托的某个稳定组织（这包括家庭、朋友圈和创业团队等组织），狭义的组织环境就是指创业项目实施组织对项目团队的作用和影响；广义的组织环境除了创业项目团队所在的组织外，创业项目的全体利益相关主体基于各自对创业项目的利益需求和期望所形成的对创业项目团队产生影响和作用。

对于广义的组织环境，其创业项目风险评估和管理主要包括三方面的内容：一是努力做好创业项目全体利益主体的合作伙伴关系管理，形成创业项目全团队利益一体化的格局，创造良好的互助互利氛围；二是创业项目全团队努力争取项目价值的最大化；三是千方百计做好创业项目价值分配的合理化，使得项目最大化的价值能够公平合理地分配给全体利益主体。其中，第一点是基础，必须防止创业项目相关利益主体之间的利益和要求的冲突与矛盾造成的项目损失或失败。

对于狭义的组织环境，风险与创业项目实施组织的体制、结构、管理机制和组织政策有关。创业项目团队的协调层次、创始人的权力大小、项目预算的控制权、组织文化等都会受到创业项目实施组织的作用和影响。需要对创业项目实施组织的结构、管理机制、组织政策等进行分别分析，并评估各项因素可能给创业项目的哪些方面造成风险，以及这些风险会对创业项目产生何种影响，在此基础上制订创业项目风险应对计划。相对前述的宏观环境和微观环境风险而言，组织环境的"可改造性"相对大一些，在相对封闭的组织内（如家庭和创业团队）进行变革更容易和快捷。因此，创业项目管理者要对可能涉及的组织环境风险进行全方位分析，对组织管理体制和机制进行深入讨论，探讨各种可能性，以备创业项目不确定时间发生之时能积极应对。

2. 创业项目团队的管理环境风险

创业项目团队是具体策划和实施创业项目的人所形成的临时性组织。这种临时性组织本身具有不确定性，其所形成和产生的管理环境具有不确定性，可能对创业项目的成败产生重要影响。

　　一般而言，创业项目团队的创建和发展历经四个阶段：形成期、震荡期、成熟期和辉煌期。对于创业项目而言，这四个阶段特点格外鲜明。在创业项目团队形成期，团队成员比较兴奋和激动，尤其是对基于创新成果的未来项目充满未知、新奇和惊讶，而一段时间之后工作的烦琐代替了新鲜，预期也没有如期而来，因而开始有越来越多的抱怨和责备，这是震荡期的特点；震荡期过后进入成熟期，人们接受现实，精准定位，共同为目标努力，取得一个又一个成绩，进入辉煌期实现创业项目目标。

　　可以看到，具有临时性特点的创业项目团队越稳定，项目发展的不确定性就越小，由此引发的风险越容易控制。因此，应该根据不同阶段创业项目团队的特点相应转变管理重点。在创业项目团队形成阶段，创始人应尽快给团队成员定位和匹配岗位，帮助他们明确工作；当创业项目团队处于震荡期时团队成员经受挫折，创始人应接受不满，帮助团队成员解决现实问题，调和矛盾，并树立明确的近期目标和达成途径。形成期和震荡期所用的时间越少，创业项目团队的不确定性越小，团队精神越早形成。创始人在团队建设各阶段的应对措施很大程度上会减少项目团队管理环境不确定性导致的创业项目风险。

　　另外，创业项目团队中可能会出现空缺，这种空缺可能会使创业项目陷入困境。因此，创业的创始人应不断评估创业项目所需要的人力资源及人力资源投入的时间、获取途径等信息，这种动态的评估应持续整个项目全过程。

3. 创业项目创始人的管理素质风险

　　创业项目的创始人是创业项目团队的领导者，其能力、素质、理念和工作直接关乎项目成败。传统的项目经理所需具备的管理能力和素质[①]，创业项目的创始人当然必须具备。此外，由于创业项目以创业成果作为事业的起点，创业项目的创始人的领导力、眼光、自身的人格魅力及冲突管理的能力都是十分重要的。需要对创业项目的创始人的素质进行评估。没有哪个创业项目的创始人是完美的，或者在所有领域都是十分拿手的，需要分析其弱势及可能对创业项目造成的影响，通过学习、聘请顾问或为其设置辅助岗位和人员承担相应工作等方式来避免因其某些不擅长而导致的创业项目不确定和损失；评估创业项目团队成员与项目创始人之间的匹配度，使人与工作相互匹配，形成持续发展的系统。

---

① 戚安邦. 项目管理学[M]. 北京：科学出版社，2007.

6.5　创业项目的综合风险评估

创业项目的风险远不只是技术、财务、市场、环境等方面的分析，本书择其重点而进行讨论。在此基础上，人们还需对创业项目的风险进行综合评估和管理。主要从两个维度进行：一是对创业项目各个风险影响因素的全面评估和管理，即对于那些创业项目自身和环境的发展变化会导致项目发生风险的影响因素进行全面分析；二是对创业项目全过程中各个时点和阶段的风险影响因素的发展变化进行全面评估和管理。

6.5.1　创业项目风险影响因素的全面评估

创业项目是受"诸多影响因素"的发展和变化的影响才会出现风险，不能只关注其中某一些或某几方面因素的发展变化带来的影响，必须全面性地分析和评估，否则就会像"马奇诺"防线一样，看似"有"而且"很坚固"，但是有一点被突破后整个"防线"就会彻底垮掉。

按照创业项目风险影响因素自身的特性及其管理的方法和手段，可以分为三种不同类型的创业项目风险影响因素。一是创业项目自身"硬"的风险影响因素，即这些风险影响因素的发展变化主要遵循"一对一"的"硬逻辑"，在创业项目管理中需要使用"硬逻辑"或科学方法去开展管理，它主要涉及有关创业项目"事"的风险影响因素。在进行创业项目综合风险评估时要关注这些分析因素相互之间的合理配置和科学集成，这是核心和关键所在。人们必须在创业项目初始决策的计划中对这些因素的发展变化进行预测和对它们之间的相互配置关系做好安排，而且必须在这些因素中某个（或某几个）因素发生意外变化（未预测到的变化）时根据这种发展变化进一步做出创业项目变更的总体安排和控制，使其在发展变化后实现新水平上的合理配置与科学集成。二是创业项目自身"软"的风险影响因素，主要涉及"人"的风险影响因素，需要使用"多对多"的"软逻辑"或艺术方法开展管理。它主要涉及合同、沟通、组织、人力资源、相关利益主体间博弈等，其核心是人们之间由于利益冲突和博弈而造成的项目风险。对这类风险的评估和管理要兼顾"公平"与"效率"的原则[①]，首先创造共同愿景和良好合作氛围，力图创业项目价值的最大化，然后分配合理化。三是创业项目环境方面的风险影响因素，既包括项目所处客观环境，也包括人为主观环境的风险影响因素，主要是由于创业项目的各种环境发生变化而造成的风险，其评估和管理的核心在于在初始决策中分析和选择项

---

① 戚安邦. 项目风险管理[M]. 天津：南开大学出版社，2010.

目环境，其后跟踪评估环境发展变化并做好风险应对预案。

6.5.2　创业项目风险全过程评估

创业项目的风险不仅存在于某个时点或阶段，整个项目生命周期内只要存在信息缺口就存在不确定性，就可能引发风险事件。因此，需要对创业项目全过程开展风险评估和管理工作。创业项目每个项目阶段都需要开展项目风险识别、风险度量、风险应对措施制定和风险监控的工作，但因项目环境、工作内容和时间的不同而在具体风险评估内容和侧重上有所差异。

1. 创业项目定义与决策阶段的风险评估重点

在这一阶段人们主要是提出项目方案，明确创业项目的总目标、基础条件和创业范围等，并对创业项目方案进行必要的可行性分析和风险分析，最终做出创业项目决策。这一阶段的创业项目风险评估的重点在创业项目基础数据的预测准确性（包括项目财务基础数据、技术标准、创业项目市场分析和预测数据等），以及创业项目环境的分析和选择。这些分析的详细和准确程度直接影响创业项目的起始决策，也大体上决定了创业项目未来的走向。

2. 创业项目计划与设计阶段的风险评估重点

这一阶段人们首先要编制创业项目各类计划书，然后开展创业项目方案设计工作去界定创业项目各阶段所要开展的工作和工作产出物。这一阶段风险评估的重点是对前一阶段所预测数据的前提条件和假设条件进行明确，在此基础上进行创业项目风险预案的制订。在这一阶段创业项目各方面标准和指标会明确，因此各种风险的评估也是本阶段的评估重点之一。

3. 创业项目实施与控制阶段的风险评估重点

在这一阶段人们主要是开展创业项目的实施工作风险，并在实施过程中开展各种各样的项目风险监控工作，以确保创业项目实施结果与项目目标一致。这个阶段是创业项目产出物的形成阶段，所以此时创业项目风险管理的核心内容是确保产出物能符合项目的计划和要求。此时的创业风险评估重点包括环境风险、市场风险、财务风险和技术风险，以防止在这些方面上出现风险或危机而影响产出物。

4. 创业项目终结与退出阶段的风险评估重点

这一阶段人们已经完成了创业项目工作形成了项目成果，此时人们需要对创业项目进行文档化管理和经验教训总结（包括市场、财务、技术等方面的跟踪评估和后评估），并适时退出创业项目。此时创业项目风险评估的重点是项目的退出时机和退出方式的评估。创业项目的环境与初始相比可能有了很大变化，需要对环境可能给项目退出造成的影响进行评估。

上述四个阶段的项目风险和严重程度各不相同，一般越靠前的阶段，工作的不确定性越高，风险越大；随着项目的进展，信息缺口逐渐减小，不确定性和风险减少。在整个创业项目生命周期内都应该不断地对风险进行动态评估。

6.5.3 创业项目风险综合评估方法

每个创业项目都有其独特性，风险的特点、大小和发生概率都有差异，所使用的具体风险管理方法也不同，但主要的方法依然是创业项目风险识别方法、风险度量方法、风险应对方法和风险监控方法。

需要注意的是，在进行创业项目风险综合评估时前述的技术风险、财务风险、市场风险相互之间并不是独立的关系，它们彼此之间存在互相影响和作用的可能。例如，国家或行业发布的新政对创业项目的技术规则和应用条件有直接的限制或指导作用，可能引发技术风险（可能导致项目损失，也可能导致项目收益）；新技术的使用可能会增加项目投入，造成财务风险；资金的紧张可能会有缩减市场营销费用的举措，此举有导致销售额减少的市场风险，进一步引发财务风险。因此，在进行综合评估时除了进行各要素的风险评估，还要关注不同风险因素之间的关联性，评估其相互影响引发的风险并积极应对。

第7章

| 创业项目的商业计划书

河北工业大学　刘广平

创业项目商业计划书是创业者与创业项目相关主体沟通与交流的基础，是展示创业项目潜力和价值的载体，是创业项目的主计划，所以创业项目商业计划书对驱动创业团队合作和奋斗也有着重要作用。商业计划书中应包含哪些内容，哪些工具和方法可以辅助完成创业项目商业计划书，是本节讨论的核心内容。

7.1　创业项目战略分析

创业项目商业计划书首先应该给出对于创业项目的战略分析，因为这种战略就是创业项目决策、管理和实施的大政方针和总体安排。

7.1.1　创业项目宏观战略环境分析

对于一个刚刚诞生的创业项目或新创企业来说，外部的战略宏观环境往往是其没有能力去改变和影响的。因此，创业项目的商业计划书要首先对外界战略环境进行分析，以此来获得对其所不能控制的外界战略环境的深刻认识，可以帮助创业企业更好地认识战略宏观环境给自己带来的机遇和挑战，对于企业未来的发展战略和在市场的选择方面都具有重要的价值和意义。所以，这方面的分析和结论是创业项目商业计划书的核心内容之一。

创业项目宏观战略环境分析 PEST 模型是进行宏观经济分析常采用的一种简明扼要的分析方法，即分别从政治环境 P、经济环境 E、社会和文化环境 S 及科技环境 T 四方面分析创业项目或新创企业战略发展的重要因素。

1. 政治环境

政治环境是对创业项目具有的现存的和潜在的政治力量，因此不同的社会制度对组织活动有着不同的限制和要求。尽管一些政治因素对创业行为有着直接的影响（例如，政治体制和经济体制及政府的管制），但是通常政府通过制定相关制度和法律来间接对创业项目产生影响（例如，当前国家的政策和法律等因素，包括税法的改变、环境保护法、产业政策、投资政策、政府补贴水平等正在以一定的速度和方式，在不同程度地影响着创业企业生存和发展）。

2. 经济环境

经济环境是指构成创业项目或新创企业生存和发展的外部条件中的社会经济状况和国家政策的总称，主要包括宏观和微观两个方面。宏观经济环境主要指一个国家的人口数量及其增长趋势、国民收入、国民生产总值及其变化情况，以及通过这些指标能够反映的国民经济发展水平和发展速度。微观环境主要指企业所在地区或所服务地区的消费者的收入水平、消费偏好、储蓄情况、就业程度等因素。这些因素直接决定着创业项目和新创企业的目前及未来的市场情况。

一个企业经营的成败很大程度上取决于其所处的大的经济运行情况，因此创业项目或新创企业要善于分析和利用其经济环境。主要从经济要素的性质、水平、结构、变化趋势、调控制度、GDP 及其增长率、可支配收入、消费水平、利率等方面进行分析。这部分内容是创业项目商业计划书的核心内容。

3. 社会和文化环境

社会和文化环境影响人们对经济活动的态度，影响人们的价值取向、生活方式、消费倾向、工作态度及企业的管理模式。社会和文化环境中包含社会文化、社会习俗、社会道德观念及公众的价值观念等，社会环境的不断变化一方面影响着公众对新的产品和服务的需求和接受情况，另一方面促使创业项目或新创企业提供新型的产品和服务，因此社会环境也会对创业项目或新创企业的战略产生影响。例如，我国传统文化与西方发达国家的文化不断进行碰撞与融合，促使我国人民的思想意识的改变，越来越能接受新鲜事物，并且人们开始逐渐形成不安于现状、敢于冒险、充分发挥个体能动性的创新创业文化。经济的发展使居民的生活方式更加趋于个体化和休闲化，消费观和价值观趋于成熟，消费群体也不断扩大。思想的开放和人才的输入为创新创业项目的开展提供了保障，消费群体生活方式的改变为创业项目或新创企业的产品和服务的使用提供了保障。这方面的分析结果也是创业项目商业计划书必须有的内容。

4．科技环境

科技要素主要是发明创造及与创业项目或新创企业市场有关的新技术、新工艺、新材料的发展趋势，以及应用背景。主要有：国家对科技开发的投资和重点支持；创业项目所在领域技术发展动态和研究开发费用总额；技术转移和技术商品化速度等。

具体来讲，在国家政策的大力支持下，国内各技术产业环境得到了大力改善，技术研究经费和各项专利的申请等都呈现显著增加的趋势，我国高技术产业步伐明显加快。技术的进步在相当程度上改变了人们的生活，并且随着技术的不断发展将继续对人们的生活方式产生深刻的影响，同时也会给各企业提供相当大的机遇和挑战。新产品、新工艺、新材料、新设备的出现可能使创业项目或新创企业降低成本、提高质量，明显缩短产品的生产周期，为创业项目或新创企业提供有利的发展机会，造就一个新行业的诞生；也可能会对部分现有企业造成威胁，有时甚至会摧毁一个传统的行业。技术水平的变化、技术的变迁及技术的突破等对企业的影响很大，创业项目或新创企业应该充分把握科技环境变化给自己带来的机会，抓住机会，通过技术进步与升级，提供顺应技术发展的创业产品或者服务，实现创业优势。这方面的内容也是创业项目商业计划书的重点之一。

7.1.2　创业项目或新创企业 SWOT 分析

在创业项目商业计划书的战略分析中，十分重要的一项内容是对于创业项目的强势、劣势、机遇和危机的分析，这些是创业项目商业计划书中必备的内容。

1．SWOT 分析简介

创业项目商业计划书中的战略分析应该最大限度地利用内部优势和环境机会，同时最大限度地降低企业的劣势和威胁的关键。这种战略分析比较实用的一种方法是 SWOT 分析法，该法又可以称为强弱危机分析法。其实质是将创业项目或新创企业内外部的各方面内容进行综合和概括，从而分析和确定创业项目或新创企业本身的竞争优劣势、面临的机会和威胁，进而制定最佳的战略。这种方法是基于内外部竞争环境和竞争条件下的态势分析，与研究对象密切相关的各种主要内部优势、劣势及外部的机会、威胁等，通过调查列举出来，并依照矩阵形式排列，然后用系统分析的思想，把各种因素相互匹配起来加以分析，从中得出一系列相应的结论，而结论通常是创业项目商业计划书讨论的重点。运用这种方法，可以对创业项目所处的情景进行全面、系统、准确的研究，从而根据研究结果制定相应的发展战略、计划及对策等。

2. 创业项目 SWOT 分析

一个创业项目想要在激烈的市场竞争中生存并发展下去，必须与其内部环境、外部环境、市场前景及市场未来的发展方向相适宜[①]。因此，创业项目的战略问题就是创业项目要解决的首要问题，因为战略分析不仅能为创业项目指定方向，还能通过战略分析使创业项目做到"知己、知彼、知天、知地"，使之按照既定的方向不断开拓进取。

对于创业项目而言，其内部因素主要是项目在发展过程中所具有的和表现出来的优点和不足，着眼于创业者或创业项目自身的技术及经济实力与竞争者或者竞争产品的比较。外部的因素即为创业项目所处的外部的经济、政治、文化环境，以及面对的竞争者等相关方面的变化对创业项目产生的影响。

SWOT 分析首先是创业项目环境与创业者的能力分析，然后匹配分析创业项目的优势、劣势、机会和威胁，形成应对各种变化的应对战略，在对战略竞争优势进行检验的基础上形成创业项目或新创企业的战略。下面对创业项目进行详细的 SWOT 分析。

（1）有利条件。这是创业项目商业计划书中必须重点说明的内容，因为这是获得风险投资的关键所在。

1）技术优势。创业项目或新创企业拥有自身的产品或服务所在领域的最新的技术或者工艺和该领域的高技术人才，这相对于市场上采用传统技术生产同类产品或者提供类似服务的企业而言处于比较先进的水平。另外，创业项目或新创企业紧跟时代步伐，密切关注该领域的相关技术的最新动向，通过各种渠道获取技术信息，了解技术的先进程度和等级，掌握技术的发展方向。

2）营销优势。创业项目在信息技术和物流都如此发达的网络化时代下，各种通信软件和设备都可以使用，可以通过利用线上（如朋友圈宣传、淘宝、百度等）

---

① 迈克尔·希特，R.杜安，罗伯特·霍斯. 战略管理：概念与案例[M].12 版. 刘刚，梁晗，耿天成，等，译. 北京：中国人民大学出版社，2017.

和下线（如发传单、地推等）途径进行宣传和销售。灵活多变的营销方式提高了经营业务的快捷性、便利性和及时性。

3）资金优势。在开放程度如此高的社会环境下，各级政府为创业项目的开拓和发展提供了强有力的财政支持，采用资本金注入、无偿资助、贷款贴息等方式给予资金补贴，这极大地改进了创业项目的现金流，有效促进了创业项目的快速发展。

4）人才优势。创业项目团队的文化水平、自主学习能力、易于接受新鲜事物、创造性思维比较强等，或者拥有丰富的技术、市场及企业管理工作经验的一类人构成，都是创业项目计划书应该说明的。创业项目团队中无论是哪类人，都为创业项目提供了丰富的人才，为企业的蓬勃和规范化发展提供了人力资源的保障。

5）机制优势。新创业项目或新创企业在创业的早期阶段具有决策快、效率高的机制优势，因此具有能够快速将新产品或服务投放市场而获得先动者优势等，也都是创业项目计划书需要讨论和说明的。

（2）内部劣势。

1）销售劣势。创业项目由于成立时间短，企业的资历较浅，创业项目的产品或者服务在销售之初可能存在针对的消费群体不明确、市场定位不准等问题，短时间内无法快速在行业内建立起自身品牌的口碑，使得创业产品或者服务的知名度较低。另外，创业产品或者服务会受到来自材料供应商和客户两方面的价格压力，但议价能力又较弱。

2）资金劣势。尽管有国家优惠政策的支持，但由于新创企业的启动金基本是创始人个人筹集的，企业无法在前期创业项目实施中投入足够量的资金，并且在资金的周转上面可能会存在资金紧张的情况。

3）管理劣势。创业项目或新创企业在创业初期可能由于人员数量不足，没有形成一个完善的组织机构，所以往往存在分工不明确、权责不清晰等问题。另外，创业初期的企业还没有摸索出合适的管理模式，使得创业项目管理存在信息传达不及时、多个上级下达指令矛盾等管理问题。

（3）外部机会。

1）经济发展势态。创业项目所处外部的经济水平及其发展速度，面对的客户的消费水平及消费观等都是创业者可以把握和利用的外部条件。经济的良好发展促使城镇居民人均可支配收入持续稳定高速增长，进而带动消费水平的提升，这保证创业项目存在一定的消费群体。经济产业的结构调整、产业不断升级、区域经济结构不断优化，以及出台的一系列的商业企业税收优惠政策和降低税率等宽松的货币政策，这一系列经济改善措施，以及呈现出的良好的经济现状，为创业项目的"孕育"创造了条件。创业项目商业计划书通过对经济发展水平的分析，对经济发展趋势的把控，可以合理确定其发展方向和战略。例如，现阶段我国的经济产业也在不断进行结构调整、产业升级、区域经济结构优化。在这一经济发展特征下，创业和创新必将成为未来经济发展的一个主流方向之一，而创新项目的商业化又是由创业项目来完成的，所以创业项目在经济转型升级过程中终将立于不败之地。这方面的分析也是创业项目商业计划书的重点。

2）新政策。国内在持续不断地出台新的政策，不断完善市场机制，创业者需适时地利用国家的政策帮助创业项目或新创企业更好更快地发展。例如，税收制度的改变可能会为企业减少一部分的负税负担；开放的国家政策为创业项目的成品或服务提供了更加广阔的市场；贷款利率的调整可能降低创业项目或新创企业的融资成本等。了解国家孵化器政策，利用国家提供、扶持新建企业，帮助其顺利度过创业初期的一个综合的系统，可以为创业者提供创业机会，减少创业成本。

3）技术发展动态。现在是信息高速发展的时代，与某一行业有关的技术信息、需求信息可以利用网络技术及其他查询技术快速从相关的信息源中获取，有利于创业者全面掌握该行业的发展现状及动向；另外，技术的发展也可以改变产品的生产方式、生产速率，以及提供服务的效率，同时也可以降低成本，使产品在市场上具有更大的价格竞争优势；技术的发展带来的还有产品用途的改变、功能的完善、质量的提高等。这些都是创业项目商业计划书应该分析和给出结论的重要方面。

（4）外界威胁。

1）市场进入壁垒。任何创业项目的新产品或者服务进入市场时都会受到市场上原有产品或服务的阻碍，在创业项目产品或服务占据一定的市场份额之前，新创企业无法以最低成本进行生产，这就使得产品或服务进入市场的困难比较大。

2）替代技术或产品。信息时代及技术革新带来的不仅有机遇，同时还有威胁。以网络为首的第三产业的兴起推动了电商的发展同时也使实体经济遭受巨大冲击，因此创业项目或新创企业要及时改进技术，顺应发展生产与时俱进的产品或提供相应的服务，防止因跟不上技术的发展而被时代淘汰。这也是创业项目商业计划书应该重点分析和应对的问题。

SWOT 分析可以为创业项目提供四种可以选择的战略——SO 战略、WO 战略、ST 战略和 WT 战略[1]，这些也需要在商业计划书中得以体现，具体见表 7-1。

---

① 陈德智. 创业管理 [M]. 2 版. 北京：清华大学出版社，2007.

表 7-1　创业项目战略模式

	内部优势（S）	内部劣势（W）
外部机会 （O）	SO 战略　极大—极大 增长策略：运用自己的优势，最大限度地利用外部条件，是最成功的战略组合。	WO 战略　极小—极大 选择性策略：可以通过充分利用外界的机会，克服自身存在的劣势
外界威胁 （T）	ST 战略　极大—极小 防御性策略：利用优势克服外界环境的威胁	WT 战略　极小—极小 退转策略：减少劣势，减少威胁，是最不利的战略组合，可能会放弃创业

　　SO 战略是显示创业项目的优势及面临的机会，充分地发挥新创企业内部的优势去抓住外部的机会，在面对新机会时将其优势发挥到最大的战略；ST 战略对于新创企业而言就要利用优势去避免和减轻外部威胁的战略；WO 战略下，新创企业要利用外部机会来弥补内部劣势；WT 战略是创业企业的内部劣势及当前面临的外部威胁，是典型的防御性战略，新创企业只有尽可能地克服内部劣势，避免外部威胁才能发展下去[①]。

　　通过上述分析可知，对于创业项目或新创企业而言，最好的战略模式就是 SO 战略，可以将创业者自身的优势与外界提供的有利条件合理地结合起来，实现创业项目良好开展。

7.2　创业项目产品或服务的市场和竞争分析

　　创业项目或新创企业之所以能够在激烈的市场竞争中生存下去，是因为创业项目的产品和服务能够满足市场的需求。因此，创业项目商业计划书中要对创业项目的产品和服务进行市场和竞争分析。创业产品或服务的市场分析和竞争分析的主要内容包括市场需求分析和市场竞争要素分析。这方面的内容同样是创业项目商业计划书中应该认真讨论并给出答案的议题。

7.2.1　创业产品或服务情况说明

　　创业项目产品或服务是创业者在创业项目中提供给市场、满足顾客消费需求的一种有形的产品或无形的服务。它有可能是创业者利用新工艺、新技术创造出的新颖的产品或服务；也有可能是创业者利用管理手段将现有的资源重新配置，对已有

---

① 孙希有. 竞争战略分析方法[M]. 北京：中国金融出版社，2003.

产品或服务进行改进而得到的创业产品或服务。

互联网技术的发展、大数据时代的到来让信息的获取更加便捷，在这样的时代背景下，创业项目定会层出不穷，而在这一时代的产物——创业项目的产品或服务也有其独有的特征。

创业项目产品或服务的创意来源于生活或者解决创造性问题的过程，通过对创意的进一步开发和精炼，进而得到这个产品或者服务。因此，创业项目产品和服务不是一步到位、一蹴而就的，要经历不同的阶段才能"成长"为一个"成熟而稳定"的产品，并且在新创企业后期运营过程中还要与时俱进，经历一系列的"变迁"和改进，最后还有可能走向衰亡。创业产品或服务这个从无到有再到无的阶段可以概括为以下几个阶段：构思阶段、概念设计阶段、产品开发阶段、市场测试阶段及产品商品化阶段。产品商品化的开始意味着商品生命周期的开始[1]。

另外，对于创业项目产品或服务的各个阶段应该建立包括市场机会、生产因素、竞争及财务状况等方面在内的评价标准，以便在开发的不同阶段能清晰地掌握创业产品或者服务的状况，进而对产品进行仔细的筛选。这些都是创业项目商业计划书必须给出答案和说明的方面。

要对创业项目产品从以下几方面进行解释和说明，使投资者对产品有一个全面的把控，使客户对产品有一个全面清晰的认识[2]。

（1）市场机会。企业产品或服务的销售情况的好坏直接决定着创业项目的成败。对于一个创业项目产品或服务而言，必须存在市场机会，即市场上对这种产品或服务存在现有的或者潜在的市场需求。因此，需要首先考虑创业项目产品的市场规模及潜力、市场需求类型及时机；市场规模及潜力信息包括产品所在行业特点及属性、潜在市场规模、创业项目产品或服务可能占据的市场份额以及销售渠道是否顺畅；市场需求类型及时机包括需求的连续性及持续的时间和周期等。

（2）创业项目产品自身的信息。创业项目产品及服务是创业项目联系顾客的载体，客户消费的是创业项目产品，享受的是创业项目服务，因此创业项目商业计划书应该首先向消费者明确产品或服务的名称、特征及性能用途，具有的创新性、使用价值、能为用户提供的功能，还有产品或服务的价格是否合理可接受、价格弹性大小等。此外，创业项目产品会为新创企业带来价值，因此还要对创业项目产品或者服务是否先进、产品或服务的技术是否先进和成熟、产品的技术改进及更新换代

① 郁义鸿，李志能，罗博特·D. 希斯瑞克，等. 创业学[M]. 上海：复旦大学出版社，2000.
② 李文忠. 创业管理：案例分析·经验借鉴·自我评估[M]. 北京：化学工业出版社，2011.

等进行说明。

（3）创业项目产品的竞争信息。创业项目要将自己的产品或服务与竞争对手的差异化作出说明，如果创业项目的产品或服务不能与竞争对手区别开来的话，那么创业项目必然会失败。因此，创业项目以提供独特而具有差别化的产品或服务，以质量、时间或者其他方面的服务为竞争基础，对于能满足客户的需求，为客户带来一定的利益和高附加值的创业项目产品或服务。这是在没有品牌保障的情况下，客户依然可以接受所提供的创业项目产品或服务。

（4）供应商的信息。供应商作为创业项目产品的上家，在产品的形成过程中具有不可忽略的地位，因此创业项目商业计划书还要讨论供应商是否能够及时提供原材料、能否在保证原材料质量的前提下以较低的价格获得原材料等问题。

（5）消费者的情况。作为创业项目产品的最终去向，消费者是创业项目或新创企业的"上帝"，因此新创企业应该明确创业项目产品或服务面对的客户群体，了解客户的收入水平及消费观念，把握客户的消费倾向等。

7.2.2　市场需求因素分析

创业项目的产品或服务类型、数量等性质都依据市场的需求而定，但是对于不同类型的产业产品和服务，市场需求因素又有着不同的表现形式。

对于消费类型的创业项目的产品或服务来说，需求因素包括：①市场消费者的数量，其中又包含总人口量、人口的结构形式等；②购买力水平，这取决于市场上消费者的人均收入水平和消费结构的构成；③消费者购买方式、购买动机等。以上这些因素共同决定了产品或者服务的市场需求量。据此，创业产品或服务应该进行市场细分和目标消费人群细分并做好市场定位，在制定市场目标的基础上创业项目或新创企业可以快速办出自己的特色，形成新创企业的良好口碑，争取在市场快速占有一片天地并陆续扩展开来。

7.2.3　行业竞争要素分析

创业项目或新创企业在做战略选择时必须对未来的各种竞争因素进行深入的调研和分析，否则会严重影响新创企业的成长。波特的"五力模型"竞争分析方法被广泛用于战略制定。根据波特的理论，一个行业的盈利水平和竞争程度取决于行业内五种竞争力量，即潜在进入者（进入威胁）、替代品（替代威胁）、购买者、供应者，以及现有竞争者之间的抗衡。从战略的观点来看，五种竞争力量的状况及其综合强度，共同决定行业竞争的激烈程度，决定着行业中最终获得利润的能力。

1. 潜在进入者

新事物的产生与旧事物的灭亡是自然事物发展的一种规律。市场同样是不断更新变化的，因此会不可避免地遭受潜在进入者的威胁。对于已有创业项目产品和服务冲击较大的是行业中的潜在进入者或者新进入者所产生的竞争力量，这无疑会对该行业带来一定的威胁，而威胁程度的大小则取决于新进入者进入市场的阻碍的大小，以及原有企业对此作出的反击程度的大小。所以，创业项目商业计划书中必须针对具体创业项目的潜在竞争者进行深入的分析和说明。

2. 替代品

替代品是指那些与创业产品或者服务具有不同性质但是与创业项目提供者具有相同或者类似的服务，满足同一市场需求的产品。科学的快速发展推动着技术的进步，使得同类型产品或者服务的替代品越来越多，并且越来越快地出现，如果替代品的盈利能力很强，那么其对创业项目产品的成本和价格压力就较大，使现有创业项目在竞争中处于不利的被动地位。如果替代品采取快速增长的市场策略，也会对创业项目产品造成一定的冲击。因此，新创企业在制定战略时必须提前意识到替代品所能带来的威胁程度的大小。替代品的威胁程度主要取决于三大要素：价格、顾客替代愿望及替代转化成本。新创企业要想降低替代品所带来的威胁，一方面要紧跟时代的潮流和步伐，采用最新技术，研发最新的产品，满足顾客的各种需求和愿望；另一方面还要降低成本，保持产品和服务的价格优势。所以，这方面的分析也是创业项目商业计划书的核心内容之一。

3. 购买者

对于创业项目产品和服务的消费者而言，他们与企业之间常表现为服务与被服务、购买与销售、选择与被选择的关系。购买者是创业项目产品或者服务的最终去向，因此新创企业需要对客户的需求、消费心理及层次等特点进行分析，针对不同客户群体，推出具有不同特点和形式的产品。另外，购买者总在寻求质量更好、可以提供更多服务的同时寻求价格更加低廉优惠的产品或者服务，这无疑会对创业项目产品和服务造成压力，而处于完全竞争的市场结构中的创业项目产品或服务受到的来自购买方和竞争者的压力会更大。这种环境和情势之下要求创业项目做到既能满足顾客的消费需求又能积极引导需求，以创造新的市场。

4. 供应者

供应者是指为创业项目或新创企业提供生产经营活动要素人、财、物、信息、技术等来源的单位。在创业项目或新创企业资金紧张、能源及原材料缺乏、劳动力与技术需求也供应不足的情况下,新创企业为了在低成本下获取高效用的资源会主动与供应者建立起友好稳定的市场关系,以便以最合理优惠的价格及时获取生产要素。但是,供应者可能会提高原材料或者其他供应品的价格,抑或是降低材料或者供应品的质量,进而谋取更大的利润。因此,创业项目或新创企业要未雨绸缪,一方面要多渠道寻找原材料的供应商,另一方面要及时关注新技术、新能源及新材料的发展趋势,以改进生产工艺,使用新材料。如何做好这两方面的准备,这也是创业项目商业计划书要讨论的重点。

5. 现有竞争者

创业项目除了潜在进入者和替代品的竞争外,市场上的同行业之间还存在竞争。要研究行业中现有竞争者的态势,首先要看现有企业竞争会如何提高其产品的市场占有率,在激烈竞争的市场中取得主动地位。竞争程度的大小是多种因素综合作用的结果,其中一些比较主要的因素,比如竞争对手实力强大、行业增长缓慢、退出壁垒高等[1]。多种因素的不同组合使得每个行业的进入和退出的障碍大小是不同的,这便需要创业项目或新创企业根据其所在行业的具体的特点和因素类型进行细致的分析,并在商业计划书中给出明确的答案,详见表 7-2。

表 7-2　进入和退出壁垒

进入壁垒　＼　退出壁垒	低	高
低	利润低,收益稳定	利润低,风险收益
高	利润高,稳定收益	利润高,风险收益

创业项目从长期利润的视角下分析,要想市场上获得比较稳定的收益,其最理想的状态是进入壁垒高而退出壁垒低。这种情况下,新进入的新创企业会受到进入阻碍,失败的竞争者则可以快速退出。另一方面,对于创业项目或新创企业自身来说,在面对同行业的其他竞争者,要改进自身产品质量、提高售后服务、增加技术含量等来增强自身的竞争力。

---

[1] 周三多. 战略管理新思维[M]. 南京:南京大学出版社, 2002.

7.3 创业项目组织与创业团队评估

7.3.1 创业项目的组织评估

创业项目的组织评估分为创业项目团队能力评估和创业项目团队领导者能力的评估两大部分。

1．创业项目团队能力评估

这是对于创业项目团队各方面能力的全面评估，这种评估的论证和说明是创业项目商业计划书中必备的内容。因为对与创业项目商业计划书而言，它的一个重要的功能是作为呈现给风险投资者的创业项目全貌的介绍，以便风险投资者借此去做出是否投资创业项目的决策。多数情况下，风险投资者在制定投资决策的时候，最为看重的就是创业项目团队的能力，因为他们十分明白"人存事兴，人亡事废"的道理。这方面的评估内容和方法已经在前面的第 5 章做了全面的讨论，在此不再赘述。

2．创业项目团队领导者能力评估

创业项目商业计划书还必须对创业项目团队领导，即创业项目的创始人的能力进行评估。因为按照中国人的说法"兵熊熊一个，将熊熊一窝"，如果创业项目创始人的能力存在问题，就无法保障创业项目的成功。实践表明，如果没有乔布斯就不会有苹果公司的成功和伟大，而没有比尔盖茨就不会有微软公司的成功和伟大。所以，风险投资者在决定是否给创业项目投资的时候，十分重视对于创业项目创始人能力的评估，因此这方面的内容就成为创业项目商业计划书的必备内容。

7.3.2 创业项目团队能力评估

在当今社会及经济生活中，创业项目是一种非常活跃的现象，创业已经成为我国增加就业和推动经济发展的重要力量。然而，由于受到环境复杂性与动态性的影响，创业项目团队在开展创业项目的过程中也遇到了各种各样的问题及困难，创业项目平均存活时间短和新创企业在创业初期存活率低是我国普遍存在的经济现象。人们越来越发现仅靠个人的力量难以创业成功，而团队创业比个人创业更容易成功。因此，个人创业大多被团队创业所替代。所以，在创业项目商业计划书中要对创业项目团队进行深入的阐述和分析。

1．创业项目团队的定义

卡姆（Kamm）等人于 1990 年首次提出了"创业团队"的概念，并认为创业

团队是由两个或者两个以上共同参与到新创企业的创建过程中的个体所组成的组合,同时还强调这些个体投资了相同的资金比例[①]。在随后的发展中,平田(Hirata)(2000)注重组织内成员的重要性,将创业团队定义为:其成立的目标是全心全意地促进企业发展和壮大,由参与且全新投入企业创立过程共同分享创业的苦乐的成员组成的社会组织,该群体最明显的特征就是各个成员是独立的个体且具有一定的差异[②]。而汉德伯格(Handelberg)等(2001)关注团队成员的责任,因此其对创业项目团队的界定中则主要强调了创建及管理创业企业是创业团队成员应该担负的主要责任[③]。关于创业团队的探讨不一,福布斯(Forbes)等(2006)在前人的基础上提出了一个相对来说更加宽泛的有关创业团队的定义,将创业团队定义为"共同致力于创建和管理一个新创企业的一群人"[④]。随后,马特雷(Matlay)等(2007)对创业团队的范畴进行了重新界定,他们指出创业团队与其他团队相比具有明显的不同,主要表现为创业团队是一群为了共同的创业理想走到一起,有着共同、明确的目标,并拥有共同经济基础的个体[⑤]。

作为一种特殊的团队形式,创业项目团队的概念毫无疑问是以团队概念为界定基础的。通过梳理归纳国内外学者关于创业项目团队的概念阐释,我们可以了解到创业项目团队概念包括三层含义:一是为了实现共同的创业目标;二是创业项目团队成员分工协作,影响创业决策;三是对创业项目团队共享经济利益,负责新创企业的存活与发展。

2. 创业项目团队的特征

作为当今主要的创业形式,创业团队与创业个体及其他团队相比,有其自身独有的特征,主要表现在异质性、开放性、完整性及适应性方面[⑥]。

---

① Kamm J.B., Nurick A.J. Entrepreneurial teams in new venture creation: a research agenda [J]. Entrepreneurship Theory and Practice, 1990,14(4): 7-17.

② Hirata M. Start-up teams and organizational growth in Japanese venture firms[J]. Organization Science, 2000.10 (2):121-134.

③ Handelberg J., Vyakarnam S., Jacobs R.C. Toward a theoretical of entrepreneurial team formation[R]. Working Paper, 2001.

④ Forbes D.P. Entrepreneurial team formation: an exploration of new member addition[J]. Entrepreneurship Theory and Practice, 2006,30(2):225-248.

⑤ Matlay H., Westhead P. Virtual teams and rise of e-entrepreneurship in Europe[J]. International Small Business Journal, 2005,23(3):279-302.

⑥ 胡桂兰. 创业团队异质性对创业决策的影响研究——基于风险感知与团队互动的双中介作用 [D]. 镇江:江苏大学,2013.

异质性是创业项目团队的本质特征。异质性是指团队的不同成员在性别、种族、年龄、学历、专业知识及价值观等方面的个人特征的分布及差异化程度。对于创业项目团队而言,其成员均处于不同的年龄段,具有不同的学历及经验,并来自不同的家庭、不同的地区甚至是不同的国度,因此,不可避免地,创业项目团队的成员在性格、价值观等方面肯定存在差异。

开放性是影响创业项目团队的另一个重要特征。创业项目团队的开放性主要体现在以下两方面:一是创业项目团队在创建初期一般主要是以情感为纽带组建起来的,但随着创业项目的开展,资金、知识、技能及物质资源等方面的缺乏将会不断暴露出来,为了填补这些资源缺口,团队成员一方面需要向外学习,另一方面也需要不断招募新的成员加入团队中来,这一过程就属于一个开放的过程;二是创业项目团队不是完全封闭的,对于一个创业项目团队而言,其开放程度取决于团队成员与外界进行物质、技能及信息交换的意愿。

完整性是影响创业绩效的一个重要因素,因此,也是创业项目团队的重要特征之一。团队项目创业与个体创业相比更能获得成功的一个重要原因就在于,与创业个体相比,创业项目团队是一个完整的团队,创业项目团队的完整性主要体现在以下三方面:一是知识与技能的完整性,即成员在知识与技能方面存在的差异性使得团队能够获得创业实施所需的多种知识与技能,主要涉及成员之间知识与技能的互补性及相互融合性;二是职能的完整性,即团队成员全部承担了创业实施所涉及的所有职责与责任,主要涉及成员所承担的职责、责任与其能力的相互匹配性;三是资源的完整性,即创业项目团队拥有充足的实施创业所需的各种资源,主要涉及团队成员为团队贡献资源的渠道与意愿,以及团队成员之间的资源共享程度。

面对充满复杂性及动态性的内外部环境,适应性对创业项目团队而言是非常重要的。在内部环境方面,创业项目团队的异质性增加了团队结构及团队成员协调沟通的复杂程度,随着创业项目的逐步开展,有部分成员可能将会寻找退出,同时,团队也将会不断从外部引进新的成员。在外部环境方面,目前国内及国际的创业环境都处于一个动荡不安的形势下,因此,为了适应外部环境的不断变化和挑战,创业项目团队不得不不断调整、提升自身以适应环境。

3. 创业项目团队成员的构成

(1)创业项目团队成员的关系结构。战德勒(Chandler)等(1998)通过对一组创业团队的研究,发现在大多数团队成员都是同事关系或者属于家庭成员,由此得出在创业团队成员的关系结构中有两个重点：家庭和友谊[1]。结合现实中的实际情况，沙内（Shane）（2000）也提出了很多创业团队是由亲戚、朋友、原先的同事或同学所组成的[2]。同样地，卡姆（Kamm）（1990）认为创业团队成员是因为"情投意合"走到一起创业的，友谊是创业团队成员的前提，友谊强度、内容及形式影响着团队的建设、团队内部职能分工、团队的稳定性、冲突，以及决策的质量和团队业绩[3]。与上述都不同的是，汉布里克（Hambrick）（1997）从创业团队发展角度着眼，提出企业在成长过程中，创业团队所需要的技能会改变，因此会引入或辞退团队成员[4]。

综上，人们可以了解到创业项目团队成员的关系最初由家庭和友谊发展而来，创业项目团队具有天生的融洽和稳定性，团队成员情投意合，家庭和友谊作为创业初期维系创业项目团队成员最重要的情感纽带，对创业活动的起步和扎根起到关键性的作用。与此同时，创业项目团队也不是一成不变的，伴随着创业项目的发展会出现团队成员的流失和引入现象。

（2）创业项目团队成员的能力结构。蒂蒙斯（Timmons）（2006）认为在创业团队中，成员职能分工必须明晰，即成员在管理技能、决策制定风格及经验等方面要达到互补[5]。而戴维松（Davidsson）等（2001）更加关注初创团队，提出在初创企业中，技术和运营专家比例比管理、营销和财务控制专家比例要大一些[6]。克莱斯（Clarysse）等（2004）则是建议要给予创业者们时间和自由去学习，逐渐培育团队成员[7]。

[1] Chandler G.N., Hanks S.H. An investigation of new venture teams in emerging businesses, In: Reyonlds, P.D., et al.(eds) Frontiers of entrepreneurship research[M]. Babson College, Wellesley, 1998:318-330.

[2] Shane S.,Venkataraman S. The promise of entrepreneurship as a field of research[J].Academy of Management Review,2000,25(1):217-226.

[3] Kamm, J.B., Shuman, J. C., Seeger, J.A., Nurick, A.J. Entrepreneurial teams in new venture creation: a research agenda[J]. Entrepreneurship Theory and Practice, 1990, 14(4): 7-17.

[4] Hambrick D.C. Corporate Coherence and the Top Management Team[J]. Strategy and Leadership, 1997, 25(5):24-29.

[5] Timmons J A. New venture creation: Entrepreneurship for the 21st century,5th edition[M]. McGraw-Hill Higher Education, 2006.

[6] Davidsson P., Wiklund J. Levels of analysis in entrepreneurship research: current practice and suggestions for future[J]. Entrepreneurship Theory and Practice,2001,25(4):81-100.

[7] Clarysse B., Moray N. A process study of entrepreneurial team formation: the case of a research-based spin-off[J]. Journal of Business Venturing, 2004, 19(1):55-79.

（3）创业项目团队成员的能力评估。创业项目团队成员的能力结构至关重要，在结合具体实际情况和梳理总结文献的基础上，作者认为创业项目团队成员应该具有以下几方面的能力。

1）沟通能力。创业项目团队并不是单枪匹马在战斗，而是抱团奋斗取胜，因此具体良好的沟通能力十分关键。沟通能力在强调团队内部成员之间进行良好的互动交流，还强调在业务外拓的过程中，良好的沟通能力可以得心应手地解决一些问题，给创业提供很大的帮助。

2）业务能力。创业项目团队一般在初始时规模都不会很大，因此每个岗位上的团队成员都应该具备优秀的业务能力。

3）学习能力。创业项目团队从发展到壮大，面对的必然是会经历非常多的困难和问题，因此团队成员具备良好的学习能力可以应对复杂多变的环境，有利于创业团队的发展。

（4）创业项目团队成员的权力机构。根据管理权力理论，在企业中任期较长的管理者拥有较大的权力，因此企业的创建者大多是高层管理团队中权力最大的执行官，在企业中都是相当受尊重的。除了任期和地位之外，创建者的股票权力比例已经成为执行力的一个指标，因此组成有效创业项目团队的一个重要方面就是团队成员所有权的分布[①]。

7.3.3 创业项目领导者能力评估

创业项目领导者多数是由创业项目的创始人担当，也有一些创业项目的领导者是后进入创业项目团队的，但是显示出很高的领导才能。创业项目团队领导者必须具备创业项目所需的各种领导能力，而创业项目商业计划书中必须对创业项目领导者的这些能力做出描述和说明，以作为获得融资的保障条件之一。

1. 创业项目团队领导者决策能力评估

创业项目团队决策是指为了充分发挥团队成员的共同智慧，由团队成员参与由领导者进行决策的分析、选择及制定过程。这就要求创业项目团队领导者必须具备决策方面的能力，同时要具备在决策中集中团队不同领域专家的智慧，应付日益复杂的决策问题；整合多方面的资源，利用各方面的知识优势，借助于更多的信息，形成更多的可行性方案，最终做出正确的创业项目决策的能力。

---

① 杨俊辉，宋合义，李亮. 国外创业团队研究综述[J]. 科技管理研究,2009, 29（4）：256-258.

2. 创业项目团队领导者的沟通能力评估

创业项目团队领导者的决策是借助团队成员的智慧制定出的决策，因此创业项目团队领导者必须具备很高的沟通能力和沟通技巧。因为只有具备沟通能力和技巧，才能够获得更多的信息，从而制定出正确的创业项目的决策。这方面的能力不但包括听说读写方面的沟通能力，更重要的是能够对于所获得的信息的加工处理能力，即将从各方面获得的信息进行"去粗取精、去伪存真、由表及里、由此及彼和归纳演绎"的信息处理能力。

3. 创业项目团队领导者的冲突管理能力

创业项目团队中的冲突是无法避免的，因为创业项目团队面临的环境要比家庭团队、领导团队、研发团队、新产品开发团队更具有动态性、不稳定性及风险性等特点。事实上，只要两个或者两个以上的人互动就有机会发生冲突，而创业项目团队一旦发生冲突，就需要创业项目团队领导者开展冲突管理。

一般而言，创业项目团队的冲突类型可以分为任务冲突与关系冲突两大类。任务冲突是在事情上彼此的想法、意见不一致而产生的；而关系冲突是指人跟人之间互动关系上的冲突。适当的任务冲突能让创业项目团队内成员彼此了解观点与其他解决方案，进而增进创业项目绩效；而关系冲突几乎是有害于创业项目团体的绩效，包括降低创业项目团队成员的忠诚度和影响合作满意度。创业项目团队领导者在合作型团队冲突管理方式和竞争型团队冲突管理方式上，必须去开展不同的冲突管理，所以就需要具有以下两方面的能力。

（1）合作型团队冲突管理能力。如果创业项目团队成员在面临冲突时，能够认识到目标的一致性，即相信他人目标的实现，将有助于自己实现目标，提升成员间的信任感。此时创业项目团队领导者应该以一种开放的心态来直面问题，以解决问题为主导，由创业项目团队成员知觉到目标一致性引发积极交换意见和解决冲突。这是创业项目团队领导者必须具备的冲突解决能力和方法。

（2）竞争型团队冲突管理能力。如果创业项目团队成员面临冲突时，深信自己利益的增加必然会以他人利益的损失为代价，保护自己的利益就意味着牺牲别人的利益，创业项目成员就会以防备的心理面对冲突，采取抱怨或将自己的想法强加于人的方式来解决问题。此时创业项目团队领导者最重要的方法就是努力将这种竞争转化为激励团队成员的动力，这也是创业项目团队领导者必须具备的冲突解决能力和方法。

7.4　创业项目的风险分析与应对策略和计划

创业项目商业计划书中还必须充分说明创业项目的风险情况，以及创业项目团队准备如何去应对这些项目风险情况的对策和计划与安排。因为实际上创业项目投资者并不惧怕风险（他们就是风险投资人），而是惧怕没有关于创业项目风险方面的信息，所以创业项目的风险分析与应对策略和计划是创业项目商业计划书的重心所在和重点内容。

7.4.1　创业项目风险

不管人们怎么解读风险，风险的本质是不确定性，任何创业项目的风险来自项目的不确定性，而不确定性的根本来源在于人们在项目信息方面的缺乏。由此我们可以提出创业项目风险的简单概念：创业项目风险是由于错综复杂的创业环境，人们缺乏创业项目的信息，在创业过程中出现的各种不确定性事件的集合，创业项目风险的本质在于不确定性。

7.4.2　创业项目风险特征

（1）客观性。创业项目风险是客观存在的，不以人的意志为转移。

（2）不确定性。不管如何解读，不确定性是风险的本质特征，创业项目风险也不例外，这一特性是指创业项目的风险存在于创业项目的过程中，但是具体发生时间地点、风险的大小等都难以确定。

（3）机遇与风险并存。创业项目的性质比较特殊，虽然创业项目风险的发生会给整个项目带来很不利的影响，甚至会导致整个项目毁于一旦，但是在错综复杂的市场环境中，风险也是一把双刃剑，如果处理得当，甚至可以成为市场机遇。

（4）风险是可控的。由于创业项目风险的这一特点，我们需要认可风险，进行科学决策，极力防止风险出现，将风险的不利性尽可能控制在创业项目可以接受的单位内。

7.4.3　创业项目风险类型

创业项目风险类型，学术界认为一般包括四方面[①]。

（1）技术与操作风险。所使用的技术为广泛使用或证实；操作过程中不可抗力因素的存在。

[①] 方辰. 大学生创业项目风险评价研究[D]. 武汉：武汉纺织大学，2007.

（2）项目经营风险。在企业经营过程中，管理原则使用不当，计划时质量要求过高，资源配置不当，时间成本高。

（3）企业组织风险。与其他项目之间资源需求不匹配，目标排序不清、内部出现意见不统一、资金中断或不足导致项目无法进行。

（4）外部环境风险。宏观经济政策的改变、法律法规的变动，以及来自其他外部环境的风险。

7.4.4　创业项目风险分析

在创业项目风险分析中，人们可以借助风险识别、度量与应对措施计划和监控对于创业项目风险进行高效的管控，以期用最小风险成本来确保达到创业项目目标。结合项目风险管理的理论，我们可以总结出创业项目风险管理包括四方面的内容。

1. 创业项目风险识别

创业环境波云诡谲，机会稍纵即逝，所以对于创业项目的风险识别尤为重要，创业项目风险识别是进行创业项目风险管理的第一步。创业项目风险识别是在调研基础之上，利用各类手段对于还没有创业过程中尚未出现的潜在风险和客观具有的各类风险做全面梳理、分类与识别，具体步骤如下。

首先是针对创业项目的特点采用合理的识别手段加以识别创业项目中存在何种潜在风险。合理的风险识别手段是发现创业项目初期及后续的发展存在风险的有效武器。

其次是对于导致创业项目风险的最关键要素加以识别。识别创业项目中最关键的要素，将会有助于风险预防和风险控制的工作，所谓蛇打七寸，抓住创业项目风险中最为紧要的因素，可以确保创业项目的顺利实施。

最后是辨识项目风险将会导致的结果。对各种风险可能导致的后果进行分析和预判，如果风险带来的后果非常严重，需要及早制定预防措施和应急预案。

同其他项目风险一样，进行创业项目风险识别时也需要借助一些专业的识别工具和识别技术，这样才能保证风险识别的准确性。我们可以在创业项目风险中采用的识别方法有 SWOT 技术、头脑风暴法、德尔菲法、检查表法、图解技术法等。下面简要介绍几种方法。

SWOT 分析法是一种能够比较客观准确地对内外环境进行分析的方法。其中 S 代表的是优势，W 代表的是劣势，O 代表的是机遇，T 代表的是威胁。采用 SWOT

方法可以分析创业项目中的优势、劣势、机会和威胁并对此加以评估，其间还可以通过创业项目的内外部资源的有机结合，来确定创业项目的资源优势及面临的风险。

头脑风暴法可以在集思广益中得出综合性的创业项目风险清单。头脑风暴法的主要参与人员是一位主持人和众多专家，在主持人的推动下，众多专家就创业项目面临的包括潜在风险的种种风险及后果提出想法和意见，并进行分类，以此来搭建创业项目风险识别的基本框架，有助于创业项目风险的进一步分析。

德尔菲法是由众多专家共同参与创业项目风险识别活动，专家们在参与过程中为匿名参与，分别提出自己对创业项目风险的看法，并由专人将这些想法和观点渐渐聚焦，重复几次，以此达到寻求创业项目风险统一共识的目标。具体过程是主持人将问卷发给专家，专家就创业项目风险的问卷进行分析，而后将问卷内容进行汇总，再交给专家开始进一步的讨论。这个过程会出现多次，直到众多专家达成统一的意见。这种方法可以避免结果偏移，防止单个风险识别人员的意见偏颇带来过大影响。

检查表法是风险识别中常用的工具，用于记录和整理数据。利用检查表法可以将创业项目中存在或潜在的风险列在一张表上，便于风险管控人员进行核查，以确定表中所列出的风险是否具体存在。检查表法可以将曾经出现过风险的创业项目都列在表上，具有很强的实践经验，风险管理人员可以根据此表深思到更全面的风险。一个具有完整风险识别体系的公司一定要掌握检查表工具。

图解技术识别风险主要包括三个步骤：因果图，主要用于识别风险出现的成因，又被称为鱼骨图或石川图；系统或过程流程图，主要用于显示系统内各元素之间的因果关系；影响图，主要显示风险所造成的影响。

2. 创业项目风险度量

创业项目风险度量具体包括定性风险度量和定量风险度量。

（1）定性风险度量是为了了解风险发生的概率及风险所造成的影响等因素，一般是使用定性语言将风险发生的概率及其后果描述为极高、高、中、低、极低五级。具体有以下四种方法。

1）风险综合度量法。这是风险度量中最常用的方法，而且实施起来也最为容易。根据专家的意见得出创业项目风险的发生概率及风险因素的权重，进而对整个创业项目的风险等级进行评估。该分析法的具体步骤为：第一，建立风险调查表。在风险识别后将风险列入一张表中，该表涵盖项目中已存在或潜在的所有风险；第二，判断风险权重。对表中所列出的风险的发生概率进行明确，用1~5标度表示风险发生的概率，分别为很小、小、中等、大、很大；第三，确定风险因素的等级并将风险清单中的所有风险等级综合起来，就可以计算出整个项目的风险度量结果。

2）专家调查法。专家根据自己的专业能力和风险评价经验，对创业项目中的风险进行分析。专家人数不应过少，最少为 10 人，最多可达 20 人。利用专家调查法的风险识别法有很多，例如德尔菲法、风险对照表法和头脑风暴法等。

3）概率树分析法。假设项目中各风险变量之间是没有关系的，将各变量以树状形式列出，计算出各变量的组合风险值，而后得出评价指标和风险发生的概率，将评价指标以概率分布的形式进行计算，最后根据高于或低于基准值评价指标的累积概率，计算出评价指标的其他相关数值，标准差、期望值、离散系数及方差。其中以评价指标为横轴，累计概率为纵轴，得出不同情况下风险发生的概率曲线。

4）风险矩阵法。它的主要思想是通过定性分析综合考虑风险影响和风险概率两方面的因素，对风险因素对项目的影响进行评估的方法。具体是根据危险源识别确定的危害及影响程度与危害及影响事件发生的可能性乘积确定风险的大小。

（2）定量风险度量会得出创业项目中相关风险数据，将这些数据按照优先顺序进行量化分析就是定量风险度量。正常定量分析都是发生在定性分析后，但是一些创业项目的创始人根据自己的风险度量能力和经验在风险识别后省去定性分析这一步骤，直接进行定量分析。以下为比较常用的风险定量分析方法。

1）风险概率分布估计法。不同风险具有不同的发生概率，当一个风险发生时，其他风险就不会再发生，所以风险的发生概率和为 1。在对风险进行分析时，可以借助历史经验或实践理论来就可能发生的风险列出概率分布图。具体的分析过程如下：一是客观概率估计。通过以往案例概率的分析和大量实验得出的概率，又被称为实际发生概率。二是主观概率估计。这种概率非常具有主观性，主要是由专家通过自己的经验、能力及直觉估算得出。三是风险概率分布。输入不同的变量值会得出不同的风险概率，在各种状态下概率的和值为 1，这种方法只适用变量取个数较少的输入变量，此为离散型概率。还有一种概率分布为连续性，输入变量的取值不再是具体的数，而是一个区间。四是风险概率分析指标。方差、期望值、平均数、标准差、离散系数等。

2）层次分析法（简称 AHP 法）。层次分析法是将于风险结果有关的元素根据层次进行分解，可以分解为目标、准则、方案等，对层次分解后的内容进行定性和定量分析，从而得出结果。通过对风险综合分析后，明确风险的等级，见表 7-3。

表7-3　风险等级

风险等级	风险程度	判　断
Ⅰ级	严重风险	权重最小值为0.1，最大值为1
Ⅱ级	一般风险	权重最小值为0.01，最大值为0.1
Ⅲ级	轻微风险	权重最小值为0，最大值为0.01

被定为Ⅰ级的风险，其影响最大，应对其进行进一步的详细分析，相应地提出解决和应对措施；Ⅱ级风险为一般风险，也应该对其进行重视并提出相应的解决方案；Ⅲ级为轻微风险，对其进行一般管理就可以。

3. 创业项目风险控制

根据风险应对与监控的概念，创业项目风险应对和控制是根据创业项目的潜在风险进行监督，当出现风险征兆后采取应对措施，开展"趋利避害"的管理工作。创业项目风险应对和监督控制是风险管控最重要的一环，常见的方法和措施有四种，分别为风险回避、风险转移、风险保留和风险分散。

（1）风险回避。这是指对某一创业项目风险进行分析，当该风险的发生概率大且很难控制，或者风险一旦发生就会造成严重后果，这种情况下应该放弃该创业项目或改变项目目标。某个风险发生概率和后果影响非常大，且风险成本高于该创业项目产生的利益时，创业项目管理者就可以采取风险回避的方法。

（2）风险转移。这是指为了通过与他人或机构签订协议，从而当创业项目风险发生时他人或机构承担一部分或全部的风险的应对措施，即将创业项目风险转移给第三方的方法。当然，风险承担者应具有一定的好处，而且还有承担风险的能力。

（3）风险保留。这是通过考虑后或主观性承担创业项目风险的应对措施，这种方式又被称为风险容忍措施。这种方法多数可以用于人们对于创业项目风险信息较少的情况，因为这样可以通过获得更多信息后再做出必要的创业项目风险应对措施和行动。

（4）风险分散。这是指为了减少创业项目风险总体损失，将集中的创业项目风险进行分散，通过签订各种合作协议或合同去由多个单位共同承担创业项目的风险，减少创业项目团队承担过大风险造成的巨大损失。

7.5　创业项目的预算及财务计划和安排

在创业项目商业计划书中还必须给出创业项目的预算及财务计划和安排，以便创业项目投资者或其他相关利益主体（如政府主管部门），能够更好地知道创业项目的财务效益和社会效益，从而使创业项目能够获得更大的社会支持。

7.5.1　创业项目预算

创业项目预算就是围绕项目启动、计划、执行和收尾四个阶段来确定实施一个创业项目需要的资源成本，并对创业项目预算的实施进行全过程监控的管理活动。因此，创业项目预算也应纳入资本预算的范畴，创业项目的预算管理不仅要包括创业项目实施前可行性分析涉及的预算（成本管理、财务风险、财务评价等），还要包括创业项目实施后对项目费用初期预算进行的再落实和细化。

确保创业项目预算工作的顺利实施一定要建立全面预算管理体系，因此创业项目预算管理不能单纯地表现为单一决策技术，而应当是一个完整的管理体系，该体系至少由创业项目的预算编制、执行、控制、分析、考核评价几部分组成，并由专门的团队对整个创业项目的实施情况进行监控。

1. 创业项目预算的内容

这是创业项目投资可行性研究时涉及的财务经济可行分析。人们在提出新的创业项目后，在实施前必须先进行财务可行性研究，因为财务经济可行分析就是对创业项目投资目标将会产生并获得的财务收益提出充分的依据。

创业项目的经济可行性分析通常是通过一系列的分析指标来进行的。常用的经济分析指标分为两类：一类是静态分析指标，这类指标比较简单，可操作性适中，但是不考虑资金的时间价值，影响了其科学性和合理性；另一类是动态分析指标，这类指标以现金流量为基础，并运用了贴现技术而使其科学性大大增强。

创业项目预算的过程可以分为估算和预算两大部分。估算的目的是估计项目的总成本和误差范围，而预算是将创业项目的总成本分配到各个具体工作中。创业项目每个阶段侧重的范围不同，例如创业项目刚开始实施的时候，广告和营销需要占据预算的一大部分。

2. 创业项目成本预算的编制流程

创业项目成本预算管理的流程主要分为以下五个环节：明确创业项目的战略目标、制定创业项目成本预算目标、编制创业项目成本预算、控制创业项目成本预算、考核创业项目成本预算。

（1）明确创业项目的战略目标。创业项目成本预算管理必须服从创业项目的整体战略规划。相应地，创业项目预算目标的制定应以新创公司经营战略为前提。在创业项目成本预算目标制定之前，应明确创业项目的战略目标。通过成本预算管理来降低创业项目的运营成本，助力创业项目团队完成其创业项目目标。

（2）制定创业项目成本预算目标。创业项目成本预算目标是预算期内有关创业项目各项经济业务所要完成的量化指标，是落实到各部分的具体责任目标值，是在预算期内对创业项目战略目标的细化。应将创业项目规划作为制定创业项目成本预算目标的主线和方向，同时对预算目标进行分解将有利于预算目标的执行与控制。

（3）编制创业项目成本预算。创业项目成本预算编制模式分为由上到下、由下到上和混合式三种。通常来说，上下结合的混合方式是比较常用的。创业项目团队应充分考虑创业环境和自身战略，分级编制创业项目预算，最后将各级预算汇总，上下结合进行创业项目预算的编制。

（4）控制创业项目成本预算的措施。预算的控制是采取一系列的控制措施，以确保创业项目落实预算，完成预算目标的行为，采用合理有效的控制方法也是确保预算圆满完成的关键。因此，创业项目可以通过预算编制为预算期的各项经济活动制定成本控制的标准，通过安排预算的有效执行措施，以管控创业项目预算执行不偏离预算的方向和目标。

（5）安排如何考核创业项目成本预算。创业项目成本预算的考核是要在分析的基础上，对创业项目的管理人员进行奖惩，完成预算目标的给予奖励，未完成的进行惩罚。所以对于创业项目预算的考核措施既是激励手段，也是约束机制，科学、合理的预算考核措施对于创业项目成本预算管理的实施和整个创业项目的发展具有十分重要的意义。

7.5.2　创业项目财务计划和安排

1. 财务计划

创业项目财务计划是一个过程，通过调整创业项目经营活动的规模和水平，使新创企业的资金、可能取得的收益、未来发生的成本费用相互协调，以保证实现创业项目的财务目标。

创业项目财务计划内容包括：明确的战略、财务目标；基本假设；按时间、部门和类型等编制的创业项目预算；按来源和类型等划分的创业项目筹资计划；逐期预计的创业项目财务报表。

2. 财务计划的编制

创业项目财务计划是对项目财务流量的分析和计划安排。通过这种财务计划可以预见创业项目各项投资、筹资决策及收益决策。创业项目财务计划的关键是分析创业项目的现在及未来，预测可能发生的结果，分析偏离可能结果的程度。所以，编制创业项目财务计划首先从现金预算着手，以创业投资和创业项目产品销售为基础，再根据创业项目产品或服务的销售情况考虑考虑现金流量和完成创业项目现金预算表的编制，最后根据创业项目现金流量表、销售预算、生产预算、采购预算、资本预算、费用预算等编制创业项目预计资产负债表。

3. 财务计划执行的相关安排

创业项目的财务计划无论编制得多么合理、严谨，在实际执行的过程中必然会受到各种因素的影响，从而导致实际执行结果与计划不一致。因此，在创业项目财务计划中还必须安排好当创业项目实际发生的财务状况与财务计划不一致时如何去及时调整财务计划的措施和方法。

上述都是创业项目商业计划书必备的内容，是创业项目商业计划书中应该给出分析和答案的内容。虽然本章并没有将这些按照创业项目商业计划书的格式给出，但是本章讨论的所有内容都应该是在创业项目商业计划书中包含的内容。实际上，一个创业项目只有在商业计划书中写清楚上述内容，才有可能获得融资和指导整个创业项目的实施和创业项目的成功。

第8章
| 创业项目的过程管理原理与方法

将创业视作由一系列事件构成的过程已成为创业管理领域的一个共识[①]，这也是使用现代项目管理的过程管理理论与方法开展创业项目管理的客观基础。本章首先介绍创业项目的全过程管理模型，进而阐述创业项目各阶段的主要管理内容、原理与方法。

8.1　创业项目的全过程管理模型

过程管理是现代项目管理的核心方法论之一，它强调项目是一个有始有终的过程，并将其划分为若干相互依存的阶段，进而通过对这一过程及其不同阶段的管理来实现整个项目目标。创业项目的管理一方面要遵循全过程管理的思维与方法，另一方面又要满足创业项目所具有的模糊性、复杂性等特征。

---

① 罗伯特·巴隆，斯科特·谢恩. 创业管理：基于过程的观点[M]. 张玉利，谭新生，陈立新，译. 北京：机械工业出版社，2005.

8.1.1　创业过程的特点

创业是一个过程，始于对商机的识别，终于形成一个可持续运营的新创企业。与工程建设项目等传统项目相比，创业项目的过程具有模糊性、迭代性、强烈的环境依赖性和高度不确定性等特征。

1．模糊性

创业项目过程的模糊性体现在两方面：一是创业项目结束时点的模糊性，二是创业项目阶段划分的模糊性。创业项目结束时点的模糊性是指创业项目具有"泛项目"的特性，即创业项目有较为明确的开始时间，但难以预计创业项目结束的准确时间。一般而言，创业项目的产出物是一个可持续运营的新创企业。达成这一目标后，就可视作创业项目结束。但这个目标的实现时间并不确定，中途终止创业项目的情形也大量存在，从而导致了创业项目结束时点的模糊性。

创业项目阶段划分的模糊性主要是指各创业项目阶段之间的界限并不像传统项目那样清晰。如本书第 2 章所述，基于项目过程的基础理论模型，创业项目的过程可分为定义与决策阶段、计划与设计阶段，实施与控制阶段和终结与退出阶段。但实际上，创业项目的过程非常复杂，并不会完全按照上述四个阶段的划分随时间有条不紊地展开，阶段之间的重叠、反复等现象较为常见。同时，在一个创业项目中，又包含产品研发、融资、营销等一系列具有独特性和一次性的活动，可以看作创业项目的子项目。这些子项目的存在，进一步模糊了创业项目的阶段划分。

2．迭代性

迭代性是指创业项目实施过程中，会存在大量的修正调整前期工作的"返工"现象。迭代性的存在，是导致创业项目具有高度复杂性、创业阶段划分呈现模糊性的重要原因。创业项目的迭代性，一方面与其产出物特性有关。与传统项目产出的建筑物或物质产品不同，创业项目的产出物是一个新企业，它具有较高的可塑性，可以相对容易地改变已完成的阶段性成果。简言之，只要创业机会窗口没有消失，在资源许可的范围内，创业者都可以不断去修正迭代创业项目，以更好地实现目标。另一方面与不确定性相关。不确定性导致创业项目难以进行完善的事先规划，只能以迭代试错的方式渐进实施。

3．强烈的环境依赖性

任何项目都不是一个"孤岛"，都与外部环境有着密切的关联。但创业项目的实施过程对外部环境的依赖要更加明显和强烈。首先，创业项目源自外部环境的变化。商机是创业项目得以存在的前提，而商机又是市场、技术、社会等外部环境变化的结果。其次，创业项目的实施主要依靠来自外部环境的资源。创业者除了自身的人力资源之外，几乎不具备任何开展创业项目所要求的资源，必须通过一定的方式从外部环境中获取。更进一步，资源的获取方式、效率又受到社会制度文化环境的影响。最后，环境的变化对创业项目的实施过程有着决定性的影响。无论是宏观的经济社会环境，还是更加具体的行业地域环境，都对创业项目的实施有着直接的影响。当这些环境因素发生变化时，创业项目的实施过程与方式也要随之改变。

4. 高度不确定性

创业项目过程具有高度的不确定性，大多数创业项目都难以按照预定的目标和实施计划开展。更为重要的是，创业项目过程的不确定性突出表现为其具有极高的失败率。例如，目前我国大学生的创业失败率高达 95%以上，就全球范围来看，创业失败率也至少在 80%以上[①]。就创业项目的过程而言，高度不确定性主要产生了两方面的影响：一方面，这种高度不确定性是前述创业项目具有的模糊性、迭代性等特征的重要根源；另一方面，这种高度不确定性使得创业项目的计划工作非常困难，创业项目的时间等因素难以预测，从而使得创业项目具有模糊性。同时，由于这种过程不确定性的存在，创业者往往需要通过试错来应对不确定性，从而使得创业项目具有了迭代性。另外，过程的高度不确定性意味着大多数创业项目会因为失败而终止，从而不会经历完整的项目生命周期。这意味着对创业项目的过程管理而言，完整清晰的成功案例相对较少，创业者需要努力从没能走完创业项目全过程的失败案例中汲取经验教训。正因为如此，创业经历成为创业者至关重要的财富。

8.1.2 创业项目的阶段划分与全过程管理

本书第 2 章已对创业项目过程的阶段划分及其依据进行了论述，包括创业项目的定义与决策、计划与设计、实施与控制和终结与退出四个阶段。在上述基础上，本节进一步对每个阶段的主要创业项目及其管理工作进行概述，并介绍各阶段之间的关联关系，从而展现创业项目全过程管理的基本框架（见表 8-1）。

---

① 王红茹. 中国大学生毕业生创业率 5 年翻一番，平均成功率不足 5%[EB/OL]. 人民网—中国经济周刊，2017-10-10.

表 8-1　创业项目生命周期的主要活动及其管理工作

条　　目	定义与决策阶段	计划与设计阶段	实施与控制阶段	终结与退出阶段
创业项目	识别商机	撰写商业计划书	设立新企业,开展产品/服务开发、融资、营销等主要业务	初创企业向成熟企业过渡;创业者退出
创业项目管理	创业项目初始评估;项目范围界定;项目决策	创业项目详细评估;项目计划安排;项目实施方案优化	创业项目绩效评估;偏差分析与控制;变更管理	创业项目终结管理;退出管理

从上表来看,创业项目是一个从商机识别,到构建新创企业,再到新创企业形成一个相对成熟企业的过程。其中,进行创业项目融资、有效地开展创业项目产品/服务开发并进行营销等是创业项目实施过程中的主体性工作。创业项目各阶段的管理,是为了保障上述创业活动顺利实施所进行的计划、组织、领导、控制等管理工作。为了较好地完成这些管理工作,需要使用相应的管理工具与方法,包括现代项目管理的相关技术方法。

具体来说,创业项目定义与决策阶段的核心工作是识别商机,主要的管理任务是运用创业项目评估、范围界定和决策的理论与方法确保商机的合理可行。创业项目计划与设计阶段的核心工作是制订创业项目的计划,并最终形成商业计划书,这其间需要使用创业项目计划与实施方案优化的理论与方法。创业项目实施与控制阶段主要开展新创企业设立与运行的相关工作,主要使用创业项目控制管理与变更管理的理论与方法。创业项目终结与退出阶段主要做好新创企业向成熟企业的过渡工作,许多创业项目还涉及创业者的退出,需要使用创业项目终结与退出管理的理论方法。

如前所述,创业项目的阶段划分具有模糊性,这四个阶段之间也存在重叠交叉的现象。例如,创业项目计划与设计阶段只是创业项目总体性的计划安排,许多具体细化的计划与实施方案还需要在实施阶段完成。从各阶段之间的关系来看,创业项目实施与控制阶段无疑是耗费时间最长、投入资源最多的阶段,但也不能忽视其他阶段的作用。相关研究显示,缺乏市场需求是导致创业失败的首要原因[①]。这反映出有效识别商机、管理好创业项目定义与决策阶段的重要意义。同样,终结与退出虽然是创业项目的最后一个阶段,但对许多创业者来说,这是从创业项目中收获

---

① 曾烨轩. 242 家失败创企报告:倒闭都怪这 20 个原因[EB/OL]. 新浪财经,2018-2-28.

商业价值的必经阶段，有着非常高的复杂程度和管理难度。因此，创业项目全过程管理的方法论要求我们使用系统思维看待创业项目的不同阶段，认识到阶段之间的相互依存关系，并从全局出发进行统筹优化。

8.2 创业项目定义与决策阶段的管理原理与方法

从过程视角看，定义与决策是创业项目的第一个阶段。该阶段的核心工作是识别、评估商机，从而最终做出是否开展创业项目的决策。一个适宜的商机是创业项目能否成功的先决条件，定义与决策阶段因此成为创业项目至关重要的阶段。具体而言，这一阶段的核心管理工作包括创业项目的初始评估、创业项目的范围界定和创业项目的决策三方面的内容。

8.2.1 创业项目的初始评估

创业项目初始评估的根本目的是分析创业机会的可行性。创业机会是指可以被创业者利用的商业或社会发展机会[①]。创业机会的形成主要取决于环境、创意、资源三方面的因素。相应地，创业机会可行性评估也要围绕这三个因素进行。

1. 影响创业机会可行性的因素

（1）环境。创业机会的来源是一些尚未得到有效满足的需求。当前，人类社会发展日新月异，技术、制度、社会等环境因素快速变化，孕育着大量的商机，成为创业者发掘商机所需要关注的重点。

技术变革往往引发人们工作生活方式的变化，从而涌现出新的商机。例如，互联网的发展改变了商品信息发布、搜寻和交易的方式，产生了阿里巴巴等一批基于电子商务的新创企业。一般而言，技术变革越是剧烈，蕴含的商机就越多。20世纪80年代以来，发源于美国的创业热潮，本质上是信息技术飞速发展的必然结果。

制度环境的变化也往往产生有价值的商机。一方面，政策、法规等制度的调整，可能会产生一些新的市场需求，从而为创业者提供有利的机会。例如，我国对酒后驾车的严格管控，人们对代驾的需求增加，从而产生了相关的商机，也涌现出了诸多从事代驾业务的新创企业。另一方面，政府放松对某些领域的管制，或者通过政策手段鼓励某些行业的发展，将使得众多资源向这些行业领域集聚，也带来了相应的商机。例如，近年来我国加强了对新一代信息技术产业的支持力度，人工智能、

---

① 斯晓夫，吴晓波，陈凌，等. 创业管理：理论与实践[M]. 浙江大学出版社，2016.

大数据、云计算等领域也成为当前创业的热点领域。

社会环境的变化往往体现为消费者需求偏好的变化，也是商机的重要来源。一方面，消费者需求偏好受到流行趋势的影响，这一特点在服饰、娱乐、餐饮等行业尤为明显。警觉的创业者往往能够从流行趋势的变化中捕捉到好的商机。另一方面，人口结构的变化会对整个社会的消费结构产生根本性影响，也需要创业者积极关注。如人口老龄化与"银色产业"的兴起。

（2）创意。从环境的变化中，创业者可能会发现一些潜在的市场机会或商机。但这些机会还不足以成为创业机会。创业者需要进一步根据扫描发现的市场机会进行创意开发，也就是形成捕捉利用这些市场机会的新想法。由此，创意开发就成为联结市场机会与创业项目的关键环节。

创意开发是一个众多因素集合作用的过程。一是创业者或创业项目团队的智力水平、知识基础与信息来源，这些是创意开发最重要的影响因素。尤其是在一些专业化程度较高的领域开展创业项目，必要的智力与知识基础是创意开发的前提条件。二是动机，一定强度的内在动机有助于激发创意，而动机的内容，如追逐经济利益或实现自我价值，又会影响创意的方向。三是个性特征，尤其是创业者对风险的态度，也会影响创意形成。

（3）资源。将观念思想层面的创意转化为具有商业或社会价值的商机，还需要一定的资源基础，如技能、资金、社会资本等。一般而言，创业者难以具备启动创业项目所需的全部资源，必须对已有和可能获取的资源进行整合。由此，资源整合的结果成为决定创意是否可行，最终判定商机能否成立的关键依据。从形式来看，资源整合往往表现为组建初始创业项目团队或寻找创业合伙人的过程。

创业项目是一项高度不确定性的活动，很难在一开始就准确预测所需要的所有资源，也很难在一开始就具备所有资源。因此，资源整合是贯穿于整个创业项目全过程的活动。商机识别时的资源整合，只需要着眼于能够使创业项目启动的最小可行资源整合。

综上所述，创业者通过环境扫描找到潜在的市场或商机，通过创意开发形成利用这个潜在机会的想法，通过资源整合确定利用这个市场机会的物质可行性。对一个切实可行的商机而言，这三个要素相互依存，缺一不可。

2. 商机评估

创业项目初始评估的根本目的是对构成商机的核心要素进行系统分析，最终确定商机的可行性。具体如前文所述，商机识别包括环境扫描、创意开发和资源整合三项核心工作，初始评估需要重点分析环境、创意和资源三者之间的匹配关系。三者匹配关系的基本原理如图8-1所示，其中，可行的商机表现为环境变化带来的市场空隙、创业者的创意和资源的匹配闭合[见图8-1（a）]。

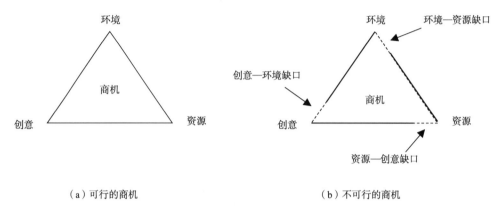

（a）可行的商机　　　　　　　　　　　　　（b）不可行的商机

图8-1　创业项目的商机初始评估基本原理

另外，如果环境、创意和资源三者不能匹配闭合，则创业机会不可行，创业项目难以启动。如图8-1（b）所示，三个要素之间不匹配表现为三种确定的存在：一是创意—环境缺口，表明创业者开发的创意无法填补环境变化带来的市场空隙；二是资源—创意缺口，表明现有可用资源无法支撑创意的实施；三是环境—资源缺口，表明现有可用资源不能满足环境的需要。

8.2.2　创业项目的范围界定

通过上述的初始评估，如果创业机会基本可行，就需要进一步对创业项目的目标、范围、基本方案等进行分析界定，为后续的决策提供进一步的依据。系统原理和精益原理是创业项目范围界定的两个基本原理。

1. 系统原理

系统原理是任何项目进行目标与范围界定所需要遵守的基本原理。对于创业项目而言，系统原理要求管理者根据创业机会，确定创业项目的总体目标和分解目标，进而根据目标确定创业项目的主要任务与工作范围。在此过程中，需要将创业项目视作一个系统，明确创业项目总体目标和分解目标之间的相互依存关系，以及目标与工作任务之间的"目的—手段"关系。

工作分解结构（WBS）是基于系统原理进行创业项目范围界定的主要管理工具。工作分解结构从创业项目的最终产出物出发，进行逐层分解，直至形成由产出物、工作包、工作、活动等一系列要素构成的层次结构。其中，最底层的活动反映了整个创业项目的所有工作内容。通过自上而下和自下而上的分析，最终得到的工作分解结构以一种可视化的方式展现了整个创业项目的工作范围，以及各工作内容间的逻辑隶属关系。

2. 精益原理

精益原理是针对创业项目的高度不确定性而出现的目标与范围界定原理。系统原理在具体实施过程中面临的最大挑战是创业项目固有的高度不确定性。这种高度不确定性的存在，使得创业项目团队在项目起始时难以清晰界定创业项目的目标，由此产生了目标分解及任务设计方面的困难。根据"精益创业"的基本理念①，应当先设定一个"最小可行"的目标，然后不断在创业实践中去完善和修正这一目标，以及相应的创业项目工作范围。

根据精益原理，进行创业项目范围界定时，要注意两方面。首先，要把握创业项目中最核心最关键的任务。例如，围绕少数几个关键的需求进行创业目标的界定，针对所需要的核心功能进行创业项目产品或服务的开发，从最本质的特性出发描述创业项目等。其次，要留有一定的灵活性。基于最小可行产品进行试错，推动创业项目产品和商业模式的适应性演化是精益原理的关键。因此，创业项目的范围界定要保持一定的灵活性，为试错和演化提供空间。

8.2.3　创业项目决策

在评估创业机会和界定创业项目范围的基础上，创业者最终需要开展决策活动，从而决定该创业项目是否值得开展。广义而言，决策活动贯穿着创业项目的始终，也就意味着创业者或相关利益主体需要根据项目的实施不断开展跟踪决策。本节讨论的是创业项目的起始决策，但相关的原理方法也同样适用于跟踪决策。

1. 创业项目决策的基本原理

创业项目决策要遵循的基本原理主要有两个：一是信息获取与有效使用，二是机会与风险的权衡。

首先，创业项目决策需要建立在信息获取和有效使用的基础上。创业项目决策本质上是一个信息收集、处理和使用的过程。信息获取的过度和准确度，以及对信息的分析使用水平是影响决策效果的关键因素。其中，信息获取需要注意如下两个原则：一是贴近市场，尽可能获取营销、研发等一线的信息；二是注意细节，被人

---

① 埃里克·莱斯. 精益创业：新企业的成长思维[M]. 吴彤，译.北京：中信出版社，2012.

忽略的信息往往具有重要的价值。有效利用信息则需要以决策者的知识储备、经验技能等智力要素为基础。需要特别指出的是,随着信息技术的发展,尤其是大数据得到广泛应用,创业决策中信息获取和使用的方式也发生了一些显著的变化。就获取而言,互联网上产生的海量数据的价值日益凸显,成为创业项目决策信息获取的新来源,而借助大数据技术,可以对这些数据进行更加高效精准的分析,为创业决策提供支撑。

其次,创业项目决策的基本准则是机会收益与风险的权衡。高风险性是创业项目固有的特征。一般而言,经济活动领域的风险可分为可保风险与商业风险两类。可保风险包括损失无损失两种状态,而商业风险则包括损失、无损失无收益、收益三种状态。创业项目面临的风险属于典型的商业风险,为了获得创业的收益,必须承担相应的风险。但是,承担风险并不意味着盲目冒险,需要对机会收益与风险进行权衡,在可承受的风险范围内进行项目决策。

2. 创业项目决策方法

一方面,创业项目通常是由一个创新团队来实施的,群体决策因此成为创业项目决策的基本方法,相应的,名义小组、头脑风暴、德尔菲法等群体决策技术都可以运用于创业项目决策。然而,在创业项目的群体决策过程中,常常出现群体偏好、群体极化和群体思维等群体决策陷阱[①]。因此,在决策过程中,要特别注意信息的共享,积极使用批判性思维,并向有经验者或专家寻求帮助。

另一方面,创业项目决策本质上还是一种不确定性决策,因此需要使用不确定性决策的技术方法,如乐观决策法、悲观决策法、最小遗憾法等。

8.3 创业项目计划与设计阶段的管理原理与方法

计划与设计阶段是创业项目的第二个阶段,其根本目的是解决创业项目"如何做"的问题。该阶段的主要管理工作包括创业项目的详细评估、创业项目的计划安排和创业项目的实施方案优化。其中,创业项目详细评估的内容、原理与方法已在前面进行了详细的讨论,这里不再赘述。本节主要讨论创业项目计划安排和实施方案优化的原理与方法。

---

① 罗伯特·巴隆,斯科特·谢恩. 创业管理:基于过程的观点[M]. 张玉利,谭新生,陈立新,译. 北京:机械工业出版社,2005.

8.3.1　创业项目的计划安排

1．创业项目计划的类型

创业项目计划与设计阶段的主要工作是制订创业项目各方面的计划与工作方案，为创业项目的实施提供明确的目标与路线图。鉴于创业项目的特殊性，本书将其计划分为基础计划和专项计划两类。

（1）基础计划。创业项目的基础计划是体现创业项目的项目属性，根据项目管理原理需要制订的计划，主要包括范围计划、时间计划、财务计划、组织计划、风险管理计划和集成计划。其中，范围计划是对创业项目产出物范围及相应的工作范围的界定和规划；时间计划是对创业项目总体时间的安排；财务计划包括对创业项目的成本及其收益的评估与分析；组织计划包括对创业项目实施中创设的新企业的组织设计与管理架构的安排；风险管理计划是对创业项目实施过程中可能出现的风险因素的分析、度量与应对方案设计；集成计划则体现了创业项目的系统性，将范围、时间、财务、组织、风险等管理要素集成为一个有机的整体。

（2）专项计划。创业项目包含技术开发、新产品或服务的生产、营销等一系列重要活动，这些活动本身也具有独特性和一次性，可以看作整个创业项目的子项目，并且对整个创业项目有着至关重要的影响。因此，也需要针对这些特殊任务制订专项计划。

1）研发计划。"基于创新的创业"是当今创业的主流，其重要特点是创业项目具有一定的技术含量，在新产品或新服务基础上开展创业，其中需要开展相应的研发工作。研发计划则是针对创业项目中的研发工作制订的专项计划，其中包括对研发目标、时间、成本、组织等内容的更加详细的规划与设计。

2）生产计划。通过研发获得新产品（或服务）后，如何进行生产也是创业项目面临的重要专项工作，需要制订专项计划。自制或外包是企业生产的两种基本模式，对于创业项目而言，生产计划首先需要明确采用何种模式，进而对其时间、成本、组织方式等进行详细设计。

3）营销计划。营销活动将创业项目的产品转化为利润，是创业项目的关键环节。在制订营销专项计划时，首先要做好商业模式的设计。在此基础上，确定市场推广、人员促销、渠道建设、定价策略等相应的营销手段与实施计划。

2．创业项目计划的制订方法

一方面，创业项目具有的项目属性要求使用基于活动的计划方法。这是制订任何项目计划的基本方法，包含如下几个基本步骤。首先，管理者需要以项目目标为导向，将实现项目目标所需要完成的任务逐层分解，形成一系列的活动。其次，对完成每项活动所需的时间和人、财、物资源进行估算。最后，对完成项目所需的各要素进行分类汇总和系统分析，从而得到项目的时间、成本、组织等计划。

另一方面，创业项目具有较高的复杂性和不确定性，又需要使得计划具有一定的柔性。由于这种复杂性和不确定性的存在，管理者难以在项目开始就获取制订计划的全部信息。为了使得创业项目的各类计划具有可行性，必须使其保持适度的灵活性，能够随着的创业项目的进展而不断清晰化。具体而言，保持计划的柔性要注意如下几个方面。一是留有余地。考虑到各种不确定性因素的存在，时间、成本等各项计划需要合理适度地放宽，以应对不确定性。二是抓大放小。在信息不完备的情况下，先围绕创业项目实施中不可或缺的关键任务制订计划。三是循序渐进。将创业项目划分为若干里程碑阶段，先制订相对详细的近期计划，随着项目的进展不断完善或补充计划。

基于上述原理，创业项目各项计划的制订方法主要有两类。一是现代项目管理中制订计划的技术方法与工具。例如，使用关键路径法和网络计划评审技术制订创业项目的时间计划，使用工作分解结构制订创业项目的范围计划，使用工料清单等方法进行成本计划的编制。二是针对创业项目具有的高度不确定性而使用的计划制订方法，其中，滚动计划法是常用的方法。滚动计划法强调计划制订的动态性，根据事物发展的信息的不断丰富逐步调整、完善和细化计划。对创业项目而言，在项目起始阶段，先制订相对粗略的总体计划，同时针对近期的主要工作，如技术与产品开发，制订详细的阶段性计划。随着项目的进展，再不断完善后续阶段的计划内容。

8.3.2　创业项目实施方案的优化

在制订各项计划之后，已经形成了创业项目的基本实施方案。在此基础上，还需要根据关键性资源的供给情况、创业项目活动之间的依存关系等进行实施方案的优化与调整。

1. 创业项目实施方案优化的原理

首先，创业项目实施方案的优化要遵循系统思维的原则，要将整个创业项目看作一个开放系统，围绕项目与外部环境的相互作用关系，以及项目内部各环节要素之间的关联进行实施方案的优化。一方面，创业项目的实施受到外部环境如人力、技术、资金等关键性资源以及创业者的社会资本、政策、社会氛围等宏观环境因素的影响与约束。创业项目的实施方案需要与这些环境因素相匹配，在满足各类资源约束条件下优化实施方案。另一方面，创业项目内部的各要素与环节是一个系统，项目的各分项计划之间也存在相互影响的关系。实施方案的优化，还需要对这些依存关系进行分析，实现整体优化。

其次，要使用战略思维看待创业项目的实施方案。简单而言，战略思维强调立足长远和把握全局，根本出发点是在创业项目的实施中形成与保护竞争优势，从而使得创业项目或新创企业能够有长远的发展。例如，在创业项目新产品的生产方面，外包可能更具有成本优势，但可能存在核心技术泄露的风险，从战略角度看，自制或部分自制可能才是最优方案。

2．创业项目实施方案优化的方法

创业项目实施方案的优化，主要应当使用集成管理的方法。这一方法在考虑资源约束等因素的前提下，以要素间的相互依存关系为基础，不断调试优化，最终形成系统性方案。通常先从两要素集成开始，如创业项目的时间和成本的集成优化，然后逐步增加新的要素。本书第 12 章对此方法有详细的讨论，在此不再赘述。

8.4　创业项目实施与控制阶段的管理原理与方法

实施与控制是创业项目的主体阶段，包含大量的工作任务，也是各类创业资源密集投入的阶段。本书将这一阶段的主要工作分为两部分：一是创业项目的实施，即根据计划开展的一系列创业项目；二是创业项目的控制管理，即针对创业项目的实施开展的一系列管理活动。前者是创业项目的工作内容，是管理对象；后者是创业项目的管理活动，是为保障创业项目顺利实施而服务的。

8.4.1　创业项目实施的主要任务

创业项目实施是以商机为基础，创建并运营一个新创企业的过程。这一过程涉及新创企业法律形式的选择、融资、产品或服务开发、生产、营销等一系列工作，并且不同类型的创业项目又具有不同的工作内容。其中，最重要也最能体现创业项目特征的是融资、产品或服务的开发与营销工作。

1．创业项目融资

融资是创业过程中最困难的任务之一。对于绝大多数创业者而言，需要花费大量的时间精力和社会关系去寻找合适的资金来源，无法获得创业项目的融资也是导致项目失败的重要风险之一。创业项目融资的困难根源在于信息不对称和高度的不确定性。一方面，创业者需要对一些关键的创业项目商业信息保密，同时也存在追求自身利益最大化而影响投资人利益的可能性；另一方面，新创企业的前景具有高度不确定性，可供风险投资人进行决策的信息非常匮乏。由此，风险投资人在选择创业项目进行投资时，会使用非常严格的程序和评估方法，并开出苛刻的风险投资条件，从而使得项目融资成为一个困难的任务。

从来源看，创业项目融资可以来源于自有资金，如存款或朋友家人的支持。但大部分情况下，需要从天使投资人、风险投资机构、政府及其他公司或机构获取资金。天使投资人是新创企业的第一批外部投资人，他们大多是具有成功创业经验的企业家，投资金额较少，也较少受到财务利益的驱动。风险投资机构是创业过程中最主要的资金来源。风险投资机构通常采用有限合伙制，以设立风险投资基金的方式进行创业项目投资活动。它们选择投资创业项目的标准较高，要求苛刻，并常常设立大量的条款来约束创业者的行为，也会为创业项目或新创企业提供管理、财务等方面的资源支持。为了鼓励创业项目，许多政府也通过补贴、贷款担保等方式为新创企业提供资金支持，这也成为创业项目融资的重要来源。此外，许多大企业为了获得新创企业的产品或技术，也会对新创企业进行战略投资。此类投资一般比风险投资的要求低，更注重战略效益。此外，众筹成为近年来新兴的创业项目融资模式，为新创企业的初始经营提供了新的资金来源。

从投资类型来看，股权融资和债务融资都有可能用于创业项目融资。股权融资方面，可以选择普通股或优先股。其中常见的优先股融资又包括可赎回优先股、可转换优先股、可调息优先股、累积优先股等多种形式。相比股权融资，创业项目中的普通债务融资相对较少，但可转换债和可认购股权债券等衍生工具也具有较多的应用。

从过程来看，大多数风险投资机构采取分段投资的策略，相应的，创业项目或新创企业的融资活动也具有分阶段的特征。一般的创业项目融资过程可以分为种子轮、天使轮、第一轮（A轮）、第二轮（B轮）、第三轮（C轮）等。种子轮，通常创业者只有一个创意，尚未形成完整的商业计划。天使轮，这是新创企业已经起步，但产品开发尚未完成。第一轮，企业已完成了产品开发和初期，准备开始营销。第二轮，新创企业已经生产销售了第一批产品，业务开始扩张。第三轮，新创企业已经具有一定的市场份额和盈利能力，可以准备上市。根据新创企业发展的具体情况，有时在第三轮投资后还会有跟进的几轮投资。

2. 新产品或服务开发

新产品或服务的开发是将创业项目全过程中的创意从观念层面转化为实物的过程，是创业项目能否成功的关键步骤和前提条件，也是一个充满困难与不确定性的过程。除了需要按照创新项目管理的步骤方法开展这一阶段的工作之外，还需要注意两方面。

一是选择适宜的创新策略。与成熟的在位企业相比，新创企业在新产品或服务的开发方面既有不足也有优势，需要选择适宜的创新策略。一般而言，新创企业具有较高的组织灵活性，也比较容易控制新创产品和服务的开发成本。但在市场集中度较高、资金和技术密集度较高的相对成熟的行业中，新创企业在获取市场份额方面存在劣势。由此，破坏式创新策略成为新创企业创新的有效策略。破坏式创新策略通常从低端市场或新市场开始，通过持续改进产品与服务，最终吸引主流消费人群。

二是注意知识产权保护。对于新创企业而言，最主要的资产是以知识产权为代表的无形资产。而新创企业的知识产权又格外容易被模仿和侵犯。因此，新创企业一方面要通过专利、著作权、商标等法律手段保护自己的知识产权，另一方面也要合理地选择先行战略或通过构建互补性资产来保护自己的知识产权。

3. 新创企业的市场营销

新创企业的市场营销包括分析市场、开发顾客、获得市场认同等一系列活动，其中的关键任务包括两方面。

一是有效扩大用户数量。在科学评估商机和分析市场的前提上，新创企业通常都会找到第一批用户，即早期接受者。但这些用户的数量较为有限，难以支撑新创企业的进一步发展，需要从早期接受者过渡到早期大众顾客。这是一个艰难的任务，需要创业者专注于一个利基市场，构建解决顾客需求问题的完整方案，并清晰准确地传达给顾客[①]。

二是营销方式的选择。新创企业通常缺乏足够的资金和渠道开展大面积的广告宣传，需要合理选择营销方式。人员促销是新创企业最常用的方式，其核心是劝说顾客购买产品，并及时获得顾客对产品的反馈。此外，要利用新一代信息技术和新媒体开展营销，如利用互联网平台投放广告，利用大数据技术实施精准营销等。

---

① 罗伯特·巴隆，斯科特·谢恩. 创业管理：基于过程的观点[M]. 张玉利，谭新生，陈亲新，译. 北京：机械工业出版社，2005.

8.4.2 创业项目实施过程中的控制管理

为了确保创业项目的实施过程的控制，尤其是上述重点工作，能够根据预定的计划顺利实施，这就需要做好控制管理工作，其中主要包括创业项目绩效评估、偏差分析与控制、变更管理三方面的内容。

1. 创业项目绩效评估

创业项目绩效评估是对创业项目实施情况进行评价的工作，属于创业项目的跟踪评估。这种绩效评估有助于创业者和相关利益主体全面了解创业项目的实施情况，进而为后续的控制与变更管理提供依据，因而具有重要的意义。创业项目的绩效评估需要注意如下几方面的内容。

（1）以计划为依据确定评估内容与指标。创业项目的绩效评估，首先需要以创业项目的计划为基本依据，根据项目实施计划设计绩效评估的内容与指标。如前所述，创业项目的计划可分为范围、时间、财务、组织、风险等基础计划，以及研发、生产、营销等专项计划。相应地，创业项目的绩效评估也要从这些方面展开，重点评估创业项目的时间、财务、阶段性产出物等方面的绩效情况。

有些计划可以较为容易地转化为评估指标，如创业项目的时间计划中已经较为明确地给出了主要活动的时间安排，绩效评估时直接对照计划即可。但有些计划，如风险管理计划，难以直接进行绩效评估，需要进一步设计相应的绩效评估指标。这就涉及创业项目绩效评估中的第二个关键点——评估指标的设计。

（2）强调评估指标的综合集成性。在进行创业项目绩效评估指标的设计时，需要遵循两个基本原则：一是综合性，二是集成性。创业项目绩效评估指标的综合性是指多角度全方位地选择指标，从而全面反映创业项目绩效的全貌。目前，创业项目绩效评价的理论与实践中，综合性主要体现在财务与非财务指标的结合上[1]。即不仅需要关注创业项目的收益情况，还要关注市场份额、用户增长等非财务指标。

创业项目绩效评估的集成性强调指标之间存在相互影响关系。例如，项目的时间和成本之间就存在这种相互影响关系，时间提前往往也引起成本的超支。在选择绩效评估指标时，需要考虑到这种集成关系，尽可能选择相对独立的指标。

（3）创业项目绩效评估方法的选择。常用的创业项目绩效评估方法可分为客观法、主观法、绝对法和相对法。对于有客观量化数据的指标，如利润、费用等财务指标，就需要使用这些客观数据进行绩效评估。对难以使用客观量化指标进行评估

---

[1] 余绍忠. 创业绩效研究评述[J]. 外国经济与管理，2013, 35（2）: 34-42.

的内容，可以使用基于量表的主观评估方法，即使用"很好""很差"等人为判断的方式进行绩效评估。绝对法只考虑项目自身给定时点上的绩效情况，相对法则通过纵向和横向对比来反映创业项目的绩效。

显然，上述方法各有利弊和适用范围。在创业项目的绩效评估时，应当综合选择使用这些方法，从而更加全面可靠地反映创业项目的实施绩效。

2. 创业项目偏差分析与控制

在对创业项目的实施绩效进行评估后，需要进一步对存在的偏差进行分析与控制。其中关键性的原理与方法包括如下两方面：

（1）设置合理的容错区间。进行创业项目偏差分析的第一步工作是用评估得到的实际绩效与项目的计划进行比较，看二者是否一致。但通常情况下，管理者会设定一个容错区间，实际绩效与计划之间的差距在此区间内时，都可认为二者是一致的。这个容错区间的大小反映了对项目控制精度的高低。设定合理的容错区间直接影响着创业项目的实施与控制。

容错区间的设定，需要考虑如下几个因素。首先，工作内容的不确定性。对于不确定性较高的工作，需要将绩效的正常波动作为设定容错区间的基础。其次，管理对象的重要性。重要性程度较高的管理对象需要设定相对准确的容错区间，以实施较为严格的控制。三是控制成本，对于控制成本较高的管理对象，需要权衡控制成本和控制效果之间的关系，以选择适宜的容错区间。

（2）深入分析偏差产生的原因。如果项目的实际绩效超出了容错区间，就意味着存在需要实施管理控制的偏差。但在采取具体的纠偏措施之前，需要认真分析导致偏差的原因。一方面，偏差可能是由于计划制订得不合理，或者环境因素变化使得计划不再可行。针对这种情况，需要开展项目变更，变更管理的具体内容将在下节讨论。

另一方面，排除了计划和环境方面的问题后，偏差则反映了创业项目实施过程中存在的问题。根据现有研究[①]，创业过程中主要的失误主要包括如下一些因素：①商业模式实施方面存在漏洞；②人力资源、财务等管理方面有问题；③创业项目团队存在分歧和矛盾；④不现实的内部预期；⑤产品或服务开发存在问题。在分析偏差产生的原因时，需要重点关注这些问题。特别需要说明的是，整个创业项目是一个系统，偏差的产生可能是众多原因综合作用的结果。创业者需要认真分析这种

---

① Cardon, M. S., Stevens, C. E., Potter, D. R .Misfortunes or mistakes?Cultural sense making of entrepreneurial failure[J]. Journal of Business Venturing, 2011, 26(1): 79-92.

"多因一果"的现象，识别其中的主要原因。

识别偏差产生的原因后，就需要进一步采取相应的纠偏措施，使得创业项目回到正常的轨道上来。

3. 创业项目的变更管理

如前所述，当创业项目的绩效偏差反映了计划的不合理，或外部环境的变化使得原有计划不再可行时，就需要实施项目变更。对于创业项目这类具有高度不确定性的项目，变更较为普遍，从而需要系统性的变更管理方法，其中需要重点关注如下几方面的问题。

（1）科学的变更流程与权限划分。创业项目的实施主体是创业项目团队或新创企业，组织化程度相对较低，因而容易出现随意变更的现象。更进一步，缺乏有效控制的随意变更往往会导致直接的经济损失，以及创业项目团队内部的冲突。为了杜绝这一问题，需要制定科学的变更流程，并进行合理的权限划分。

科学的变更流程通常包括识别变更原因、制订变更方案、评估变更影响、决策及实施变更等环节。首先要对导致项目变更的原因进行深入分析，识别是由于外部环境因素变化还是创业项目或新创企业自身内部条件变化而引发的项目变更。其次要根据变更的原因制订变更方案，尤其要全面考虑项目相关利益主体的利益诉求。然后对变更方案可能带来的影响进行评估，包括直接影响和间接影响，特别是认真评估由于项目某一方面的变更引发的关联性风险。最后，在评估基础上进行变更决策，并实施变更。

为了保证这一流程的顺利实施，还需要明确变更管理的权限。不同层级的变更需要相应层级的管理者进行决策。对于影响幅度最大的变更，如终止创业项目，需要核心创业项目团队和风险投资机构代表共同决策。对于项目时间的小幅调整或资源配置方案的变更，一般以创业项目团队为主进行决策。对于一些局部的微调，相应领域的管理负责人进行决策即可。但不管是何种层级的变更决策，都需要建立备案制度，形成清晰完整的变更日志。

（2）正视创业项目的终止变更。终止创业项目是创业项目变更的一种特殊类型，是指因为原有创业项目不再可行而放弃该项目，也即通常所说的"创业失败"。不论经济上还是心理上，终止变更都会给创业者造成较大的损失，因此需要正确理解和审慎地对待终止变更。

一方面，创业者需要准确理解和认识创业项目的终止。创业项目具有高度的不确定性和风险性，失败率很高。国内的一项调查显示，创业项目失败率在80%左右，大学生创业项目的失败率更是高达 95%[①]。因此，终止不可行的创业项目是非常普遍的现象。但项目的终止并不意味着所有的投入都化为乌有，创业者不仅需要从中吸取经验教训，更要积极尝试技术成果的再次利用。正因为如此，经历过失败的创业者更容易受到风险投资机构的青睐。例如，在美国硅谷，就存在"失败三次以上的创业者最值得投资"的说法。

另一方面，创业者需要审慎地进行终止决策。当使得创业项目难以为继的因素发生后，创业者首先应当积极应对，寻求化解危机的方案，力争挽救项目。尤其是要寻求风险投资人的帮助。但如果项目确实不再可行，创业者也需要意识到终止项目可以避免在错误的道路上越走越远，及时做出终止决策。

8.5　创业项目终结与退出阶段的管理原理与方法

创业项目的终结退出与工程建设、产品开发等类型的传统项目有着根本性的差异。根本上来看，创业项目是一个典型的探索性项目，其结束时间难以事先确定，有时甚至并无明显的终点。相应地，这一创业项目阶段管理工作的结构化程度较低，也较为复杂，本节将介绍这一创业项目阶段的一些共性管理工作与管理原则。

8.5.1　创业项目的终结管理

创业项目的终结是指新创企业向成熟企业的转变。创业项目的终结要注意如下两点。其一是终结是创业项目的终点，但并非结束或关闭创办的企业。换言之，创业项目的终结，表现为创业项目的产出物—新创企业—特性的变化。其二是创业项目的终结并非一个时点概念，而是一个时期。从所创办企业的发展历程来看，这是新创企业形成相对成熟的组织架构、治理体系和运营模式的过程。从占主导地位的管理活动来看，这是从项目管理转变为运营管理的过程。

与上述特点相适应，创业项目终结管理的重点工作包括两方面。

（1）创业项目回顾与经验总结。主要是创业者和创业项目团队对创业项目实施过程中存在的问题和成功经验进行总结，供后续和他人的创业项目借鉴参考。在当前"大众创业，万众创新"的时代背景下，这种经验总结也具有非常重要的社会价值。

（2）管理变革与转型。这是创业项目终结管理的重点工作，主要包括如下几方面。首先，重新审视与定位公司战略。新创企业和成熟企业的战略出发点有着本质

---

① 斯晓夫，吴晓波，陈凌，等. 创业管理：理论与实践[M]. 杭州：浙江大学出版社，2016.

的不同。新创企业以生存为第一要务，战略具有明显的跳跃性和扩张性。成熟企业则更注重于可持续发展，需要更加稳健和长远的战略。因此，创业项目终结阶段要对公司原有战略进行分析和修正。其次，完善管理制度。新创企业往往依赖少数创业者的个人权威进行管理。步入成熟阶段后，就需要由"人治"转变为"法治"，建立相对完善的管理制度，维持企业的日程运营。最后，健全组织结构。初创企业为了控制成本，存在较为普遍的"一人多岗""身兼数职"的现象，组织结构并不健全。创业项目的终结管理，要做好组织结构的建设工作，设置边界合理、权责清晰、岗位齐备的部门与组织单元。

8.5.2 创业项目的退出管理

退出则是创业者不再保持对新创企业的控制权，从而获取创业收益的行为。创业项目退出管理的重点工作包括如下几方面。

1. 制定退出策略与方案

总体而言，新创企业的退出有两种类型：转让和上市。转让是通过股权的交易、转移等方式将企业的控制权转给他人，又可以进一步分为内部转让和外部转让。内部转让又具体包括三种常见形式。一是家族企业继承，即创业者将股权转给自己的子女、配偶等亲属。相应地，这个新创企业就转变成了一个家族企业。二是管理层收购。企业的管理者对新创企业的情况更加了解，当创业者打算退出时，由管理者收购股权就成为一个优先选项。三是员工持股。创业者逐步将自己的股权转移给企业内的广大员工，从而实现退出。具体实施时，可通过成立员工持股信托基金，或借助金融机构开展杠杆收购等方式实现股权转移。

外部转让是通过股权交易将公司出售给外部主体。这些外部主体可能是企业的竞争者、上下游企业或潜在的市场进入者。在当前的互联网产业中，大企业收购新创企业的现象非常普遍，为新创企业通过外部转让而实现退出提供了有利的市场环境。通过外部转让退出创业项目，需要对企业进行详细的估值，并与交易方手谈判，这些工作内容将在下节阐述。

除了转让之外，上市是新创企业退出的另一类策略。新创企业通过在股票市场上首次公开发行（IPO），吸引大量的投资者购买公司股票，创业者从而收获大量的财富，并逐步实现退出。

上述退出策略各有利弊。上市是收益最高的退出策略，但需要耗费较长的时间，接受严格的审批和监管，并且承担较高的财务费用。同时，成功上市之后，创业者还面临股份锁定的制约，不能马上出售股权。内部转让相对容易实施，但收益也相对较小。外部转让介于二者之间，收益情况主要取决于估值的谈判。

2. 估值与谈判

如果创业者选择了向外部主体出售股权的方式进行退出，双方需要对企业的价值等问题进行谈判，直至达成共识。

新创企业价值评估的常用方法有两类。一是收益法，或叫作净现金流贴现法。该方法根据企业当前的经营状况，对未来一段时期企业的净现金流进行预测评估，然后按照一定的贴现率进行贴现，从而得到企业的估值。二是市场法。在公开市场上选择与新创企业相似的公司，以其市盈率为新创企业估值的基本依据，同时根据二者在规模、技术水平、盈利能力等方面的差异进行估值调整。由于对新创企业进行估值兼具科学性和艺术性，在合理选择估值方法的基础上，估值者的经验判断也很重要。为了使估值更加全面，实践中往往也采用多种估值方法同时使用，然后对结果进行综合的做法。

谈判是一个复杂的过程，不仅受到一些客观因素的影响，也受到谈判者的心理、情绪等主观因素的影响。实际上，在创业项目实施过程中，谈判是一项常见又重要的工作。与投资人、交易对象等创业项目相关利益主体的谈判是影响创业项目成败的重要环节。谈判既需要遵循双赢等基本原则，又有很强的策略性和艺术性，限于篇幅，本书不再赘述。

3. 实施退出

在确定了创业项目退出策略之后，剩余的工作就是实施退出方案。这项工作包含大量具体的事物，涉及法律和经济等诸多方面。概括起来，主要包括股权转让、收益获取和企业移交等几个方面。股权转让和收益获取主要根据合同约定及相关的法律法规按步骤进行。新创企业的移交则涉及人事、运营、业务整合等多个方面，其中的关键是保证新创企业经营的顺畅，避免出现严重的波动。

第9章

| 创业项目的目标要素管理原理与方法

内蒙古财经大学　陈丽兰

创业项目的目标要素涉及四个方面的创业项目目标：其一是创业项目范围目标，其二是创业项目时间目标，其三是创业项目质量目标，其四是创业项目成本目标。这四种创业项目目标要素的管理是创业项目成功的关键所在，本章将分述这些创业项目目标要素的管理原理和方法。

9.1　创业项目的范围管理原理与方法

创业项目范围管理就是为确保项目目标实现而开展的对于创业项目产出物范围和项目工作范围的管理，创业项目范围管理包括两方面：其一是项目产出物范围的管理，其二是项目工作范围的管理。创业项目范围管理就是指对于根据创业项目目标对项目产出物范围和项目工作范围的全面计划、确认和控制等方面的项目管理工作。

9.1.1　创业项目范围管理的主要工作

创业项目范围管理的核心工作包括创业项目起始决策、项目范围计划、项目范围计划确认、项目范围管理计划和项目范围控制五方面的具体工作，其相互关系和内容如图 9-1 所示。

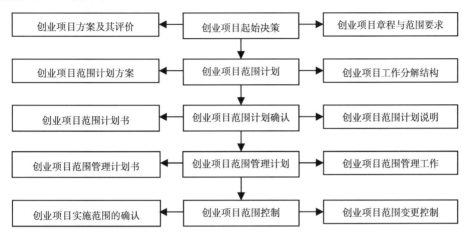

图 9-1　创业项目范围管理主要内容的示意图

由图 9-1 可见，创业项目范围管理的主要内容有如下五方面。

1．创业项目起始决策

这是创业项目范围管理的起点，因为只有先做出项目起始的决策才能开始创业项目的实施和管理。创业项目起始决策的主要内容包括：首先要发现问题和机遇，其次要提出创业项目的可备选方案，进而做出项目备选方案的论证与评价，接着做出创业项目起始的决策和方案选择，最后编制项目章程等文件。

2．创业项目范围计划

这是在创业项目做出起始决策后，根据项目章程、项目的目标和要求、项目环境和条件等，全面识别和安排创业项目产出物范围和项目工作范围，从而制订和给出创业项目范围计划的方案、项目工作分解结构和项目范围管理的要求等，从而给出项目所需的创业项目范围计划安排方案和项目范围管理的基本要求和方法等方面的规定。

3．创业项目范围计划确认

这是根据创业项目章程、项目目标、项目产出物、项目工作和项目范围计划及创业项目各专项要求（如项目预算和项目时间的限制），按照"充分和必要"原则去分析和确认创业项目范围计划结果是否可行和正确的工作。其最主要工作是对于项目产出物和创业项目工作范围进行全面的分析和确认，最终给出项目范围计划、项目工作分解结构（WBS）及 WBS 词典等创业项目范围计划文件。

4．创业项目范围管理计划

这是根据创业项目章程、项目目标、项目产出物、项目工作、项目范围计划文件和项目环境与条件的各种发展变化情况，制订创业项目范围管理计划的工作。其最主要的工作是针对创业项目产出物和项目工作范围可能出现的各种变化，计划和安排好创业项目范围变更的管理方案和应对方法。

5．创业项目范围控制

这是根据由创业项目相关利益主体确认和接受的项目范围计划和项目范围管理计划，开展创业项目范围变更等方面的管理工作。其包括对于创业项目相关利益主体提出的主观项目范围变更要求的管理工作，和对于在创业项目实施中因出现偏差而发生的客观项目范围变更的各种控制工作，这是一项贯穿于整个创业项目全过程的项目范围主观和客观偏差的管理与控制工作。

9.1.2　创业项目范围管理的方法

创业项目范围管理包括创业项目起始决策、项目范围计划、项目范围计划确认、项目范围管理计划和项目范围控制五方面具体方法。

1．创业项目起始决策的主要方法

创业项目起始决策得制定有很多方法，但是多数创业项目起始的决策需要使用下述主要方法。

（1）战略选择法。由于创业项目是为实现人们既定目标服务的一系列工作的组合，所以创业项目起始的决策首先要使用战略选择法。这是一种根据战略分解找出人们所需创业项目的方法，这种方法的程序和内涵如图 9-2 所示。

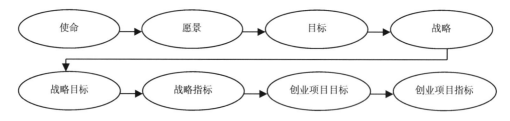

图 9-2　使用战略选择法生成创业项目的过程模型图

由图 9-2 可知，创业项目起始决策的过程是：首先需要根据人们的发展战略的需要去确定是否应该为解决问题或抓住机遇而开展一个创业项目，然后进一步需要根据人们的发展战略去确定创业项目的目标和选择创业项目指标和方案。虽然人们多数是在面对外界各种问题或机遇的"刺激"而发起创业项目，但是人们一定要使

用战略选择法在众多可以开展的创业项目中做出选择，因为任何人开展的任何创业项目都必须是为实现自己发展的战略目标服务的。

这种按照创业项目进行的战略选择法还可以进一步使用如图 9-3 所示的层次性和结构化模型，进一步描述使命、战略和创业项目之间的结构关系及创业项目的战略选择法。

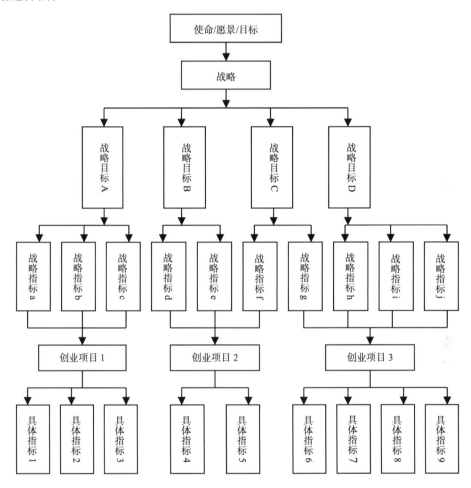

图 9-3　创业项目起始决策中的战略选择法层次模型图

由图 9-3 可以看出，人们首先要根据使命和所处环境的发展变化去制定出愿景和目标，然后根据愿景和目标去制定发展战略，再根据发展战略去分解得到相应的战略指标，进一步根据这些战略指标去生成创业项目，最终分解生成一系列创业项目具体指标以供人们做出创业项目的选择。因此，任何创业项目都应该通过这种战略选择法得到，而创业项目又可进一步分解成创业项目具体指标。

（2）创业项目评价与选择的方法。在制定创业项目起始决策时通常需要先给出创业项目目标和要求，然后根据这些项目的目标和要求去找出能够实现创业项目目标和要求的各种项目备选方案，并最终通过评价而从中选择出满意的创业项目方案。实际上在需要解决问题或抓住机遇而开展某个创业项目的时候，总是会有很多种不同的可供选择的方法或途径。在创业项目起始决策中需要使用所谓的"创业项目评价与选择方法"做出决策。此时首先根据实际情况分析和找出创业项目的可替代或备选方案，然后在多种备选方案中通过优化选择做出创业项目起始的决策。

根据组织的发展战略分解和确定要开展某个创业项目之后，还需进一步使用创业项目评估与选择的方法去选定满意的创业项目和创业项目方案。创业项目评估与选择的方法有很多，但是大体上可以分为如下几类：一是创业项目成本/效益分析法，这是根据创业项目所能带来的成本和效益大小选择项目的方法；二是创业项目比较评分法，这是综合创业项目各方面因素选择项目的方法；三是数学模型法，这是根据线性、非线性、整数和多目标规划等方法选择项目的方法；四是专家法，这是使用专家经验去做出项目起始决策的方法，主要是依靠专家经验和判断去选择项目和项目方案，创业项目所有相关利益主体拥有的专家经验和知识都可在专家法中使用。

（3）其他方法。在制定创业项目起始决策的过程中还会用到一些其他的相关方法，包括管理决策分析法和项目管理信息系统的使用等。其中，管理决策分析法可用来确定创业项目和优化方案，如不确定性分析和风险分析的方法。项目管理信息系统的使用可以为制定创业项目起始决策提供信息，因为这种项目管理信息系统就是一套由人和计算机集成的信息系统，它可以为选择和开展创业项目提供各种项目决策所需的信息。

在创业项目起始决策中最重要的方法是创业项目论证与评估的方法，因为需要通过论证和评估去找出令人满意且可行的创业项目与创业项目方案，从而做出正确的创业项目起始决策[①]。

2. 创业项目范围计划的方法

创业项目范围计划工作是一项非常严密的分析、推理和决策工作，因此需要采用一系列的逻辑推理和分析识别的方法，在这项工作中经常使用的方法主要包括如下两种。

---

① 戚安邦. 项目评估学[M]. 北京：科学出版社，2012.

（1）创业项目产出物或项目可交付物的安排方法。创业项目产出物或项目可交付物的安排方法主要有两种，具体分述如下。

1）创业项目产出物分解法。创业项目产出物分解法是一种结构化分析和分解的技术方法，主要用于对相对确定创业项目的产出物或可交付物的安排工作，它是最基本的创业项目产出物范围安排方法。创业项目产出物分解方法实际就是一种系统分析和分解的方法，如系统工程学中包含的价值工程（或价值分析）方法、功能和产品分解方法等都属于这种结构化的创业项目分析与设计的方法。实际上任何创业项目自己所属的专业领域都有其客观规律和普遍接受的项目产出物分解的方法。

2）专家法。当开展那些很不确定的创业项目产出物范围安排时，多数时候会使用专家法。因为此时的创业项目产出物分解工作存在较大的信息缺口，很难使用前面讲述的结构化系统分析方法去安排项目产出物，甚至此时对创业项目目标的安排都十分困难，所以只好借助专家们的经验和判断去安排创业项目产出物的范围。

（2）创业项目工作范围安排的技术方法。创业项目工作范围安排的技术方法主要有两种，具体分述如下。

1）创业项目工作分解法。这是最基本的创业项目工作范围安排方法，也是一种结构化的系统分析方法。在做出了项目产出物的安排以后，就可以根据生成项目产出物的客观需要，分解找出生成项目产出物的项目工作，从而安排清楚项目工作范围了[①]。由于每个项目所属专业技术领域有自己的客观规律和要求，所以每个项目的工作分解技术方法会有所不同。例如，软件类的创业项目有自己独特的项目工作分解法，而这种方法很难用于其他种类项目的工作分解和安排。因此必须使用具体专业领域的项目工作分解法去安排具体创业项目的工作范围。

2）创业项目工作分解平台法或模板法。这是借用他人创业的经验或类似企业项目工作分解法做出了某个类似创业项目的工作分解结构作为模板去安排新的创业项目的工作范围，这种方法就是项目工作范围安排中所谓的模板法。

3．创业项目范围计划确认的方法和技术

创业项目范围计划确认就是对项目范围安排或完成安排情况进行审查并做出接受和确认既定创业项目范围的决策，所以此时需要使用合适的技术和方法去对创业项目范围计划安排结果进行必要的分析审查并最终给出是否确认的结果。由于创业项目范围计划确认的对象包括项目产出物范围计划的结果和项目工作范围计划

---

① 陈丽兰，王丽珍. 项目管理工具箱[M]. 北京：电子工业出版社，2017.

的结果两方面，其中对于创业项目产出物范围计划的确认主要使用充分/必要审查和确认技术方法，而其中对于创业项目工作范围计划的确认主要使用工作的核检技术方法，现将这两种方法具体分述如下。

（1）创业项目产出物范围计划的确认方法。在对创业项目产出物范围计划的确认中主要使用的是充分/必要的分析方法，有关创业项目产出物范围计划确认的这种方法讨论如下。

1）创业项目产出物是否充分的确认方法。这种方法是对照创业项目产出物范围计划的结果，对既定计划和安排的项目产出物是否能够满足实现创业项目既定目标的要求进行必要的分析和确认。在确认创业项目产出物范围计划是否充分的技术方法中最主要的步骤就是分析和回答"根据既定的创业项目目标去分析和确认计划安排的创业项目产出物是否一个也不少，是否不需要做任何创业项目产出物范围的增加工作"，在给出对这个问题的答案后还需要进行相应的创业项目产出物范围计划调整和确认。

2）创业项目产出物是否必要的确认方法。这种方法是对照创业项目产出物范围计划结果，对既定计划和安排的创业项目产出物中有无不是为实现项目既定目标服务的情况进行的必要性分析和确认。在确认创业项目产出物范围计划是否必要的根本技术方法中最主要的是分析和回答"根据既定的创业项目目标去分析和确认计划安排的项目产出物是否一个也不多，是否不需做任何项目产出物范围的删减工作"，在给出对这个问题的答案后还需要进行相应的创业项目产出物范围计划调整和确认。

（2）创业项目工作范围计划的确认方法。创业项目工作范围计划的确认方法主要使用的也是充分/必要的分析确认方法，只是这种方法主要是针对创业项目工作范围计划的充分/必要性的分析和确认。这种创业项目工作范围计划的分析和确认方法的具体说明如下。

1）创业项目工作包是否充分的确认方法。这种方法是对照创业项目工作包范围计划的结果，对既定计划和安排的项目工作包是否能够满足生成所有项目产出物的要求进行必要的分析和确认。在确认创业项目工作包范围计划是否充分的技术方法中最主要步骤是分析和回答"根据计划安排的创业项目产出物去分析和确认计划安排的项目工作包是否一个也不少，是否不需要做任何项目工作包范围的增加工作"，在给出对此问题的答案后还需进行相应的创业项目工作包范围计划的调整和确认。

2）创业项目工作包是否必要的确认方法。这种方法是对照创业项目工作包范围计划结果，对既定计划和安排出的项目工作包中有无不是为生成项目产出物服务的情况进行的必要性分析和确认。确认创业项目工作包范围计划是否必要的根本技术方法中最主要的是分析和回答"根据既定的项目产出物去分析和确认计划安排的项目工作包是否一个也不多，是否不需做任何项目工作包范围的删减工作"，在给出此问题的答案后还需要进行相应的创业项目产出物范围计划的调整和确认。

实践证明，这两种方法在创业项目范围计划结果的确认中是行之有效的，当然创业项目范围计划的确认还有一些其他方法，但是主要是上面给出的这两种确认的方法。

4. 创业项目范围管理计划的方法

这是指制订创业项目范围管理计划所使用的主要方法和程序，这是针对创业项目范围计划去指定如何管理和控制项目范围处于受控状态和能够及实际进行变更的技术方法和程序。创业项目范围管理计划的编制方法同多数项目规划或计划的方法一样，主要是确定规划或计划的目标、条件、任务、方案、责任、预算及应急措施等内容的方法。由于创业项目范围管理计划的制订是处于项目较早阶段而信息缺口较大，所以它主要用下述两种创业项目规划的方法：

（1）专家法。这是一种使用专家经验制订创业项目范围管理计划的方法，因为在制订创业项目范围管理计划的时候，有关创业项目的信息缺口还比较大，所以需要使用专家经验和判断去弥补这些信息缺口，因此需要采用专家法编制创业项目范围管理计划。

（2）模板法。这是一种使用类似的历史创业项目的范围管理计划作为模板信息去制订新创业项目范围管理计划的方法。因为同类的历史项目经验教训在很大程度可以作为参考信息使用，所以在编制创业项目范围管理计划时可以选用这种方法，当没有模板时则可使用专家法。

5. 创业项目范围控制的方法

创业项目范围控制有很多种方法，一般创业项目范围控制主要有四种方法。

（1）创业项目范围控制系统的方法。建设并使用创业项目范围控制系统是项目范围控制主要方法之一，这一系统主要包括创业项目范围变更控制的基本程序和方法、创业项目范围控制的责任划分和授权、创业项目范围变更的文档化管理、创业项目范围变更的跟踪监督、创业项目范围变更请求的审批等。这种创业项目范围控制系统的规定和要求都应在项目范围管理计划中明确给出，以便在创业项目实施过程中能够使用这一系统去做好项目范围控制工作。这一系统实际上就是整个创业项目控制系统（又叫创业项目授权系统）的一部分，必须依照创业项目配置关系去做好项目范围控制的集成管理工作。另外，当项目是按照合同进行时，项目的范围控制必须按合同规定进行。

（2）创业项目配置管理系统的方法。建设并使用创业项目配置管理系统也是创业项目范围控制的一种方法，这种系统实际上是创业项目集成管理系统的一个组成部分。创业项目配置管理系统的方法主要按照创业项目目标、产出物、可交付物、工作和资源的配置关系进行控制的方法，这种方法使用有效按照配置关系匹配的方法去管理和控制创业项目范围。所以，这种控制方法由一系列综合平衡的配置管理和文档化的控制程序构成，借助这些方法能实现对于创业项目资源、工作、产出物和项目目标的合理配置，从而实现创业项目范围和项目各个要素的集成控制与管理。

（3）创业项目偏差的分析方法。创业项目实施偏差情况分析方法也是项目范围控制的一种有效方法，这一方法通过分析创业项目范围是否已经发生变动和变动大小及变动所造成影响的大小，然后决定所应该采取的预防、纠偏和补救措施。实际上，创业项目范围控制最重要的工作就是识别、分析和度量已发生的创业项目变动及其原因，然后决策是否对这项变动（或偏差）采取行动。这种方法要求在发现创业项目范围出现偏差（或变动）后要立即缩短创业项目实施绩效的度量周期，以便由此严密监视创业项目实施进展情况及其中出现的偏差和问题。

（4）更新创业项目计划的方法。当创业项目范围发生变更时，必须对原有创业项目范围管理的各种计划文件进行必要的修改和更新。因为创业项目范围变化较大时会引起项目各方面计划无法实现，如项目时间、成本和质量计划等均会受到严重影响，所以在创业项目范围变更时，必须针对创业项目范围变更情况更新项目各种计划。此时使用的方法包括追加计划法、全面更新法和重新修订法等。在使用重新修订法时，要同时重新编制创业项目集成计划和项目专项计划，否则会破坏创业项目各方面的配置关系和集成管理。

9.2　创业项目的时间管理原理与方法

项目时间管理以前又叫项目工期管理或项目时间管理，其实质性内容是一种为实现按时完成项目所开展的项目专项管理。

9.2.1　创业项目时间管理原理

创业项目时间管理是与创业项目范围、项目质量和项目成本等创业项目专项管理一样的一种创业项目目标性的专项管理，是为能够按时完成创业项目而开展的一系列项目管理工作和过程。创业项目时间管理分为创业项目时点（项目进度）管理和创业项目时期（项目工期）管理两方面的管理。创业项目时间管理的内容包括创业项目活动分解、项目活动排序、项目活动资源估算、项目活动工期估算、项目时间计划编制和项目时间控制等具体的项目时间管理工作。

创业项目时间管理既包括对于项目时点性指标与要求的管理，也包括对于项目时期性指标与要求的管理，这两方面的时间指标和要求的管理工作构成了项目时间管理的两个维度。同时，创业项目时间管理并不是独立的，创业项目时间管理与创业项目范围、质量和成本的管理是相辅相成和相互影响的。特别需要指出的是，有些创业项目的时期或时点的要求是刚性的（如奥运会场馆建设的最迟完工时间是既定），在这种情况下创业项目时间管理成了创业项目管理的第一优先要素，所以创业项目范围、质量和成本等管理活动都必须为满足创业项目时间的要求服务，至少需要通过增加投入资源或修改创业项目范围及降低创业项目质量等方法去保障创业项目时间方面的需要和要求。

创业项目时间管理的主要内容包括项目时间计划和项目时间控制这两方面的项目管理工作。

9.2.2　创业项目时间管理方法

创业项目时间管理的方法包括项目时间计划方法和项目时间控制方法这两方面的方法。

1. 创业项目时间计划制订的方法

创业项目时间计划编制所使用的方法主要有如下几种。

（1）关键路径法。关键路径法最早是由杜邦公司在 20 世纪 50 年代提出的，这是一种通过计算项目和项目活动的最早开工时间、最早完工时间、最迟开工时间和最迟完工时间及浮动时间等参数，然后据此安排和编制项目时间计划的方法。在使用这种方法计算项目和项目活动的各种时间参数时，需要考虑项目和项目活动的资源约束条件及各种不确定因素，所以其结果能够反映出在有资源限制或其他因素的影响时创业项目时间计划安排的情况。这种方法中的关键路径就是使用时间最长的那条项目工作路径，这条关键路径可以通过灵活地调整项目资源配置而调整其时间的长短。关键路径法的创业项目时间计划安排的示意如图 9-4 所示，有关这几个关键路径法的基本参数及其具体方法分述如下。

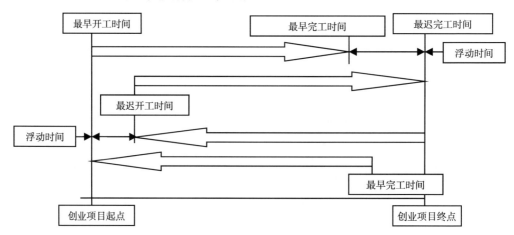

图 9-4 创业项目时间计划的关键路径法示意图

由图 9-4 可知，创业项目时间计划的制订涉及如下几方面的步骤和做法。

1）确定整个创业项目的开始和结束时间。这是确定创业项目各项活动时间计划安排的基准，所以首先必须为整个创业项目确定出一系列的开工时间和完工时间（实际是时点），这两个时点的间隔就是创业项目所需的时间周期或关键路径的长度。整个创业项目的开始和结束时间包括项目的最早开工时间、最早完工时间、最迟开工时间和最迟完工时间及浮动时间，通常这些是创业项目绩效考核的规定目标，所以它们在项目合同或说明书中都应有明确的规定。

2）确定创业项目活动的最早开工和完工时间、最迟开工和完工时间及浮动时间。为了使创业项目能够保证在要求的开工和完工时间内完成，还必须确定出每个具体项目活动的最早开工和完工时间、最迟开工和完工时间及相应的浮动时间。其中，创业项目每项具体活动的最早开工时间是使用正排计划方法，根据整个创业项目的最早开工时间及该项目活动所有紧前活动的时间信息计算得来的；每项活动的最迟开工时间是使用"倒排计划方法"，根据整个创业项目的最迟开工时间及该项目活动所有紧后活动的时间信息计算得来的；而创业项目每项具体活动的最迟开工时间是使用正排计划方法，根据整个创业项目的最迟开工时间及该项目活动该活动及其所有紧前活动的时间信息计算得来的；每项活动的最迟完工时间是使用倒排计划方法，根据整个创业项目的最迟开工时间及该项目活动所有紧后活动的时间信息计算得来的。同时，每项具体创业项目活动也需要给定一定幅度的浮动时间，以留出足够的余量来防止项目各项活动的进度安排过度紧密而出现多米诺骨牌效应。

3）分析给出创业项目的关键路径。在完成了上述创业项目时间计划工作后，还需要分析和找出项目的关键路径，其根本目的是通过控制创业项目的关键路径实现项目时间计划的目的及优化项目资源配置的作用。因为使用关键路径法找出了创业项目的关键路径以后，不但可以确定出创业项目关键路径上每项活动的时间，而且可以通过重新配置创业项目资源去改变创业项目关键路径，从而很好地控制整个创业项目的时间计划。

（2）假设分析法。假设分析法也是一种制订创业项目时间计划的技术方法，这是根据给定的一些假设条件与参数，然后运用各种不同假设的分析，最终制订出创业项目时间计划的方法。这种方法使用"假如某种假设发生，应该如何办？"之类的问题作为分析的对象，然后使用项目时间逻辑网络计算等方法求出不同假设的创业项目时间安排。因此，一般这种假设分析法都用于计划和安排那些有较多不确定性的前提条件下的创业项目时间计划，以便在安排这种创业项目时间的计划中配备有足够的"时间储备"和各种应急措施的时间。在这种方法中有时需要配合使用人工或计算机模拟仿真等技术，如蒙特卡洛模拟等。

（3）资源水平法。使用关键路径法制订创业项目时间计划的前提是项目实施条件和资源相对比较充分，但实际上有很多创业项目的实施条件都存在资源约束和环境限制，因此有时需要使用资源水平法去编制创业项目时间计划。这种创业项目时间计划方法的基本指导思想是将稀缺资源优先分配给处于创业项目关键路径上的项目活动，所以借此制订出的创业项目时间计划常常比使用关键路径法编制的项目时间计划的总工期要长。因此，这种方法有时又叫作基于资源的创业项目时间计划方法。在许多情况下这种方法可与关键路径法配套使用，从而编制出更符合实际的创业项目时间计划。另外，加班加点、多班次安排和提高劳动生产率等也都是基于资源的缩短项目关键路径方法。

（4）关键链法。这是另一种按照创业项目资源限制及创业项目活动争夺资源的情况去制订创业项目时间计划的方法，是一种将确定性的和不确定性分析相结合的制订创业项目时间计划的方法。这种方法首先要找出在创业项目时间计划网络图中的关键链条，这是一些具有资源约束和资源争夺或共享等问题的创业项目活动（关键链）。然后，需要考虑创业项目所需资源的可得性和资源驱动的项目关键链条分析结果，按照创业项目活动之间的逻辑依存关系和确定的资源限制因素去找出项目的关键路径和关键链。这种关键链的方法承认创业项目关键路径是变动的，所以对它必须进行关键性的管理。这种方法的关键在于找出关键路径上的关键链点，并为其增加必要的资源作为"缓冲"，然后需要将创业项目时间管理的重点从项目时间计划的浮动时间转到作为"缓冲"的创业项目资源配置方面，从而保证创业项目关键路径的计划工期不出问题。

（5）创业项目时间压缩技术。创业项目时间压缩技术是一种用于缩短项目实施时间，但是又不会损害项目范围，同时能满足创业项目时间限制和其他项目目标的高级创业项目时间计划方法。这种方法主要有两种：一种是通过创业项目时间和成本的协调从而实现以较小项目成本的增加而获得较大项目时间压缩的方法，另一种是用创业项目活动平行作业代替项目活动接续作业从而压缩创业项目工期的项目时间计划方法。但是这种创业项目时间压缩技术可能会带来返工或其他风险，因为此时创业项目活动方面的信息存在缺口。

（6）其他技术和方法还包括：代码结构方法，即每个创业项目活动必须有自己的代码，而整个创业项目活动按照一定的结构进行编码，从而使项目阶段、项目工作包、项目活动、活动责任人等都能按编码锁定；应用日历技术，包括创业项目工作时间的日历和项目资源配置的日历等，其工作时间日历中给出了有关工作时间、休假日、每日班次的信息，而资源配置日历给出了哪天项目所需的人员能够到位，以及哪天项目所需物资能够到位等。另外，借助项目管理软件技术编制创业项目时间计划也是一种全新的技术方法，使用某种项目管理软件就可以按照关键路径法或资源水平法快速编制出创业项目时间计划方案。

2. 创业项目时间计划控制的方法

创业项目时间计划控制的方法有很多种，使用这些方法可以控制创业项目时间方面的各个影响要素，并且得到想要的创业项目时间计划执行结果。创业项目时间计划控制的方法最常用的有如下几种。

（1）创业项目时间计划变更控制系统的方法。创业项目时间计划变更控制系统的方法是针对项目时间计划变更的客观变化和主观请求，按照一定的程序对于创业项目时间计划的变更审批、实施和结果进行全面控制的方法。其包括创业项目时间变更的申请程序、项目时间变更的批准程序和权限安排、项目时间变更的实施程序和责任分配、项目时间变更的跟踪控制程序和方法等一系列的控制程序及相应的方法。

（2）创业项目时间计划实施情况的度量方法。创业项目时间计划实施情况的度量方法是一种测定和评估创业项目时间计划实现情况，确定项目时间计划完成程度和项目实际完成情况与计划要求的差距大小的管理控制方法。这一方法的主要内容包括：定期收集创业项目时间的实施情况数据，将实际情况与项目时间计划进行比较，分析和给出创业项目时间计划实施中存在的偏差，以及给出并采用纠偏措施等。这一方法要求有定期与不定期的（指在出现问题时缩短报告期）创业项目时间计划实施情况报告，以便及时发现创业项目工期时间出现的问题，更好地控制创业项目时间计划的实施情况。

（3）创业项目时间追加计划法。一个创业项目的实施很少能完全依照工期计划进行，有些创业项目活动会提前完成，而另一些项目活动则会延期完成。因此，创业项目时间计划控制方法中还有一种是项目时间追加计划法（或叫附加计划法），这种方法可以根据出现的工期计划变动情况使用追加计划去修订原有的创业项目时间计划。追加计划法包括四个基本步骤：首先是分析创业项目实施时间并找出存在的问题，其次是确定应采取哪些具体的纠偏措施，再次是制订追加计划，最后是实施新的计划安排。这种方法需要重点分析两种活动：一种是近期需要开展的创业项目活动，另一种是所需时间较长的创业项目活动。因为对于这两种活动的积极控制是最有效的。

（4）创业项目资源配置方法。创业项目时间计划控制的另一种方法是通过创业项目资源的重新配置来改变项目时间的方法，既包括通过增加创业项目资源投入缩短项目实施时间的方法，也包括通过减少创业项目资源投入延长项目实施时间的方法，以及通过改善创业项目资源配置（包括项目实施的组织方案和技术手段等）缩短或延长项目时间的技术方法。实际上，创业项目时间与创业项目资源（或成本）是一对相对可转换的创业项目绩效指标，当在既定时间内多投入资源就会加速创业项目时间，但与此同时会导致创业项目成本的上升，反之则会导致项目成本的下降和项目时间的上升。

（5）其他创业项目时间控制方法。对创业项目时间计划的控制而言，运用项目管理软件也是很有用的技术手段之一。这种技术方法可以用来追踪和对比创业项目时间计划的实施情况及其差距，预测和分析创业项目时间计划的变更等情况及其影响，然后自动分析、调整、更新或修订创业项目时间计划。

9.3　创业项目的成本管理原理与方法

创业项目成本管理的核心内容是通过开展包括创业项目各方面的管理去实现提高项目功能和增加项目价值的根本目标，包括各种能实现创业项目价值最大化的管理工作。

9.3.1　创业项目成本管理的原理

创业项目成本管理的原理是通过努力降低项目成本和积极提升项目价值两方面的工作来实现项目成本管理的目标。实际上，创业项目成本管理的核心任务是通过创业项目去为企业或人们创造出更大的价值，为此就需要开展创业项目成本最小化和项目价值最大化的管理工作，所以创业项目成本管理的原理包括如下两方面。

1. 努力降低创业项目成本的管理原理

创业项目成本管理的首要任务是努力降低项目的成本，这是通过开展创业项目成本管理，努力去实现以较低的资源消耗和资源占用，从而节约项目成本去实现增加价值的目的。从原理上讲，这种项目成本管理不局限于对项目资源耗费的直接管理，因为可以通过管理和控制创业项目范围、项目时间和项目质量等方面的管理工作去实现降低创业项目成本的目的。例如，通过创业项目范围管理可以控制或减少项目的活动数量和规模，从而节约项目所需耗费的资源。所以，从创业项目成本管理原理的角度需要特别指出的是，创业项目成本管理要求不能只开展项目成本的节约，还须开展项目其他要素的全面集成管理。例如，若在创业项目成本确定活动中盲目地降低项目决策成本，结果就会在项目决策上没有足够的资金和资源投入计划，从而会造成创业项目后续实施的资源与成本缺乏，这不但无法实现项目成本最小化和价值最大化的目标，最终结果很可能会导致创业项目决策失误而毁掉整个项目的价值。

根据经济学的原理，世上任何资源都具有稀缺性和使用价值的特性。项目所需消耗和占用的时间、资金、设备、原材料和人员等各方面的资源都具有稀缺性和使用价值两方面的特性。所以，从原理上说，创业项目成本管理中的降低项目成本的实质就是指如何去利用好项目所需资源的稀缺性和使用价值，可以通过合理配置资源等方法去增加创业项目所需资源的使用价值，还可以通过实施采购和科学获得等方法去降低项目所需资源的稀缺性，从而实现努力降低创业项目成本的目标。更进一步地说，创业项目成本管理不仅要对项目所需资源的使用价值予以保值，还要通过项目资源配置实现项目所需资源使用价值的增值。同时，在创业项目资源获得或采购过程中还需要根据市场的资源供应情况去做好项目所需资源稀缺性的控制，通过大宗采购、套期保值、合理控制采购试点和批量等方法降低创业项目成本，甚至在创业项目设计和实施阶段中还可以通过采用相对不稀缺的替代资源，最终实现对创业项目所占用和消耗资源的项目成本降低和节约的目的。

2．努力增加创业项目价值的管理原理

这是通过创业项目成本管理去实现项目价值的提升和扩大而开展的一种全新的创业项目成本管理的原理，这是创业项目成本管理与传统项目成本管理在原理方面最重要的区别。因为从管理原理角度出发，所有的创新创业项目都是为提升项目价值从而使得人们能够获得更大收益为目的的，所以提升创业项目价值的管理工作实质应该是创业项目成本工作的根本所在。不管是在创业项目定义与决策阶段，对于项目价值与成本的预测和利害对比分析（如项目净现值分析、投资回收期分析和现金流量分析等），还是在创业项目计划与设计阶段的项目方案比较、选优和风险分析（如项目量本利分析、项目招投标等），一直到创业项目实施与控制阶段的项目变更和跟踪决策（如项目范围、时间和质量的变更决策等），这些都是为提升创业项目价值所开展的项目（成本）管理工作。所以，从原理上说，项目成本管理必须包括以创业项目价值最大化为导向的项目成本降低和项目价值增加两方面的管理工作。

9.3.2　创业项目成本管理的方法

创业项目成本管理包括创业项目成本确定的方法和创业项目成本控制的基本方法两个方面，具体讨论如下。

1．创业项目成本确定的基本方法

由于创业项目活动具有独特性、一次性和高不确定性等特性，所以创业项目活动的成本管理工作与日常运营的成本管理工作具有很大的不同。因此，创业项目成本管理基本方法也就有很多不同之处。创业项目成本确定最基本的方法是基于活动的成本确定方法。相关的创业项目成本确定方法将分述如下。

（1）基于活动的创业项目成本确定方法。在市场经济和现代项目管理的大环境下，创业项目成本确定的基本方法是基于活动的成本估算和预算的方法，这是一种主要依据创业项目工作分解结构、项目活动清单、项目各项活动所需资源，以及这些项目所需资源的市场价格等信息确定创业项目成本估算和预算的方法。这也被称为"自下而上"的创业项目成本确定方法，因为这种方法首先确定创业项目每项活动的成本，然后向上累计获得项目工作包成本，最终累计所有创业项目活动成本而获得整个项目成本。

（2）基于工料测量的创业项目成本确定方法。在具有 50 多个国家或地区的英联邦及一些受其影响的国家和地区中，有众多企业或组织在使用这种基于工料测量

的工程项目成本确定的方法去确定出项目成本的估算和预算。这种方法主要依据工程项目所需"工"（人力和设备等）和"料"（材料和消耗性资源等）数量信息，去分别确定出工程项目的成本估算和预算。这也是一种的"自下而上"的项目成本确定基本方法，这种基于工料测量的项目成本确定方法已经有百余年的历史，这方面的实践证明这种基于工量测量的项目成本确定基本方法相对是科学和可靠的，我国现在实行的工程工程量清单计价规范最初就是参考这种项目成本的确定方法制定的。这种方法可以被借用去做创业项目成本的核算方法。

（3）创业项目工作或活动的分解方法。上述创业项目成本确定的方法中多数需要首先分解和确定出创业项目的工作分解结构和项目活动清单，然后才能针对创业项目工作包或项目活动去使用创业项目成本确定的各种基本方法，最终给出创业项目的估算成本和预算成本。所以，在创业项目成本确定方法中还必须包括分解项目工作或活动的方法。其中，在基于活动的项目成本确定基本方法中，需要使用项目工作分解结构去开展创业项目成本的初步估算或设计概算，而需要使用分解得到的项目活动清单去开展创业项目成本的详细估算和成本预算，所以基于活动的成本确定方法所需最根本的依据就是创业项目做分解和项目活动分解的结果。在基于定额和基于工料测量的创业项目成本确定基本方法中，同样需要开展创业项目工作包和项目活动的分解工作，只是分解的模式和结果有所不同而已。实际上，不管是基于何种基础的项目成本确定方法，它们都需要依赖于使用项目工作包和项目活动分解的方法去确定创业项目成本确定的基本对象，然后才有可能进一步加入有关创业项目所需资源的价格方面信息，进而最终确定项目成本的估算和预算。

综上所述，当今世界有多种不同的创业项目成本确定的方法，不同的方法适用于不同的环境和条件。

2. 创业项目成本控制的基本方法

由于创业项目活动所具有的独特性、一次性和不确定性等特性，因此创业项目成本控制的基本方法也与日常运营成本控制方法有很多不同之处，有关创业项目成本控制的基本方法介绍如下。

在创业项目成本分析工作中，通常采用的分析方法主要分事前和事中两方面的创业项目成本分析方法。

（1）事前的创业项目成本分析与预测方法。事前的创业项目成本分析与预测方法是指在创业项目实施工作开始之前，为开展创业项目成本计划和决策而开展的创业项目成本分析与预测工作所使用的方法，这些方法多属于创业项目前评估或项目可行性分析方法的范畴。例如，对于创业项目而言，项目净现值分析方法、项目内部收益率分析方法、项目投资回收期分析方法和项目量本利分析方法等都属于为开展创业项目成本计划和决策所需使用的项目成本分析和预测的方法。同时，创业项目成本分析与预测方法中还包括有关创业项目活动、项目环境与条件、项目所需资源、项目所需资源价格等方面的具体情况、发展趋势和充分必要性等方面的分析和预测方法，因为这些方面的分析和预测结果也是创业项目成本控制的依据或决策支持数据。例如，创业项目活动充分必要性的方法预测可以用于分析和确认项目活动清单中的哪些项目活动是不必要的，从而可以借助减少这些创业项目活动，实现降低创业项目成本的控制结果。

（2）事中的创业项目成本分析与预测方法。所谓事中的创业项目成本分析与预测方法是指在创业项目实施的过程之中，为开展创业项目成本计划控制和变更等而开展的项目成本分析与预测工作，其多数属于创业项目跟踪评估或项目跟踪决策所需的项目成本分析与预测方法。在事中的创业项目成本分析方法中使用最为广泛的应是项目挣值分析和预测的方法，这是一种根据项目实施一段时间的实际情况分析项目成本和项目时间的绝对变动情况和相对变动情况，以及预测创业项目未来的成本和时间发展变动情况的项目成本分析与预测的方法。项目挣值分析和预测的实质是一种统计学的综合指数编制和分析的方法，如何使用这种方法去分析和预测创业项目成本发展变化情况将在后续章节中详细讨论。另外，创业项目的事中成本分析和预测的方法还包括对于创业项目各种变更方案的成本分析和预测的方法，项目实际成本发展变化结果的因素分析法和相关分析法，以及从统计学角度对于项目环境与条件发展变化的动态分析方法等，这些都是为开展创业项目成本控制所需的项目成本分析和预测的方法。

3．创业项目成本核算的基本方法

由于创业项目活动并非都是创业项目团队自己完成的，特别是由于创业项目活动有很多是通过委托给他人去实施或完成的，所以创业项目成本的核算就具有了对内和对外两个方面的核算工作，结果就导致两种不同的创业项目成本核算方法。

（1）自我完成工作的成本核算方法。创业项目团队自身开展创业项目活动的成本核算，其目的是分析和确定创业项目团队因开展创业项目活动所实际发生的成本情况，特别是考察创业项目成本控制的绩效情况。所以，这种创业项目成本核算的方法主要包括：针对创业项目的不同产出物去开展成本核算的方法，是一种以创业项目所生成的产出物为对象去核算项目成本实际情况及控制绩效的方法；根据创业项目工作包或项目活动去开展成本核算的方法。当然，针对不同的创业项目成本控制工作的考核目的，还有许多不同的创业项目成本考核的方法。

（2）对外完成工作的创业项目成本核算方法。这是对于创业项目团队委托给他人完成的工作的成本核算方法，这方面的创业项目成本核算方法需要根据创业项目团队和被委托者的合同之间进行核算，因此针对所采取的是固定总价合同、成本加成合同、固定单价合同等不同的合同方式，会有不同的创业项目成本核算基本方法。所以，这种对外委托的创业项目工作的成本核算工作，不仅涉及项目责任成本的核算工作，而且涉及项目实际成本的结算工作，所以需要使用与上述自我完成工作成本核算完全不同的方法。这方面的创业项目成本核算工作包括：二者根据合同通过合作去核算和确定创业项目在某段时间中工作或活动实际发生成本的情况，然后二者根据创业项目成本考核结果和合同约定去结算创业项目成本。所以，这方面的基本方法主要有：基于时点的成本核算方法，即按照创业项目时间计划规定的某个时点去核算创业项目已发生成本的方法；基于时期的成本核算方法，即按照创业项目实施累计时间周期情况去核算成本的方法；基于创业项目任务完成比例的成本核算方法，及按照创业项目已经完成工作的比例情况去核算成本的方法等。由此可知，创业项目成本核算包括自我完成和外部委托工作的成本核算两类方法，这些都是在创业项目成本控制中需要使用的不同成本核算的基本方法。

4．创业项目成本考核的基本方法

同样，创业项目成本考核的方法也分为对内和对外两种不同的创业项目成本考核的内容和方法。其中，自我完成工作的创业项目成本考核内容和方法是一种责任成本考核的方法，目的在于追究创业项目成本控制责任及其相应的奖惩对外委托的项目工作成本考核内容和方法更多是一种创业项目成本结算的考核，目的在于确定创业项目成本控制及其相应的成本结算工作。所以，在创业项目成本考核的方法中，需要采用两种不同的创业项目成本考核的基本方法。另外，由于创业项目成本考核中最重要的不同在于创业项目成本会因为诸多原因而发生很多的成本变更（如成本或费用索赔等），所以创业项目成本计划完成情况的考核与创业项目责任成本的考核，都必须有充分考虑创业项目变更影响的内容或部分。

9.4　创业项目的质量管理原理与方法

创业项目质量管理就是为了保障创业项目产出物能满足项目相关利益主体的需要，而开展的创业项目产出物质量和创业项目工作质量的全面管理工作。

9.4.1　创业项目质量管理的原理

创业项目质量管理从概念上说与一般质量管理的概念有许多不同之处,这是由于创业项目、项目工作和项目质量等方面的特性所决定的。所以,项目质量管理既不同于产品的质量管理,也不同于服务质量管理①。

创业项目质量管理的基本内容包括创业项目质量方针的确定、项目质量策划、项目质量计划、项目质量体系建设、项目质量保障、项目质量改进、项目质量监督和项目质量控制等一系列的质量管理工作。但是核心是创业项目质量计划、质量保障和质量监控工作,具体如图 9-5 所示。

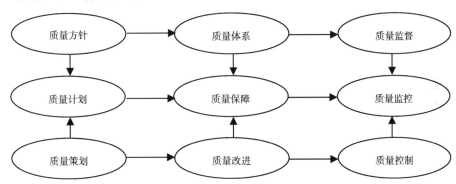

图 9-5　创业项目质量管理的主要工作示意图

由图 9-5 可以看出,创业项目质量管理工作涉及从项目质量计划到监控的全过程,这些项目质量管理工作的概念分述如下。

1. 创业项目质量计划工作

创业项目质量计划工作是项目质量管理的首要工作,是项目质量的制定与决策工作,所以创业项目质量计划工作包含两方面的内容:一是创业项目质量方针的制定,这是创业项目质量目标和大政方针的制定工作;二是创业项目质量方案的策划,这是根据创业项目质量方针,全面筹划项目质量的具体指标和方案,以及策划项目质量等级和项目质量与项目范围、时间和成本等合理配置关系的工作。

2. 创业项目质量保障工作

创业项目质量保障工作是创业项目质量管理的事前控制工作,包括创业项目质量保障体系的建设和项目质量持续改进两方面的工作。其中,创业项目质量保障体系的建设涉及项目质量保障的组织体系建设、制度体系建设、资源配备与保障等一

---

① 戚安邦. 项目管理[M]. 北京:科学出版社,2012.

系列的工作,而创业项目质量持续改进涉及项目质量初始决策的变更和项目质量跟踪决策的制定，以及创业项目质量的持续改善等。

3. 创业项目质量监控工作

创业项目质量监控工作是创业项目质量管理的始终监督与控制工作,这包括项目质量监督和项目质量控制两方面的工作。其中，创业项目质量监督方面的工作包括定期和不定期的项目工作和产品的质量核检与检验工作,创业项目质量控制方面的工作主要是根据质量核检和检验结果去分析找出项目质量偏差,然后积极采取项目质量管理中的纠偏措施等。

9.4.2　创业项目质量管理的方法

创业项目的质量管理方法包括质量计划制订方法、质量计划保障方法和质量监控方法。

1. 创业项目质量计划制订方法

创业项目质量计划编制过程中会根据创业项目所属专业领域的不同而选择计划方法，特别是也会针对项目产出物质量计划和项目工作质量计划选用不同的方法。

（1）创业项目产出物质量计划的编制方法有多种，最常用的方法有如下两种。

1）创业项目的经济质量计划方法。这种经济质量计划方法最初用于日常运营产品或服务质量计划,要求在制订创业项目产出物质量计划时必须考虑项目产出物质量的成本和收益问题，必须通过计划安排使得项目产出物质量收益大于成本。创业项目产出物质量成本是指开展项目产出物质量管理活动所需的开支,而创业项目产出物质量收益是指开展项目产出物质量活动所带来的好处。这种方法是借助质量成本与收益的比较分析去编制出经济的创业项目产出物质量管理计划。这种方法的实质是平衡创业项目产出物质量管理两个方面工作的成本,即项目产出物质量的保障成本（为防止创业项目产出物质量缺陷而花费的成本）和创业项目产出物质量的恢复成本（在检验发现质量问题或设法恢复创业项目产出物质量而花费的成本）。这种方法如图9-6所示。

由图9-6可见，如果创业项目产出物质量保障的成本升高，则项目产出物质量的恢复成本就会越低；而创业项目产出物质量保障成本降低，则项目产出物质量的恢复成本就会升高,所以创业项目最经济质量水平应该是这二者之和最小时的质量水平，因为此时的创业项目产出物质量成本最低而收益最高。所以，此法是一种合理安排和计划创业项目产出物这两种质量成本,从而使项目产出物质量总成本相对最低的一种项目产出物质量计划方法。

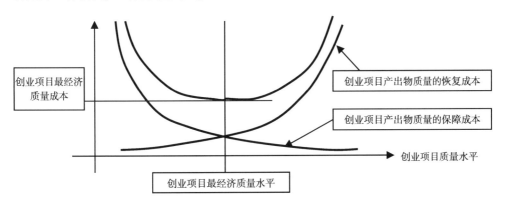

图 9-6　创业项目经济质量计划方法的示意图

2）创业项目产出物质量标杆计划方法。创业项目产出物质量标杆计划方法是利用其他历史创业项目的实际或计划质量结果作为新创业项目产出物质量计划的参照或比照目标(标杆),通过对照比较既定标杆去制订出新创业项目产出物质量计划的方法。这是创业项目产出物质量计划中最常用和最有效的方法。通常,这种创业项目产出物质量计划方法以既定标杆项目产出物的质量方针、质量标准与规范、质量管理计划、质量核检清单、质量工作说明文件、质量改进记录和原始质量凭证等计划文件为蓝本,结合新创业项目产出物的特点去制订出新创业项目产出物质量计划文件。使用这一方法时应充分注意吸取作为标杆的创业项目产出物质量计划在实施和管理中实际已经发生的各种问题及教训,在制订新创业项目产出物质量计划时必须要考虑尽可能避免类似创业项目产出物质量事故的发生,以及在可能发生情况写如何去采取相应的防范和应急措施。

(2)创业项目工作质量计划的编制方法有多种,最常用的方法有如下两种。

1）创业项目工作质量计划的实验设计法。创业项目工作质量计划的实验设计法主要适用于那些独特性很强的原始创新性创业项目工作质量的计划编制,因为这种创业项目的工作质量都没有具体的标准和依据可以参照,所以需要采用实验的方法逐步去认识和识别出创业项目工作的质量,然后据此逐步去编制和修订出创业项目工作质量计划。例如,在原始创新性的科研创业项目中总是先进行各种实验活动,然后根据实验结果设计项目工作质量指标制订项目工作质量计划,如我国"摸着石头过河"的改革开放项目的工作质量计划用的就是这种方法。这种方法特别适用于创业项目工作质量计划的编制和逐步优化,这种方法的逐步优化是从创业项目初始工作质量计划开始而逐步完善的。

2）创业项目工作质量计划的流程图法。这是一种使用描述创业项目工作流程和项目工作的相互关系图表去编制创业项目工作质量计划的方法，可以利用创业项目工作流程图去分析和确定项目实施过程和项目工作质量形成的过程，然后编制出创业项目工作质量的计划。在此方法中所使用的流程图有项目系统流程图、项目生命周期流程图、项目实施过程流程图、项目作业过程流程图等。这种方法还可借助分析创业项目工作质量影响因素的图表，如帕累斯图、鱼骨图、X-R图等，这些也都属于使用流程图法编制创业项目工作质量计划的方法。这些创业项目流程图有助于计划和安排项目工作质量，有助于分配项目工作质量的责任，有助于找出解决项目工作质量和项目工作质量的问题与纠偏措施，所以这是一种编制创业项目工作质量计划行之有效的方法。

2. 创业项目质量保障的方法

创业项目质量保障属于事前的创业项目质量管理工作，所以创业项目质量保障的方法多是预防性和改进性的技术与方法，主要的方法涉及如下几方面。

（1）创业项目质量保障中的事前预防方法。创业项目质量保障中所使用的事前预防方法主要包括如下几种。

1）创业项目质量计划项目质量管理计划的方法。按中国人的说法"凡事预则立，不预则废"，创业项目质量保障也一样需要事先有计划和安排，所以创业项目质量计划和创业项目质量管理计划的方法就是项目质量保障中的事前预防的方法。这是一种运用事前控制的思想去开展创业项目质量保障工作的方法，即在创业项目质量实现之前做好各种项目产品和工作质量计划与安排的方法。在创业项目质量保障工作中，只有预先分析和认识创业项目产品或工作质量可能出现的问题，然后才能制订出相应的产品和工作质量计划，才能够在尚未出现创业项目质量问题之前就制定好各种各样的预防和应对措施，而这样才能够避免各种创业项目质量问题的出现，才能够规避因创业项目质量问题给各方面造成的损失。

2）创业项目工作质量核检与审计的方法。创业项目工作质量核检与质量审计的方法也是用于创业项目质量保障的一种事前预防的方法，因为这种方法按照结构化创业项目工作核检和两次以上的项目工作核检的方法（第二次创业项目工作核检就叫工作审计）去核对和检查需要改进的创业项目工作质量的问题，从而通过开展创业项目工作质量的改善与提高，进而预防和避免项目产品质量出现问题或导致失败。其中，创业项目工作质量的审计可以是定期或不定期的随机抽查，可以由第三方质量监理组织或专业机构进行核查。这种方法主要用于各项项目工作质量的保障，虽然这种创业项目质量保障方法需要投入新增资源和努力，但是能够预防创业项目产品出现质量问题或损失。

（2）创业项目质量保障中的持续改进方法。创业项目质量保障中所使用的持续改进方法主要包括如下几种。

1）创业项目产品质量的改进与提高方法。如前所述，由于创业项目的一次性和独特性等特性使得创业项目质量从计划到实现都有一个持续改善和提高的过程，而在这个创业项目产品质量持续改善和提高的过程中所使用的方法就是创业项目质量保障中持续改进的方法。这类方法包括创业项目产品质量的初始计划和跟踪计划与变更的方法，借助于创业项目团队成员经验和能力的项目产品质量的改进建议和改进行动的方法等。其中，创业项目产品质量改进建议的方法是通过要求和倡导创业项目团队成员根据自己的经验和知识提出项目产品质量改进的建议，从而更好地保障和提高项目质量的方法。包括对于创业项目质量可能发生的问题及原因的分析与建议、需要开展和如何开展项目产品质量改进的建议等内容，然后根据创业项目质量改进建议去采取必要行动以做好项目质量的保障。

2）创业项目工作质量的持续改进与提高方法。由于创业项目实施过程中有很多创业项目工作是重复性的，这就给改进这类创业项目工作提供了机会和条件，所以可以使用创业项目工作质量的持续改进与提高方法，去做好创业项目质量保障中的持续改进工作。这包括为改进和提高创业项目产品质量而增加或减少创业项目活动的持续改进方法，改变原有创业项目工作方法的持续改进方法，以及改变原有创业项目组织和管理方法的持续改进方法等。其中，可以使用创业项目过程分析法去对创业项目生命周期、创业项目阶段或项目活动的过程和步骤进行分析和改进，通过从技术、组织和管理等角度去改进这些创业项目过程中列明的内容、步骤和方法，进而实现保障创业项目质量的目的。在创业项目过程分析方法中需要对创业项目各种过程中可能出现的问题、涉及的约束条件、包含的不必要活动和采用的不合理活动方法等进行分析和检查，从而消除创业项目过程中的不必要活动和改进项目活动所使用的不科学方法。

除了上述方法外，在创业项目质量计划、项目质量计划实施和项目质量控制中经常使用的各种统计分析工具和技术方法也是进行创业项目质量保障工作可以使用的方法。例如，创业项目质量标杆方法也是进行创业项目质量保障工作可使用方法之一。

3．创业项目质量控制的方法

创业项目质量控制的方法与日常运营质量控制的方法在许多方面是相同的，因为创业项目质量控制与日常运营质量控制的原理是相通的，但是创业项目质量控制的方法也有许多与日常运营质量控制的方法是不同的，因为这二者所做的质量控制对象是有所不同的，具体分述如下。

（1）创业项目质量控制图法。这是用于开展创业项目质量控制的一种图示方法，是一种从日常运营的质量控制中借用的创业项目质量控制方法。创业项目质量控制图法可用来确认项目过程、工作或结果是否处于受控状态，以及是否存在有创业项目质量系统问题导致的误差，图9-7给出了相关的示意。

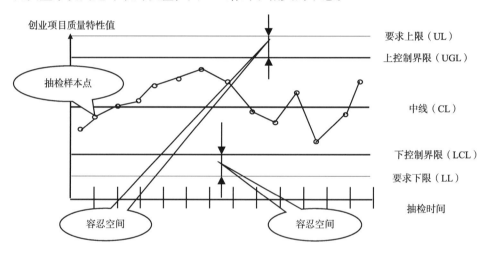

图 9-7　创业项目质量控制图法的示意图

由图 9-7 可知，创业项目质量控制图法包括两个不同的标准：一是按照图 9-7 的方法所设定的创业项目质量控制的标准或界限，二是按照抽样检验的方法统计得出的创业项目质量控制的标准或界限。按照抽样检验方法中统计学的经验公式可知，当创业项目质量控制的实际度量结果向同一方向连续变化有七个样本点时，或创业项目质量实际度量结果中连续有七个点在项目质量控制图中线的同一侧时，就可认定创业项目质量实际出现失控状况或问题，因而就应该去采取项目质量控制的纠偏措施了。由此可见，创业项目质量控制图法是建立在统计质量管理方法基础上的，它需要利用统计数据去建立控制标准界限，也需要根据测量得到的创业项目质量实际统计数据去开展项目质量控制。

由图 9-7 还可知，创业项目质量控制图中的上下项目质量控制界限或标准是根据项目质量控制的需要和创业项目实施者的实际能力设定的，这种人为设定创业项目质量控制上下界限或标准要比项目质量的计划、要求或目标低一些，以便二者之间能够形成一个用于创业项目质量问题预警的容忍区间。如果创业项目质量控制实际结果的数值处于项目质量容忍区间就可以发出预警信号，虽然此时创业项目质量控制的实际结果已超出项目质量控制界限或标准，但是因为没有超过创业项目质量计划、要求或目标即是可容忍的。但是此时给出了创业项目质量实际出现问题的报警，所以就能够及时采取纠偏措施而不会造成创业项目产品质量的报废或返工，这就是创业项目质量容忍区间的作用和创业项目质量控制图法的优越之处。

（2）因果图等创业项目质量控制的图表法。这方面既包括日常运营质量控制中使用的因果图法和直方图法等分析质量问题原因的图表方法，也包括如直方图或帕累托图等分析问题原因的重要程度一类的方法。在日常运营质量控制中使用的因果图又名鱼刺图，它能直观地反映出创业项目质量问题的结果与其原因之间的直接或间接的关系。但在创业项目质量控制中也可以使用这种因果图法，因为项目质量问题的因果之间也存在一定的对应关系，所以创业项目质量控制人员也可以使用因果图找出导致创业项目实际质量问题的具体原因，进而针对创业项目质量问题的原因去采取有针对性的纠偏措施。这种创业项目质量控制用的因果图如图 9-8 所示。

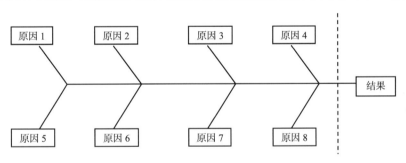

图 9-8　创业项目质量控制用的因果图示意

（3）流程图和系统流程图等流程分析的方法。流程图法是在创业项目质量控制中另一种非常有用和经常使用的方法，因为创业项目自身所具有的过程性决定了在创业项目质量控制中需要使用项目过程或系统流程图的方法。在创业项目质量控制中，这种方法主要用于分析创业项目流程或系统中各环节及其及界面中存在的项目工作质量问题，以及由此造成的创业项目产品质量问题，特别是这些创业项目工作和产品质量问题的发展与形成的过程。图 9-9 给出了这种创业项目质量控制的流程图法示意。

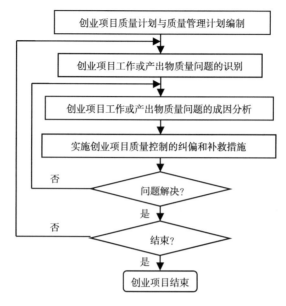

图 9-9 创业项目质量控制流程图法的示意

（4）创业项目工作质量核检法和项目产品检验法。创业项目工作质量核检法是指通过检查和测试等手段去核查项目工作过程和方法是否符合创业项目工作质量要求的质量控制方法，而创业项目产品检验法是指通过测量、检查和测试等手段去保证创业项目产出物与项目质量要求是否一致的质量控制方法。其中，创业项目工作质量核检法又可分为自我核检和核检审计。创业项目工作质量的核检审计要求每次核检严格记录结果，并由授权人员进行核检和决定最终是否接受项目工作质量。这种方法需要使用列出创业项目工作及其步骤中所需核检科目的核检清单，然后对照这种核检清单去检查创业项目工作的实施情况，从而发现问题并给出相关相应对策的方法。

对于创业项目产出物的质量检验方法又可分为自检方法、互检方法和专检方法三种不同的质量检验方法。创业项目质量检验中专检方法要求每次严格地记录检验结果，并由授权人员进行结果评定和决定最终是否接受。因为创业项目是一次性工作，所以必须更严格地使用创业项目质量检验方法去做好项目质量控制，以免造成创业项目产出物报废的严重后果。

9.5 创业项目的目标集成管理原理与方法

上述创业项目四个方面的目标要素是一个整体，它们之间有着必然的合理配置关系。如何去找到创业项目四目标要素之间的合理配置关系，并且使用正确的集成方法去实现它们之间的这种合理配置关系，这是本节所要讨论的内容。

9.5.1　创业项目集成管理的原理

创业项目集成管理是一种为实现项目各方面客观存在的特定合理配置关系所开展的一种全面性、综合平衡性、整体性的科学集成管理工作。

9.5.2　创业项目集成管理的方法

创业项目集成计划的编制涉及创业项目集成计划编制方法和控制方法两个方面的内容，具体分述如下。

1. 创业项目集成计划的编制方法

根据收集到的依据和信息，就可以开展创业项目集成计划的编制工作了。在创业项目集成计划的编制过程中首先要集成考虑创业项目各方面要求和项目各个专项计划目标及其优先序列安排，然后用前面给出的项目集成计划方法去制订项目集成计划的一系列备选方案，最终按照择优选择做出创业项目集成计划，这方面的主要工作内容如下。

（1）创业项目各方面合理配置关系的分析。在创业项目集成计划的制订中首先需要考虑和分析创业项目全过程集成中的合理配置关系、项目全团队集成中的合理配置关系、项目全要素集成中的合理配置关系，特别是对创业项目各相关利益主体的要求、期望和目标进行合理配置关系的分析，通过分析给出在创业项目集成计划中这些要求和目标的优先序列与相互关系。例如，对于创业项目范围、时间、质量和成本要素的优先序列合理配置关系的分析，以及对于创业项目各方面的要求和目标的优先序列与合理配置关系的分析等。必须首先找出这些方面的优先序列和合理配置关系才能够去编制可用于指导创业项目全面实施的项目集成计划。

（2）创业项目集成计划备选方案的编制。根据上述创业项目集成计划各方面合理配置关系的分析，以及收集到的创业项目集成计划依据与信息，就可以开始编制创业项目集成计划的系列备选方案了。所谓创业项目集成计划的系列备选方案就是指需要有多个可替代的不同创业项目集成计划方案，它们可以是按照不同优先序列与配置关系去制订的创业项目集成计划方案，也可以是按照不同项目目标、要求和期望的优先序列和配置关系安排集成出来的创业项目集成计划方案。通常这些创业项目集成计划的系列备选方案各有千秋，所以需要在全部找出来后做进一步综合平衡与优化和优选，以便最终确定的创业项目集成计划方案是最佳的项目集成计划备选方案。

（3）创业项目集成计划备选方案的优化与选优。在编制出创业项目集成计划系列备选方案之后，还使用优化和优选的方法去对这些项目集成计划备选方案进行进一步的全面优化。这种创业项目集成计划备选方案的优化方法就是进一步综合和比选出在创业项目各相关利益主体的目标、要求和期望，以及创业项目的任务、范围、时间、成本、质量、资源和风险等要素的集成方面更优的项目集成计划备选方案。此时，在这一工作中最重要的是由创业项目相关利益主体参加对创业项目集成计划备选方案进行评价、优化和调整，最终优选出能满足相关利益主体要求和期望的创业项目集成计划方案，并使用这一项目集成计划备选方案作为用于进行最终审批的项目集成计划方案。

（4）创业项目集成计划方案的最终审批。在最终选定优化了的创业项目集成计划方案以后，还必须对这一创业项目集成计划方案进行正规的审查与批准手续。创业项目集成计划的最终方案多数是创业项目相关利益主体之间的一种妥协方案，所以创业项目集成计划方案的最终审批应该有所有这些创业项目相关利益主体的参加。

2. 创业项目集成计划实施控制工作的方法

创业项目集成计划实施控制工作的方法主要涉及四方面的内容：一是制定这种控制所用的控制标准，二是度量创业项目集成计划实施的实际情况，三是分析和发现创业项目集成计划实施的偏差，四是采取相应的纠偏措施或创业项目变更。图9-10 给出了创业项目集成计划实施控制工作的示意图，具体做法分述如下。

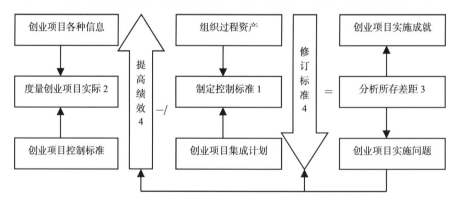

图 9-10　创业项目集成计划实施控制工作方法示意图

（1）制定创业项目集成计划实施控制标准。创业项目集成计划实施控制的方法中首先就是要制定项目集成计划实施的控制标准或控制界限，以便在创业项目集成计划实施中当实际情况超过了控制标准或界限时，能够获得报警信息并借此去采取项目集成计划实施的纠偏和变更等控制措施。这方面的方法主要是不能使用创业项目集成计划的目标和要求去作为控制界限或标准，必须严于创业项目集成计划的目标和要求而留出必要的报警区间或创业项目集成计划实施控制的容忍区间。

（2）度量创业项目集成计划实施实际情况。这实际就是对于创业项目集成计划实施工作的绩效考核或评估所用的方法，包括一系列的创业项目统计和分析方面的方法。其中，最重要的方法就是使用绝对数和相对数的统计分析方法去度量创业项目集成计划实施工作完成的百分比和绝对差的方法。

（3）分析创业项目集成计划实施中所存在的差距。这方面的方法就是根据度量出的创业项目集成计划实施的实际情况，去对照创业项目集成计划的控制标准或界限，进而找出创业项目集成计划实施中的差距。然后，分析和确定创业项目集成计划实施工作中的这些差距是成绩还是问题，如果是问题就需要进一步采取项目纠偏或变更措施；如果这些差距是成绩而不是问题，那么就证明创业项目集成计划实施处于受控状态。

（4）采取创业项目集成计划实施控制措施。这方面的方法主要是两个：一是采取努力提高创业项目实施组织在创业项目集成计划实施中的绩效，这包括采取各种激励措施和奖惩手段，以及增加人力和物力资源等方法；二是采取调整创业项目集成计划实施控制标准的措施和方法，通常这就是创业项目变更的措施了，因为这种创业项目集成计划实施控制标准或界限的调整肯定会修改创业项目集成计划原有的目标和要求。

第10章

| 创业项目的资源要素管理原理与方法

山西财经大学　高跃

创业项目资源要素包括人力资源要素、信息资源要素和采购资源要素三方面。本章将对这三种创业项目资源要素管理的原理与方法进行系统的说明与解释，并分析这三个创业项目资源要素之间的相互关系与影响。

10.1　创业项目人力资源管理原理与方法

创业项目人力资源管理是创业项目所需最重要的资源管理，它所管理的对象是创业项目各种管理和决策所需的人力资源。创业项目人力资源管理的根本目的是为创业项目获得和配备人力资源，激励和充分发挥创业项目人力资源的主观能动性，建设和管理创业项目团队，以实现既定的创业项目目标和提高创业项目效益。

10.1.1　创业项目人力资源管理的原理

1. 创业项目人力资源管理的特性

创业项目人力资源不同于日常运营和常规项目的人力资源管理，它是由创业者（或创业项目创始人）通过对于项目团队的管理实现的，所以创业项目人力资源管理的主要特性有如下几点。

（1）创业项目人力资源管理更强调团队建设。在创业项目人力资源管理中，建设一个气氛和谐、士气高昂的创业项目团队是首要任务。因为创业项目工作是以团队的方式完成的，因此创业项目团队建设是创业项目人力资源管理的一个首要任务。创业项目人力资源管理中的组织规划设计和人员配备与开发，都应该充分考虑创业项目团队建设的需要。当然，在确定创业项目创始人（或创业者）的权力和挑选创业项目团队成员方面也需要考虑创业项目团队建设的需要，在开展创业项目绩效评价和激励等各方面也都要考虑创业项目团队建设的需要。

（2）创业项目人力资源管理注重高效快捷。由于创业项目团队是一种临时性的组织，所以在创业项目人力资源管理中十分强调管理的高效和快捷。除了一些大型和时间较长的创业项目，一般创业项目团队的存续时间相对于日常运营组织而言是很短暂的（除非他们转成新创企业经营者，但那也不是创业项目团队了），所以在创业项目团队建设和人员开发方面必须采取高效快捷的方式和方法，否则很难充分发挥创业项目人力资源管理的作用。其中，不管是创业项目人员开发与激励，还是创业项目团队建设与冲突的解决，都需要采用高效快捷的方法去完成。

（3）创业项目人力资源管理注重目标导向。由于创业项目团队的临时性和创业项目工作的一次性等原因，创业项目人力资源管理特别强调以实现目标为导向，任何创业项目人力资源的管理都必须是直接为创业项目既定目标的实现服务。不管是创业项目的业务活动还是创业项目的管理活动都必须为实现创业项目的目标服务，所以开展这些创业项目活动的人力资源管理必须具有很强的目标导向性。从创业项目团队组织的设计，到创业项目人员的获得与配备，以及创业项目的绩效评估与激励，都必须为实现创业项目的特定目标服务。

2．创业项目人力资源管理的核心内容

（1）创业项目人力资源规划。这包括创业项目的组织设计和人力资源计划两方面内容，这是创业项目人力资源管理的首要任务。其中，创业项目组织规划是根据创业项目工作分解结构（WBS）去规划和设计创业项目团队的组织分解结构（OBS），包括创业项目组织设计、创业项目工作岗位分析和创业项目岗位工作设计等内容。创业项目人力资源的计划和安排是根据创业项目目标、产出物、工作的实际需要，通过分析和预测所给出的创业项目人力资源在数量上、质量上、时间上的明确要求、具体计划和安排。

（2）创业项目人力资源规划的实施。这是创业项目组织根据创业项目人力资源规划去通过组织内外招聘或其他方式获得创业项目所需人力资源，并根据所获人力资源的技能、素质、经验、知识等进行工作安排和配备，从而构建创业项目团队的工作。通常，创业项目人力资源的获得主要有两种方式：从创业项目组织内部获得创业项目所需人力资源的内部招聘，通过各种关系和各种媒体宣传、人才市场和上网招聘等方式从外部获得创业项目所需人力资源。由于创业项目的一次性和创业项目团队的临时性，创业项目人力资源的获得与配备和其他组织的人力资源获得与配备是不同的，它必须具有高效快捷和直接使用等特性。

（3）创业项目人力资源的绩效管理。这是在创业项目实施的过程中使用开发和激励等方式不断提升创业项目团队成员的能力和改善团队成员间合作关系，从而实现对创业项目人力资源绩效的全面管理工作。这方面工作的内容包括创业项目人力资源的开发、创业项目团队的绩效评估与创业项目人力资源的激励等，其目的是使创业项目人力资源能得到充分开发和使用。其中，创业项目人力资源的开发是对人们能力的开发，创业项目绩效评估和激励是为调动人力资源主观能动性和积极发挥人力资源的作用。另外，借助创业项目团队精神建设、创业项目团队绩效提高和创业项目团队沟通与协调等手段也能起到这方面的作用。

（4）创业项目团队的管理与控制。这是在创业项目全过程中对创业项目团队进行的监督、管理与控制的工作，其目的是不断总结经验教训并解决组织中存在的各种问题。创业项目团队的管理与控制的工作包括创业项目团队及其成员的工作绩效和能力的跟踪评价、绩效和能力评价结果的反馈、创业项目团队冲突的解决，以及创业项目人力资源计划变更的管理等。由于创业项目人力资源多数是归属于创业者（或创始人）去组织和管理的，因此他们需要借助对于创业项目团队的管理与控制去做好创业项目人力资源的管理工作。

10.1.2　创业项目人力资源管理方法

1. 创业项目人力资源规划

创业项目人力资源管理主要包括：识别与发现创业项目人力资源的需求，安排与分配创业项目团队成员的角色、任务和职责，设计和安排创业项目团队成员之间的报告与沟通关系，确定创业项目人力资源的培训需求，以及编制创业项目人力资源雇用计划文件等工作。任何创业项目团队中的成员和小组在都要有自己的明确的角色、责任、职责和报告关系，包括创业项目管理者和外部委托的创业项目协作者，都需要明确规划他们的角色、责任和报告关系。最终由创业项目组织关系矩阵和创业项目人力资源雇用计划全面给出创业项目人力资源的规划、计划和安排情况，其中的创业项目组织关系矩阵描述了创业项目组织中各方面的角色、责任、职责和报告关系，而创业项目人力资源雇用计划给出了创业项目各种人力资源的雇用时间、培训和使用时间、撤出和遣散的时间等。

创业项目人力资源规划的主要依据包括三方面：一是创业项目任务要求，即创业项目工作分解结构（WBS）和创业项目活动清单等给出的创业项目任务要求；二是创业项目环境与条件，即创业项目所处的宏观（国家）、中观（行业）和微观（企业）的环境情况，及其涉及的经济、技术、市场、地理位置等外部环境，以及自身的内部条件等；三是创业项目自身的相关信息及各种限制条件。

创业项目人力资源规划与设计的方法主要是组织分解结构法。这是以项目工作分解结构（WBS）为依据，根据完成项目各个工作包所必需的责任和义务，通过进一步的分析而获得一份项目组织结构分解（OBS），最终设计给出创业项目的组织结构的方法。这是一种被广泛采用的结构化项目组织分析与设计方法。创业项目组织分解结构是制订创业项目人力资源规划的中间环节，人们需要借助创业项目组织分解结构去找出创业项目人力资源的需求。

图 10-1 给出了某创业项目的产品开发工作分解结构与组织分解结构示意。这一创业项目工作分解结构中的每个工作包都对应有其所需要的项目工作岗位，这些创业项目工作岗位按照一定的部门化原则组成项目小组，这些项目小组进一步组成创业项目团队并由项目创始人进行组织管理。所以，创业项目组织分解结构给出了所有需要的项目工作岗位，人们可以根据项目组织分解结构的这些岗位去进一步找出每个岗位需要多少人员与具体需要的人员种类或职能要求等，最终分解得出创业项目人力资源的规划。这是一种结构化的、十分有效的创业项目人力资源规划方法，是已获得实践检验的科学创业项目人力资源规划方法。

其他创业项目人力资源规划的方法，主要有如下几种。①原型法或平台法。这是指利用以前完成创业项目的组织分解结构作为原型或平台，通过一定的"增删"和"改进"的方法去获得新创业项目的人力资源规划结果的方法。这种方法同样简单有效，而且可以节省很多的创业项目人力资源规划工作。②常规组织规划方法。这是指借助日常运营的组织分解的原理和方法去规划创业项目人力资源的方法，这种方法与日常运营组织人力资源规划的思想和方法是一致的，它也适用于创业项目人力资源的规划，所以它也被广泛地用于创业项目人力资源的规划之中。③常规人力资源规划方法。这是指使用日常运用的人力资源规划的原理和方法进行创业项目人力资源规划的办法。同样，日常运营的人力资源规划方法也可以为创业项目人力资源规划所使用，但是使用这种方法时必须考虑创业项目人力资源规划的独特性。

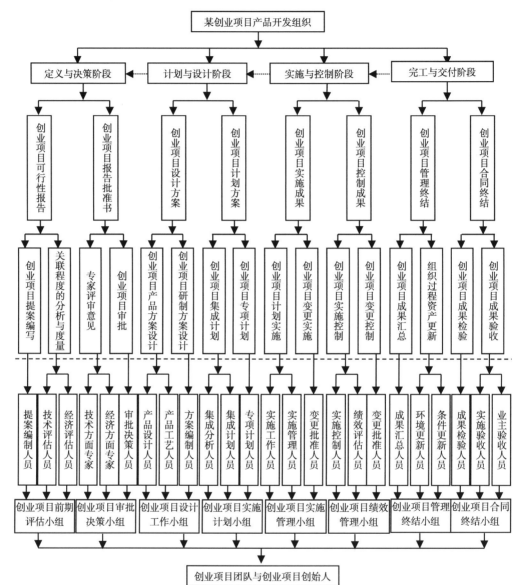

图 10-1　某创业项目产品开发项目工作分解结构与组织分解结构示意图

2. 创业项目人力资源规划的实施

创业项目人力资源规划的实施主要包括创业项目人力资源的获得、配备和开发等内容。

（1）创业项目人力资源的获得。创业项目人力资源的获得指通过各种途径获取为完成创业项目所需的人力资源，并组成创业项目团队这样一项创业项目人力资源管理工作中非常重要的工作。这一工作的主要目标是确保创业项目组织能够获得所需的人力资源，以保证创业项目目标的实现服务。创业项目人力资源获得的主要方法如下。

1）内部谈判获得创业项目人力资源的方法。本方法指在创业者或创业项目实施组织（包括家庭、朋友或小群体）采用内部获得方式的时候获得人力资源，这种方法要求既不能由提供创业项目人力资源的组织内部职能部门自己选送，也不能由组织的高管人员指定，而必须采用由创业者或项目创始人通过谈判的方法，从组织内部高智能部门获得创业项目所需的人力资源。因为没有哪个组织的职能部门会愿意将自己有能力的人员派去给创业项目团队工作，所以创业者或项目创始人就必须使用谈判筹码去换取职能部门所拥有的高级人力资源，而这种谈判的筹码中最大的就是创业项目费用预算。创业者或项目创始人必须使用财力资源换取人力资源的方法去同职能部门进行谈判，通过花费创业项目费用预算中的人力资源费用去获得自己需要的创业项目所需的人力资源。创业项目人力资源管理的实践证明，这种方法获得人力资源最重要和最成功的方法。

2）外部招聘获得创业项目人力资源的方法。当创业者或项目创始人采用外部招聘去获得创业项目人力资源的时候，需要采用公开招聘或借助猎头公司等一系列的手段和方法。在使用公开招聘创业项目所需人力资源的时候，创业者需要按照公开招聘的过程去开展一系列的工作，包括公开发布人力资源的招聘信息、接受应聘者提出申请、获取应聘者的信息（包括应聘者提交的资料和各种测评与考试的结果）、对于应聘者的全面评估、选出创业项目所需的人力资源并最终吸收这些创业项目所需的人员。借助猎头公司实现外部招聘多数用于对创业项目关键人力资源的获得，这实际是一种借助中介获得创业项目人力资源的方法。这种方法要求创业者或项目创始人委托猎头公司去使用高端人力资源猎取方法获得创业项目所需的人力资源。在使用外部招聘获得人力资源必须根据创业项目人力资源规划、创业项目组织分解结构、创业项目工作岗位任职说明书及创业项目人力资源雇用计划去开展创业项目所需人力资源的外部招聘。

3）创业项目工作外协或合同外包的方法。当创业项目团队中没有创业项目所需人力资源，而且创业项目团队也没办法通过外部招聘而获得创业项目所需人力资源时，创业项目团队只有使用创业项目工作外协或合同外包（分包）的方法去完成创业项目的某些工作了。使用创业项目工作外协或合同外包的方法的根本原因是那些能够完成创业项目特殊任务的创业项目人力资源不愿意按照外部招聘的方式加入创业项目团队，而只愿意按照合同委托的方法独立完成创业项目的特殊任务或工作。出现这一现象的原因，有时是技术与经营机密等方面的问题，有时是人们所处不同地域的限制，或组织边界难以打破的限制等。另外，这种创业项目外协或外包的方式还可以更好地提高创业项目工作的效率和创造新增的创业项目价值，这就是在创业项目管理领域的分工不断细化，各种总包商、分包商和供应商分别完成不同创业项目工作，共同实现一个创业项目价值的根本原因所在。

所以，从创业项目人力资源获得的角度出发，人们在很多时候首先需要考虑的是创业项目人力资源的利用效率和所能创造的价值。通常，最好是从组织内部（包括家庭）获得创业项目人力资源，其次才是采取外部招聘获得创业项目人力资源，最后是采取创业项目外协或外包（分包）的方式去借用其他组织的人力资源去为完成创业项目工作和任务服务。

（2）创业项目人力资源配置。在创业项目实施组织获得了项目所需人力资源以后，还必须努力去合理配备这些创业项目人力资源。这不但有利于创业项目目标的实现和充分挖掘项目人力资源的潜力，而且能够提高创业项目人力资源的绩效，改进完善和提高创业项目团队的合作与协调。其主要方法包括以下三种。

1）创业项目人力资源的需求预测。这是根据创业项目的任务、项目人力资源雇用计划等方面的信息，预测创业项目人力资源实际需求的工作。创业项目人力资源需求预测方法相比比较简单，因为项目工作和项目人力资源雇用计划是确定的，所以主要涉及创业项目人力资源需求时间的预测。

2）创业项目人力资源的供给预测。主要涉及两个方面的预测：一是创业项目实施组织内部的人力资源供给能力的预测，二是外部能够为创业项目供给的人力资源预测。由于外部人力资源供给的不确定性，所以这种供给能力的预测相对比较困难。

3）创业项目人力资源供需综合平衡。这是创业项目人力资源需求与供给的综合平衡，需要使用总量综合平衡方法和结构综合平衡方法。其中，总量综合平衡方法用于从总体数量上综合平衡创业项目人力资源的供给和需求，结构综合平衡方法用于不同专业人力资源的综合平衡。

（3）创业项目人力资源的开发。当创业项目团队建立之后，创业项目人力资源管理就进入创业项目人力资源的开发阶段。这种创业项目人力资源的开发是以提高项目工作绩效为目的而开展的项目人类资源管理工作，其内容主要包括两大部分：一是创业项目人力资源个人的培训与开发，二是创业项目团队的整体开发与建设。

前者可以使创业项目人力资源能够拥有和提高必要的技能从而更好地去做好项目工作，后者可以提高创业项目团队成员的互信和合作，从而提高项目团队的工作绩效。其主要方法包括以下四种。

1）创业项目团队精神建设。创业项目人力资源首先需要开展团队精神的培养与团队文化的建设，但由于创业项目组织存续时间较短，因此其文化建设不可能像日常运营组织那么完善，但一些基础的创业项目团队文化，例如始终保持全局观念和为保证创业项目按计划实施而牺牲个人休息时间等，从而不断强化团队成员的团队合作精神，为团队建设提供精神保障。

2）制定创业项目行为规范。创业项目行为规范是根据项目实际情况对创业项目团队成员的行为所做的标准规定，是项目团队成员们的行为准则。创业项目行为规范中应明确规定什么样的行为是好的，什么样的行为是可以接受的，什么样的行为是不能接受的。从而使团队成员的行为有据可依，以便使他们能更好地理解和按照创业项目行为规范去开展项目工作与活动。

3）开展良好的创业项目沟通。创业项目团队成员之间的沟通对项目团队的建设来说是至关重要的，创业项目团队成员需要不断地就项目范围、时间、成本、质量等各个方面情况进行沟通，从而更好地从创业项目全局的角度出发去开展项目团队的合作。创业项目沟通的渠道包括会议、报告、网络信息沟通等。

4）创业项目团队管理的集中办公。这是指创业项目团队中的主要管理人员应集中在同一地点办公，以加强他们之间的沟通，集思广益，提高他们的合作，增强凝聚力，从而提高创业项目团队工作绩效。这种创业项目团队管理员集中办公可以在同一地方或建筑内，也可以使用网络技术（如网络视频）在不同地点集中办公，只要能够保障对于创业项目问题和变更的及时应对即可。

3. 创业项目人力资源的绩效管理

创业项目人力资源管理的根本目的是提高创业项目实施工作的绩效，所以创业项目人力资源管理中对于创业项目团队及其成员的绩效管理与控制是十分重要的内容。创业项目人力资源的绩效管理的内容包括在创业项目实施过程中收集项目团队及其成员绩效的数据，对创业项目团队及其成员绩效进行评估和奖励，以及解决创业项目团队中的冲突去提高项目实施绩效等方面的工作。所以，创业项目管理者必须开展创业项目团队及其成员绩效的评估，必须对创业项目团队及其成员的绩效进行管理和控制，必须及时找出创业项目绩效中存在的问题与偏差，从而借助创业项目人力资源培训与开发和激励等方法提高项目绩效。

（1）创业项目人力资源绩效评估。创业项目人力资源绩效评估是按照既定的创业项目绩效评估标准，采用科学方法去考核和评定项目人力资源成员对其岗位职责的履行程度，以及他们的工作成绩的好坏。创业项目人力资源绩效评估以项目人力资源成员的工作业绩为评估对象，通过对创业项目人力资源成员的绩效评估，去判断项目人力资源是否称职并以此作为采取激励措施的依据。这项工作的主要目的是切实保证对创业项目人力资源的考评、报酬、奖励、惩罚、辞退等项工作的科学性，所以这种绩效评估的依据和标准应该是创业项目人力资源相应的岗位说明书及其业绩的要求。这种评估的内容包括评估创业项目人力资源的业绩、他们的实际能力，以及他们对其岗位的适应程度。主要评估方法包括以下四种。

1）绩效评分表法。这种方法是用一系列创业项目工作绩效的构成指标，以及创业项目工作绩效评估的打分标准，在项目人力资源绩效评估中针对具体人员的工作实际绩效情况进行打分，然后将该人所得到的所有工作绩效分数相加得到其工作绩效评估的结果。

2）工作绩效对照法。这种方法把创业项目人力资源的实际工作绩效与组织既定的项目人力资源工作绩效标准相对照，从而评估出具体创业项目人力资源的工作绩效结果。这种方法也可以将某个创业项目人员的工作绩效作为标杆，然后对照给出具体人的绩效评估结果。

3）绩效排序法。这种方法把具体创业项目人力资源按照一定的工作绩效评估标准进行评估后，然后将所有参加创业项目人力资源绩效评估的结果按照由高到低或者由低到高排序，以人们工作绩效的排序给出创业项目评估结果的方法。

4）具体描述法。这是一种使用简短的书面鉴定或文字描述而给出创业项目人力资源绩效评估结果的方法。这一方法的评估结果描述在内容、格式、篇幅、重点上都是多种多样的，绩效评估者需根据情况予以确定和中肯的描述。

（2）创业项目人力资源激励。创业项目人力资源激励就是创业项目管理者根据创业项目人力资源工作绩效评估结果，通过采用各种奖惩创业项目人力资源的措施和手段，去激发创业项目人力资源积极工作的动机，调动创业项目人力资源的主观能动性和创造性，从而更加高效地实现创业项目目标的工作。通俗地讲，所谓激励，包含激发和鼓励两层意思，其中，激发就是促使人们产生某种行为动机，鼓励就是通过奖惩手段去鼓励人们的正确行为和纠正人们不正确的行为。所以，创业项目人力资源的激励能够产生强大的推动力，去驱使创业项目人力资源为实现项目目标而更积极地开展工作。其具体的方法包括以下四种。

1）物质激励与荣誉奖励。这是创业项目人力资源最基本的也是采用最多的一种激励手段。其中，物质激励手段包括工资和奖金等；荣誉奖励是众人或组织对个体或群体的高度评价，是满足人们自尊需要，激发人们奋力进取的重要手段。

2）参与激励与制度激励。参与激励是指尊重员工、信任员工，让他们了解创业项目人力资源的真实情况，使其在不同层次和深度上参与决策，从而激发主人翁的精神。同时，创业项目人力资源的各项规章制度即是约束，员工在遵守规章制度的过程中是约束和奖励的双向激励。

3）目标激励与环境激励。目标激励是由创业项目目标所提供的一种激励的力量。因为创业项目目标体现了创业项目人力资源成员工作的意义，所以能够在理想和信念的层次上激励全体团队员工。良好的工作和生活环境可满足员工的保健需求，同时形成一定压力去推动员工努力工作，所以具有很强的激励作用。

4）榜样激励与感情激励。榜样激励是通过满足创业项目人力资源成员的模仿和学习的需要，引导其行为达到创业项目人力资源目标的要求。感情激励是利用感情因素对人的工作积极性造成重大影响。感情激励就是加强与员工的沟通，尊重、关心员工，与员工建立平等和亲切的感情。

这些创业项目人力资源的激励手段和方法多数属于管理行为学和心理学等方面的理论和方法，创业项目管理者如果想要很好地开展创业项目人力资源的激励，可以去学习相关内容。

（3）创业项目人力资源的冲突管理。多数人认为任何组织中的冲突都是坏事，而且是组织管理者应尽量避免的。然而在创业项目人力资源管理中，冲突不但是不可避免和必然存在的，而且有时冲突对创业项目团队建设和创业项目工作实施是有益的。因为创业项目人力资源中的某些冲突能让人们获得新的想法（思想碰撞的火花），或者逼迫人们另辟蹊径制订出更好的创业项目工作方案，因此管理和解决创业项目人力资源中的冲突也是创业项目人力资源管理和创业项目团队建设的重要内容之一。

创业项目人力资源的冲突，一方面需要靠创业项目管理者来处理和解决，另一方面还需要靠冲突相关的创业项目人力资源成员共同来处理和解决。如果创业项目人力资源的冲突处理得当，这种冲突可能会给创业项目工作带来有利的一面，因为问题被暴露出来并得到了重视与解决。如果创业项目人力资源的冲突处理不当，会对创业项目工作和创业项目人力资源造生不利的影响，它不但会破坏创业项目人力资源的沟通、团结与合作，而且会使整个创业项目工作绩效出现降低。处理创业项目人力资源冲突的主要方法。

1）回避或撤出。这是指使那些卷入冲突的项目人力资源成员撤出冲突，以避免创业项目人力资源冲突升级而形成对抗。这种回避与撤退的冲突处理措施可以是由冲突的双方后某一方主动实施，也可以是由创业项目管理者根据解决冲突的需要而采取强制回避或撤出的措施。这种处理创业项目人力资源冲突的方式虽可较快解决冲突，但有可能造成冲突双方矛盾的积聚而为日后埋下隐患。

2）竞争或逼迫。这是一种创业项目人力资源冲突的激进解决方法，这种方法认为在冲突中获胜是解决创业项目人力资源冲突的最好办法，因此这种创业项目人力资源冲突处理方法往往是以一方的失败而告终的。由于无论如何总会有创业项目人力资源的一方受挫而导致其工作热情下降，甚至退出项目团队，因此这种方法是相对激进的方法，但往往会给创业项目工作和人力资源造成某种损失。

3）调停或消除。这种创业项目人力资源冲突的解决方法是尽力为冲突双方找出可以达成一致的方案，即通过求同存异的方法去解决或消除冲突。这种方法多数时间只能缓和冲突而不能彻底解决冲突，因为调停而达成的平衡多数是暂时的。但这一方法的优点是可以稳定当前所存在的冲突而不会给创业项目工作带来损失，但由于其无法彻底解决矛盾而可能在今后一段时间再度爆发。

4）妥协与合作。这种创业项目人力资源冲突的解决方法要求冲突的双方寻求一个调和折中的解决方案，使各方得到某种程度的满足而消除冲突。这种方法要求冲突双方做出让步和相互谅解，并为实现创业项目目标而继续合作，要求冲突双方从项目整体利益出发，所以要求创业项目人力资源成员以积极的态度对待冲突，并尽力找出最好和最全面的冲突解决方案。

除了上述方法以外，创业项目人力资源解决冲突的方法还有很多，每种方法都有其适合的环境与条件，所以并没有客观评价上述方法好与坏的标准，创业项目人力资源冲突解决的最佳方法要视冲突双方情况、冲突原因、冲突性质等因素而定。但是可以肯定的是，创业项目人力资源冲突的解决是创业项目人力资源建设和发展及创业项目工作绩效提高的一项重要管理内容。

10.2 创业项目的信息资源管理原理与方法

信息资源是创业项目的关键性资源。无论是一般性的项目管理领域，还是创业学领域的现有研究，在信息资源及其管理的研究都较为薄弱。本节在界定创业项目信息资源内涵的基础上，展开讨论了创业项目信息资源管理的主要内容与方法。

10.2.1　创业项目信息资源的内涵与类型

在一般信息论中，信息是指引发一个系统变化的潜力[①]。而资源是一个经济学概念，是指生产过程中所使用的投入[②]。信息和信息行为伴随人类社会的发展，但将信息视作一种资源的观点则与信息技术的发展密切相关。强调信息的资源属性，核心是强调信息在价值创造中的作用。但在计算机发明之前，人类对信息的开发利用能力明显不足，很难从经济资源的角度看待信息。随着信息技术的发展，尤其是数据库技术的发展，信息资源理论也应运而生[③]。因此，创业项目的信息资源可以界定为在创业项目的全过程中，为实现最终目标而产生的各种文字、数字、音像、图表、语言等一切信息的集合。而且，这些信息是经过创业主体加工筛选后的有序集合。

根据对创业过程中的信息资源加工、开发的深度可以将创新项目信息资源划分为一次信息资源（原始信息资源）、二次信息资源和三次信息资源。根据创业项目信息资源的保密程度可分为公开信息资源、半公开信息资源和非公开信息资源等。根据创业项目信息资源的产权归属问题可划分为原生信息资源、外来（或原态）信息资源和此生信息资源[④]。

在创业项目的实践发展过程中，对不同类型信息资源的利用经历了由内部主导向外部主导转变的过程。过去由于市场环境封闭、信息搜寻获取成本高等因素的限制，来自企业内部的信息资源占据着主导地位。而随着经济全球化的深化和信息技术的发展，从外部获取信息资源成为目前创业项目实践的主流做法。

10.2.2　创业项目信息资源管理的内容与方法

信息资源管理的对象有狭义和广义之分。狭义上，信息资源管理是指对信息内容的管理，即将信息视作经济资源，使用计划、组织、领导、控制等管理手段进行管理。广义上，信息资源不仅是信息内容，还包括收集处理信息内容所需要的工具和技术。在创业项目的实施过程中，信息工具和技术的管理往往是由创业项目团队所在的企业或组织统一进行的，因此，本书重点讨论的是狭义上的创业项目信息资

---

① 马克·布尔金. 信息论：本质·多样性·统一[M]. 王恒君，嵇立安，王宏勇，译. 北京：知识产权出版社，2015.

② 彼得·蒙德尔，丹尼·迈尔斯，南希·沃尔，等. 经济学解说[M]. 3 版. 胡代光，等，译. 北京：经济科学出版社，2000.

③ 胡小明. 信息资源观念的变迁[J]. 电子政务，2012（1）：56-65.

④ 赵海军. 基于产权的信息资源分类和信息确权理论建设[J]. 图书与情报，2012（4）:89-97.

源管理。具体地，创业项目信息资源管理的重点内容包括如下四方面。

1. 创业项目内外部信息的收集与分析

内外部信息的收集与分析是创业项目信息资源管理的首要工作。一方面，为了保证合理的创业项目决策，需要收集市场需求、技术、竞争对手、商业环境等多方面的信息。尤其是高度分散的市场需求信息的收集，需要进行重点管理。另一方面，收集大量的信息后，还需要进行信息的加工处理，从中提取有效信息，以供决策参考。

在进行内外部信息的收集与分析时，需要重点做好如下管理工作。一是设计科学的信息收集处理程序。创业项目决策和设计所需的信息异质性强，来源广泛，因此需要在认真分析信息需求基础上设计合理的工作程序，从而明确信息收集分析工作的目标，并提高工作效率。二是选择合适的信息收集处理方法。随着新一代信息技术的兴起，信息收集处理的技术方法也日趋多样化。在进行创业项目内外部信息的收集与分析工作时，需要对相关技术方法进行评估选择，积极利用先进的技术方法来提升工作效率。三是加强信息收集处理的质量控制。虚假、错误或不完全的信息都会对创业项目的设计与实施带来致命的影响。在收集分析信息时，要强化质量控制工作，特别是对不同来源信息的相互印证和深度数据挖掘技术的应用。

2. 创业项目实施信息的监控与传递

创业项目实施信息的监控与传递是创业项目信息资源管理的第二项重要工作。为了保证创业项目能够按既定目标实施，创业项目管理者和相关利益主体需要及时了解创业项目的实施情况，并采取纠偏措施。如果发现创业项目的决策和计划存在较为严重的错误，还需要以相关信息为依据进行创业项目变更。尤其是在一些规模较大或跨组织的创业项目中，信息监控与传递尤为重要。

构建创业项目管理信息系统是提高信息监控与传递效率的重要途径。它基于计算机技术，帮助管理者收集创业项目的费用、时间等关键信息，并进行相应的计算分析，为决策提供依据。除了构建信息管理系统之外，信息监控和传递还需要相应的制度设计与组织保障。应当根据创业项目的具体情况建立健全信息处理制度，同时形成良好的非正式沟通机制。在创业项目组织设计时，则要尽可能实现扁平化和网络化，以减少信息传递的层级和路径。

3. 创业项目分散信息的整理与系统化

分散信息的整理与系统化也是创业项目信息资源管理的重要工作。创业项目实施过程中会形成大量的碎片化信息，并分布于不同的相关利益主体。整理这些分布式信息，并将其系统化后形成编码知识，可供其他类似创业项目参考借鉴，是提升创业项目管理能力的重要途径。

实现分散信息的系统化，需要重点做好两方面的工作。一是促进信息交互，实现分散信息的集中。对于难以编译和传递的信息，需要加强主体间的直接沟通；对于易于编码和数据化的信息，需要充分利用先进的信息技术，构建开放共享的数据库，进行分布式信息的收集。二是信息整合处理，包括对信息的归类、虚假冗余信息的清洗等。

4．构建创业项目信息生态系统

信息生态是生物学类比思想应用于信息科学而出现的新研究领域，它强调信息主体之间的有机关联，以及信息主体与信息环境的交互。基于信息生态观探讨信息资源的配置模式和管理策略，符合信息资源分布的客观规律[①]。创业项目具有多相关利益主体和开放性，信息生态系统的理念为创业项目的信息资源管理提供了有益的思路，不仅有助于从不同视角理解企业创新活动的机理[②]，还可为创业项目信息资源的有效配置提供组织保障。

创业项目信息生态系统由如下几个部分构成。一是信息资源，是整个生态系统的生态基。二是信息主体，包括在信息生态系统中开展信息活动的机构和个人，他们之间存在各种共生关系，扮演着信息生产者、信息传递者和信息消费者等不同的生态角色。信息主体通常也是创业项目的相关利益主体。三是信息环境，主要包括信息技术环境、文化环境、制度环境和经济环境等[③]。其中，信息技术环境占据着主导地位。随着移动互联网、云计算、大数据、物联网等新一代信息技术的快速发展，人类开发利用信息资源的能力和方式发生了根本性的变革，进而引发了相关的文化、制度和经济环境的变化。具体地，对于创业项目的信息资源而言，信息技术的发展不仅扩大了信息搜寻、传递的范围，降低了相关成本，大数据分析技术的发展还改变了信息生产的方式。

10.3　创业项目物质资源的管理原理与方法

创业项目的物质资管理源是指对于通过采购活动所获得并用于支持和开展创业项目活动的各种设备、材料和其他物质资源的管理。创业项目物质资源管理也是

---

① 陈明红. 信息生态系统中资源配置的博弈行为分析[J]. 情报理论与实践，2010，33（9）:17-22.
② 马捷，靖继鹏.论信息生态观对企业创新机理的阐释[J].情报理论与实践，2009，32（8）:33-35.
③ 肖静，李北伟，魏昌龙，等.信息生态系统的结构及其优化[J].情报科学，2013，31（8）:10-14.

由一系列管理阶段和过程构成的,本节将对创业项目物质资源管理的内容与方法进行系统的说明与阐述。

10.3.1 创业项目物质资源管理工作与过程

由于在创业项目物质资源管理中买方是起决定性作用的,所以创业项目物质资源管理是从创业项目物质资源买方的角度来讨论的,这方面的具体管理工作和过程主要包括如下几方面。

1. 创业项目物质资源及其采购工作的计划安排

为满足创业项目的需要就必须根据创业项目集成计划和物质资源需求,确定出创业项目在什么时间需要采购什么物资、怎么采购这些物资,并据此编制出详细可行的创业项目物质资源计划及其采购工作计划。创业项目物质资源计划是创业项目物质资源管理的核心文件,是创业项目物质资源管理的根本依据之一。同时,为保证能够按时、按质、按量获得各种物资,人们还必须制订出创业项目物质资源采购工作的计划。这是有关创业项目何时开展所需物资的询价、订货、签订合同等工作的具体计划,它是确保创业项目物质资源的采购能够按时、按质、按量和在需要的时候到位的一种管理安排。

2. 创业项目物资采购合同订立的计划与安排

计划与安排创业项目合同订立的过程就是准备各种创业项目我自采购合同订立所需各种文件,以便为后续的创业项目物资采购合同买方的投标邀请提供支持和为卖方选择提供支持。这包括三项工作:一是各种用于确定创业项目物质资源采购提案的文件,二是用于创业项目物质资源采购评价的规范,三是创业项目物资采购合同工作的说明。例如,常用的这类创业项目文档包括投标邀请函、物资采购提案任务书和报价单要求书,以及招标通知和谈判邀请等,这些都属于计划安排创业项目物资采购合同订立的工作范畴。

3. 创业项目物质资源采购的询价工作

这是创业项目团队为获得各种物质资源所开展的采购工作的最重要的步骤,这包括在创业项目所需物质资源的采购中搜寻市场行情,获得创业项目所需物质资源报价等。这一创业项目物质资源采购工作的根本目的是获得创业项目所需资源的供应商给出的各种信息、要求、报价单等文件,所以凡属于这方面的采购工作都属于这个范畴。这一采购工作的主要作用是获得创业项目所需物质资源的卖方所提供的报价、发盘、提案等文件和信息。

4．选择创业项目物质供应商

这是在创业项目物资采购过程中，人们在获得多个供应商的报价等相关信息之后，必须按照一定的创业项目供应商选择评价标准或规范，从所有的候选创业项目物资供应商中选定自己要签约的供应商，然后就可以进行创业项目物资采购合同洽谈和订立，以便最终购买其物资。通常，这种创业项目供应商的选择需要从四个方面综合考虑供应商的报价：一是创业项目物资采购标的的情况，二是创业项目物资采购标的的价格，三是创业项目物资采购标的的质量，四是创业项目物资采购标的的交货期。

5．创业项目物资采购合同的签订和管理

这包括与选定的创业项目供应商完成具体创业项目物资采购合同的谈判和正式签约工作，以及在创业项目物资采购合同签订以后所开展的创业项目采购合同履约管理工作。这是创业项目物资采购合同关系的管理工作，主要是对卖方在创业项目物资供应合同的履约过程的评价工作和采购付款活动的管理工作。除了创业项目物资采购的买方和卖方之间的项目合同管理以外，创业项目物资采购买卖双方的信用管理也属于这一管理的范畴。

6．创业项目物资采购合同的终结管理

这是在创业项目物资采购合同全部履行完成前，或者是某项合同因故中断与终止前，所需开展的创业项目物资采购合同的结算或决算工作，以及创业项目物资采购所涉及的各种产权和所有权的交接的工作。创业项目物资采购合同的终结管理通常包括管理终结和合同终结两项工作，其中的管理终结是由卖方所开展的一系列关于创业项目物资采购合同条款实际履行情况的总结、验证和审计等方面的管理工作，而合同终结则是创业项目物资采购买卖双方所开展的一系列文件、实物和所有权等交接和管理工作，即创业项目物资采购合同责任、权利和义务的终结工作。

创业项目物质资源管理的工作内容和过程基本上是按照上述顺序进行的，但是不同阶段或工作之间有相互作用和相互依存的关系，以及某种程度的相互交叉和重叠。在创业项目物资采购过程中，人们需要依照采购合同条款，逐条、逐项、逐步地开展创业项目的物质资源及其采购的管理，甚至在必要的时候向各方面的专家寻求这方面专家的专业支持。当然对于许多小创业项目而言，这种管理会相对简化，而一般大型创业项目的物质资源管理则比较复杂和要求较高。

10.3.2 创业项目物质资源管理方法

在创业项目物质资源管理中有几种常规使用的管理方法，最主要的是如下几种。

1. 自制或购买决策分析方法

这是最基本的创业项目物质资源管理决策分析技术方法，用于分析和决定一种创业项目所需物质资源是应该由创业项目团队自行生产还是从卖方采购获得。这一方法的基本原理是，如果创业项目团队能够以较低成本生产出所需的某种资源，那么它就不应该从卖方处购买；如果创业项目团队自己提供给该创业项目所需资源的成本高于从卖方采购的成本，它就应该从外部供应商处采购。对于创业项目团队而言，在制订创业项目物质资源采购计划前必须对创业项目所需物质资源的情况进行"自制还是购买"的决策分析和评价，这是决定创业项目物质资源采购计划中究竟应该采购些什么物质资源的工作。

在这一分析中，创业项目所需物质资源的采购成本是决定自制还是购买的核心要素。在进行这种"自制或购买"的决策分析中，创业项目所需物质资源的间接成本和直接成本都是必须考虑的成本构成要素，对创业项目所需资源的自制或购买分析应该包括为了从外部购买所需付出的采购直接成本和采购间接成本等情况。这种自制或购买的决策分析还必须全面考虑创业项目所需物质资源采购的时间限制和质量要求等因素，因为如果创业项目实施中急需某种物质资源，则多数情况只能尽快购买了，而如果自制创业项目所需物质资源的质量达不到质量要求也就只能购买了。

2. 创业项目物质资源要素管理方法

创业项目物质资源采购计划要素管理法涉及创业项目物质资源采购的六个方面，所以它们也被称作创业项目物质资源管理的六大因素法。其中的六个创业项目物质资源采购要素分述如下。

第一个要素是创业项目物质资源采购究竟要采购什么，即首先要决定创业项目物质资源采购的对象，包括采购物资的名称、规格、化学或物理特性、产品材料、制造要求与方法、用途或使用说明、质量标准和特殊要求等。这要求在决策创业项目物质资源采购的时候应保证物资能够满足四个条件：一是适用性（创业项目采购的物资要符合创业项目实际需要），二是通用性（创业项目采购的物资要能够尽量采购通用的产品），三是可获得性（在需要时能及时得到所采购的物资），四是经济性（在保质保量的前提下物资采购成本最低）。所以，应该将创业项目物资采购的需求写成规范的书面文件，注明所要求的规格、质量和时间等，然后将它们作为日后与卖方进行交易和开展创业项目物质资源采购合同管理的依据性文件。

第二个要素是创业项目物资采购何时进行,即创业项目团队应该计划和安排好物资采购的时间和周期。因为创业项目物资采购的过早会增加库存量和库存成本,而过迟会因库存量不足而造成创业项目停工待料。由于从创业项目物资采购开始的订货、采购合同洽谈与签署到物资入库必须经过一段时间间隔,所以在决定何时采购时,需要从所采购物资投入创业项目使用之日起,按照倒推和给出合理提前时间的办法,确定出物资采购订货作业的时间和采购询价作业的时间等。使用这一方法时,人们必须依据创业项目时间计划、物质资源需求计划,以及所需物资的生产和运送时间等因素,合理地确定物资采购订货时间和交货时间。

第三个要素是创业项目如何开展物资采购,主要是指在创业项目物资采购过程中使用何种方式采购,以及创业项目物资采购的大政方针和交易合同条件等。这方面的工作包括确定是否采用分批交货的方式、确定采用何种物资供给与运输方式、确定创业项目物资采购的具体交货方式和地点等。例如,如果采用分期交货的采购方式,则每批产品的交货时间和数量必须科学地计划和安排,并在采购合同上要明确予以规定。同时要安排和约定创业项目所需物资的交货方式和地点(是创业项目现场交货还是在卖方所在地交货),另外,还必须安排创业项目采购物资的包装运输方式、创业项目采购物资的付款方式与付款条款(如订金、支付和违约罚款等)。最后,像创业项目物资采购合同的类型、格式、份数、违约条款等都需要予以确定。

第四个要素是创业项目物资采购的数量。任何创业项目所需物资的采购数量一定要适当,因为多或少都会使创业项目成本上升,所以对此必须进行管理。创业项目所需物资的采购数量必须根据创业项目实际情况决定,一般创业项目所需物资的采购数量可以使用经济订货模型等方法来决定,但是对于智力密集型的软件开发创业项目或科研创业项目就很难使用经济订货模型去决定采购多少物资。另外,在计划安排和决定某种物质资源采购多少时,还应该考虑批量采购的数量优惠等因素,以及创业项目所需物资存货的资金时间价值等方面的问题。所以,实际上这一方法中有关物资采购多少的要素涉及数量和资金成本两方面的变量,必须综合予以考虑。

第五个要素是创业项目向谁采购所需物资,这是有关选择供应商的管理问题,也是创业项目物质资源管理中的一个重要因素。因此,创业项目团队必须建立合理的供应商评价标准和选择程序,并用它去做出向谁采购物资的科学决策。一般在决定向谁采购时,应考虑供应商的技术、质量、组织能力和财务信用状况等条件。在创业项目物资采购过程中,创业项目团队应与供应商保持联系,甚至在一定程度上介入它们生产的监督和质量的保障工作,从而保证创业项目所获物资的质量、数量和及时性。

第六个要素是创业项目以何种价格做物资采购，这是创业项目物资采购中的定价管理问题，即确定以适当价格获得创业项目所需物资的管理问题。创业项目团队不能无条件地按照最低价格原则去采购创业项目所需物资，必须同时考虑物资的质量和交货期等要素。创业项目团队应该在既定物资质量、交货期限和其他交易条件下去寻找最低的采购合同价格。通常，创业项目物资采购合同价格的高低受多方面因素的影响，包括市场供求关系、产品提供方的成本、合同计价方法、产品的采购条件（如交货日期、付款方法、采购数量等）、卖方的成本控制水平、国家或地方政府政策的影响、物价波动和通货膨胀的影响、采购人员的价值判断和争价能力等。在确定创业项目物资采购价格时，必须同时考虑这些因素的综合影响。

在使用创业项目采购要素管理法时，必须参照上述程序和原理，以及相应的技术和方法，从而保证创业项目物资采购工作的科学性和可行性。

10.4　创业项目的资源合理配置原理与方法

创业项目的人力资源、信息资源及采购获得的物质资源是创业项目的三个资源要素。人们需要通过对创业项目目标要素的分解，从而确定创业项目的资源要素。同时，创业项目的资源要素又是创业项目风险要素界定的前提条件，所以，对创业项目资源要素的合理配置，不仅是对创业项目目标的保障，同时也是创业项目做好风险管理的前提条件。本节将对创业项目的资源合理配置原理与方法进行详细的说明与分析。

10.4.1　创业项目资源要素合理配置的协调性

如前所述，创业项目人力资源、信息资源与物质资源间存在相互间的合理配置关系。创业项目人力资源要素是获得有效利用信息资源的前提，也是物质资源采购能够获得成功的必要条件。同时，创业项目信息资源是促进项目人力资源管理和物质资源管理高效进行的保障，而创业项目物质资源是信息资源管理与人力资源管理顺利完成的物质保证。创业项目资源三要素间的合理配置关系如图 10-2 所示。创业者在进行创业项目资源三要素间的合理配置过程中，要统筹考虑三要素之间的合理配置关系，并设置各项资源的管理目标。

图 10-2　创业项目资源三要素的合理配置模型示意图

10.4.2　创业项目资源合理配置的全面性

从创业项目整体来看，资源三要素的合理配置既是创业项目进行风险管理的前提，也是创业项目进行全面管理的重要组成部分。在进行这三种资源合理配置的过程中，必须以创业项目的范围、时间、质量及成本要素的目标作为最基本的要求，并为开展后续的风险与集成管理奠定基础，具体如图 10-3 所示。创业者在进行创业项目资源的合理配置时，就要全面考虑创业项目目标要素对资源要素的制约性，同时要对创业项目风险要素进行宏观的思考与规划，从而制定更为全面的创业项目资源全面配置模型。

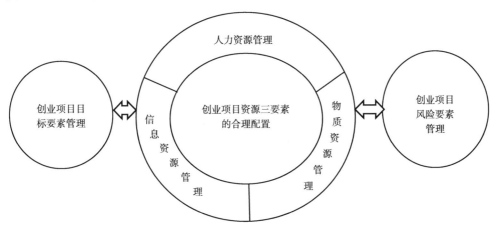

图 10-3　创业项目资源三要素合理配置模型示意图

10.4.3 创业项目资源要素的合理配置的动态性

由于创业项目相较于其他项目具有很强的不确定性和风险性,所以要以动态发展的眼光来理解资源要素的合理配置。在创业项目的全过程中,将项目的各阶段特点与资源要素配置相结合,根据不同阶段的不同生命特征,动态灵活地调整创业项目资源三要素的合理配置模式,以期能够确保创业项目的顺利进行与实施,如图10-4所示。创业者必须将创业项目的动态特点与资源三要素管理相结合,才能最终完成对创业项目资源三要素的合理配置。

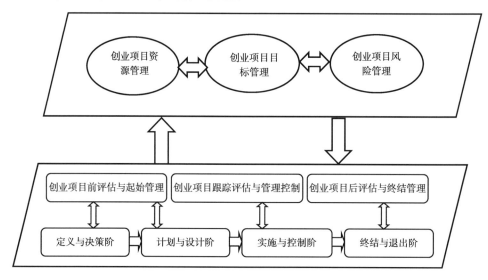

图 10-4 创业项目资源动态合理配置模型示意图

创业项目最根本的特性是它的高风险性,所以创业项目的风险要素管理是创业项目管理的核心内容。本章将全面讨论这方面的原理和方法。

第11章

| 创业项目的风险要素管理原理与方法

石家庄铁道大学　项志芬

11.1 创业项目风险识别的原理与方法

创业项目风险管理涉及四个方面的内容：其一是创业项目风险识别，其二是创业项目风险度量，其三是创业项目风险监控，其四是创业项目风险应对。本节将专门讨论创业项目风险识别的原理和方法，因为这是创业项目风险管理的首要任务，因为没有对于创业项目风险的识别结果，其他三个方面的创业项目风险管理就没有了对象和目标。

11.1.1 创业项目风险特性

创业项目风险是由项目及其环境与条件发展变化等因素造成的，最终结果可能给创业项目带来风险收益，但也可能带来风险损失。为了很好地识别创业项目风险，人们首先必须认识创业项目风险的特性，创业项目的风险主要有如下特性。

1. 创业项目风险来源的多元性

创业项目风险既来源于创业项目本身，又来源于创业项目所处的内外部环境。

同时，创业项目又是一种复杂性项目，创业项目的复杂性表现在创业项目的结构复杂性、创业项目的技术复杂性、创业项目的方向复杂性、创业项目的渐进复杂性和创业项目的多重复杂性，创业项目的这种复杂性会给创业项目的实施带来很多风险，最主要的是创业项目是在不断发展变化的内外部环境下开展的，创业项目管理所处发展变化的内外部环境给创业项目带来不同的风险：政策风险、法律风险、市场风险、资源风险等。正是创业项目风险的复杂性和所处环境的不断发展变化导致了创业项目风险来源的多元性。

2. 创业项目风险的变动性

第 2 章图 2-7 定义了创业项目过程管理的模型，创业项目过程分为定义与决策阶段、计划与设计阶段、实施与控制阶段、终结与退出阶段，各阶段的工作内容和管理核心不同，所面临的风险也不同。所以，从创业项目前期的决策风险、设计风险、实施风险，到最终的退出风险，创业项目的风险是不断变动的。同时，由于创业项目的内外部环境不断发展变化，这给创业项目的风险带来了不断变化的特性，这包括政策风险、市场风险、管理风险等在创业项目的不同阶段都是不同的和不断变化。

创业项目风险的变动性还表现在不同阶段的风险后果严重程度不同。由于在创业项目的不同阶段，投入的资源不同，面临的风险后果也不同。在创业项目定义与决策阶段，投入的资源相对有限，风险后果较小。随着创业项目的进展投入的资源越来越多，项目一旦失败，损失也越大，一旦成功，收益也会很大，因而创业项目的风险后果也越来越大。到创业项目实施与控制阶段，创业项目已经完成资源投入并开始逐渐获得收益，逐渐回收项目投入，因而这个阶段是创业项目风险后果最大的阶段。如果实施与控制阶段进展顺利，过渡到创业项目终结与退出阶段，创业项目的风险在逐渐减小，如果成功推出或中结，则整个厨业项目的风险后果将可能是最好的。

3. 创业项目风险的双重性

创业项目风险具有损益双重性。如果能够正确识别创业项目风险，并在风险中发现机会，充分利用创业项目风险所带来的机会，就会增加创业项目收益，减少创业项目风险所带来的损失。在创业项目中，由于内外部环境的不确定性及项目本身前景的不确定性，创业项目风险的双重性成为创业项目成败的关键。

此外，创业项目风险还具有相对可预测性、渐进性、突变性等特点。

11.1.2　创业项目风险识别方法

创业项目风险识别的方法有很多，如情景分析法、头脑风暴法、流程图法、系统分解法、检查表法等，结合创业项目及其风险特点，可以采用的风险识别方法有以下几种。

1. 情景分析法

情景分析法又称脚本法或者前景描述法，是通过对创业项目未来的某个状态或某种情况（情景）的详细描绘与分析，从而识别出创业项目风险因素的一种项目风险识别方法，是一种定性风险分析方法。在一些具有较高独特性和创新性的项目风险识别中，需要使用这种能够创造性地识别各种项目风险、项目风险因素及它们的影响程度的方法[①]。对创业项目未来情景（状态或情况）的描述可以使用图标、文字或数学公式等多种形式，也可借助计算机，对涉及影响因素多、分析计算比较复杂的创业项目风险进行识别。

情景分析法的一般步骤如下：①对创业项目情景进行尽可能明确、详细的描述，包括所涉及的时间范围、具体对象、区域等；②找出影响创业项目未来发展趋势的关键因素，这也是影响情景变化的因素，需要大量的调研和分析工作；③分析情景变化造成的风险和风险后果。

情景分析法有助于识别创业项目的风险、分析和识别项目风险影响因素、分析和识别项目风险的后果、风险和识别创业项目风险波及的范围和检验创业项目风险识别的结果。

2. 头脑风暴法

头脑风暴法是指由美国的奥斯本首创的一种非结构化的方法。该方法运用创造性思维、发散性思维和专家经验，通过会议等形式去识别创业项目风险。该方法应用时需要创造出不受限制的氛围，引导各方面专家和分析人员畅所欲言，共同搜寻创业项目存在的各种风险。

头脑风暴法使用时要求组织者要善于提问和引导，并能够及时地调整创业项目风险分析与识别的结果，促使与会者能够不断地识别出创业项目的各种风险和项目风险影响因素。首先确定由组织者发布并介绍创业项目的背景情况，背景情况需要提前发给与会人员，便于其事先思考；然后引导其畅所欲言，大胆设想；最后由组织者整理意见，找出创业项目风险因素。一般在使用这种方法时，需要与会者回答的主要问题包括：如果实施这个创业项目会遇到哪些项目风险，这些项目风险的后果严重程度如何，这些项目风险的主要成因是什么，项目风险事件的征兆有哪些，项目风险有哪些基本的特性，等等[②]。

---

① 戚安邦. 项目论证与评估[M]. 北京：机械工业出版社，2004.
② 戚安邦. 项目管理学[M]. 北京：科学出版社，2007.

3. 流程图法

流程图法是使用系统流程图、实施作业流程图、因果关系图等一系列图表，对流程的每一阶段、每一环节逐一进行调查分析，从中识别风险因素及其风险后果的一种结构化程度较高的风险识别方法。项目流程图是指使用一些标准符号代表某些类型的动作，直观描述创业项目工作流程、创业项目各部分之间的相互关系。创业项目的系统流程图、实施作业流程图等各种不同详细程度的流程图，以及项目因果关系图可以将与创业项目各项活动有影响的关键点清晰地表现出来，结合这些关键点的实际情况和相关资料，能够很好地解释创业项目可能发生的风险及其原因或来源。

流程图法的应用需要首先绘制创业项目的流程图，然后对每一个环境进行详细分析，表示关键活动及其影响因素，最后在资料分析的基础上，标示出潜在风险因素及其来源。流程图法能够清晰地标示出各种潜在的风险因素或风险事件，从而给决策者一个清晰的总体印象。

4. 系统分解法

系统分解法是利用系统分解和系统分析的原理，将一个复杂的创业项目分解成一系列简单和容易识别的子系统或系统单元，从而识别创业项目各子系统、系统单元和整个项目中的各种风险因素的方法。系统分解法可以按照不同的方法进行分解，如创业项目结构、风险因素类别等，创业项目管理中的 WBS 方法、RBS 方法等。系统分解法有助于全面识别创业项目风险。

11.1.3　创业项目风险识别程序

创业项目风险识别的是创业项目风险管理的首要工作，创业项目风险识别的程序如图 11-1 所示。从图 11-1 可以看出创业项目风险识别的主要工作步骤、工作内容。

1. 创业项目风险识别的工作步骤

（1）创业项目风险管理信息系统的开发与建立。这种系统既可以是以计算机和人为基础的人—机信息系统，也可以是纯人工的信息系统。这一信息系统的主要功能是及时收集、处理和存储有关创业项目每个具体活动与过程的各种项目风险信息，以便为创业项目风险的识别、度量和管理与控制服务。

（2）创业项目风险信息收集、处理和生成。这是使用创业项目风险管理信息系统去收集、处理和生成有关创业项目全过程和创业项目各种具体活动的项目风险信息，这是一个不间断的创业项目信息收集与处理工作，是为开展创业项目风险识别和度量活动提供动态信息的工作。

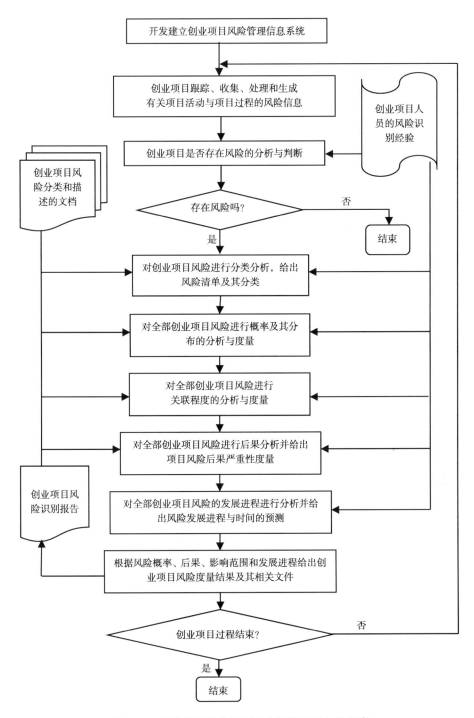

图 11-1　创业项目风险识别（含风险度量）的程序

（3）创业项目风险的分析与判断。这是运用创业项目风险管理信息系统生成的信息，加上创业项目管理人员的项目风险管理经验所进行的一种对创业项目各种项目风险分析、识别和判断，并找出创业项目所面临各种项目风险的工作。在许多情况下，创业项目管理者的经验、判断甚至直觉，是识别和判断创业项目的各种项目风险过程中必不可少的。

（4）创业项目风险的分类与开列。在识别出创业项目风险以后，人们还需要使用既定标志对创业项目风险进行必要的分类，以便更加全面和深入地认识创业项目风险的各种属性。在完成了创业项目风险分类工作以后，人们就可以给出创业项目风险的清单了，这种创业项目风险清单是创业项目风险管理十分重要的基础文件。

在创业项目实施过程中，还需要根据不断发展变化的内外部环境，收集创业项目的信息，及时识别新的创业项目风险。

2．创业项目风险识别所需的资料

识别创业项目风险的关键是找到足够的创业项目信息，可以作为创业项目风险识别依据的主要信息包括如下几方面。

（1）创业项目产出物的描述。创业项目产出物的描述是项目风险识别的主要依据之一。因为创业项目风险识别最重要的内容是识别项目工作能否按时、按质、按量和按预算生成项目的产出物，以实现项目的目标，所以创业项目风险识别首先要根据创业项目产出物的描述和要求去识别可能影响创业项目产出物质量、数量和交货期等要素的各种风险。创业项目产出物描述中给出的产出物数量、质量和技术特性等各方面的要求和说明是进行创业项目风险识别的重要依据之一。

（2）创业项目的各种计划信息。包括创业项目的集成计划和创业项目各种专项计划中所包含的全部信息和文件。这些信息有两方面的作用：一是作为创业项目风险识别的依据，二是作为创业项目风险识别的对象。例如，一个创业项目的时间计划信息可以是分析与识别项目风险的一个重要依据。由于创业项目的时限性，创业项目必须在正确的时间或时机去终结或退出。如果未能按照创业项目的时间计划实施，可能错过创业项目的最佳时机，也可能因为创业项目时间过于紧张而出现由于准备不足所导致的项目产出物质量或市场开发不足。同时，创业项目成本计划也可以作为项目风险识别的对象，可以通过对创业项目成本计划的分析去识别出创业项目超预算的风险。

（3）历史创业项目的资料与信息。这是以前完成类似创业项目的实际发生情况（或风险）的历史资料，它们对于识别新的创业项目风险是非常重要的一种信息和依据。由于创业项目的创新性和开创性，这种"前车之鉴"是创业项目风险识别的重要的参考和依据。所以，在风险识别中要全面收集各种有用的历史创业项目信息，特别是各种历史创业项目的经验与教训。这些历史创业项目的资料中既有项目风险因素分析和各种风险事件发生过程的记录，也有创业项目风险带来的损失等方面的信息，这些对于创业项目风险的识别是非常有用的。一般历史创业项目的资料包括以下三方面。

1）历史创业项目的各种原始记录。这可以从实施历史创业项目的组织之处得到，人们一般都会保留历史创业项目的各种原始记录，这些原始记录对于新的创业项目风险识别是非常有帮助的。在一些专业应用领域中甚至某些创业项目管理组织的成员也保存创业项目原始记录，如市场开发人员就会保留创业项目的各种市场开发数据。

2）商业性的历史创业项目数据库。有许多创业项目管理咨询公司保留有大量的历史创业项目信息和统计资料或数据库，他们就是通过提供这种资料和开展相关经营活动而盈利的，所以可以通过这类商业性创业项目管理咨询公司获得创业项目风险识别所需的各种历史创业项目信息和资料。

3）历史创业项目团队成员的经验。项目创业团队成员中的许多人会保留许多参与历史创业项目的经验和数据，这是一种思想型的历史创业项目信息，这种信息也是创业项目风险识别的重要依据。但是这种信息通常比较难以收集，多数需要通过与团队成员面谈的方式获得，而且这需要在创业项目团队成员主观愿意的情况下才能实现。

3. 创业项目风险识别的工作内容

在创业项目风险识别的过程中，人们不但必须全面识别创业项目风险可能带来的各种损失，而且要识别创业项目的不确定性可能带来的各种机会，这种不确定带来的收益是一种正面影响和获得额外收益的可能性。在创业项目风险识别中，识别不确定性带来的各种收益，并分析不确定性造成的损失和收益相互转化的条件和因素，能够使人们在制定创业项目风险评估和应对措施时努力使项目不确定性带来的威胁和损失得以消减，使创业项目不确定性带来的收益转化为组织的实际收益。创业项目风险识别的主要工作内容包括如下三方面。

（1）识别并确定创业项目有哪些潜在的风险。这是创业项目风险识别的第一项工作内容。识别和确定创业项目可能会遇到哪些风险，是进一步分析这些风险性质和后果的前提。在创业项目风险识别工作中，首先要全面分析创业项目发展变化的各种可能性,然后识别出创业项目潜在的各种风险并整理汇总成创业项目风险清单。

(2)识别引起创业项目风险的主要影响因素。这是创业项目风险识别的第二项工作内容。识别创业项目风险的主要影响因素,有助于把握风险的发展变化规律,并对创业项目风险进行正确评估。识别创业项目风险的主要影响因素需要全面分析各个风险的主要影响因素及其影响方式、影响方向、影响力等,然后运用各种方式(图表、文字或数学公式等)将创业项目风险和这些风险主要影响因素的相互关系描述清楚。

(3)识别创业项目风险可能引起的后果。这是创业项目风险识别的第三项工作内容。识别出创业项目风险及其主要影响因素之后,还需要全面分析创业项目风险可能带来的后果及其严重程度,从而全面认识创业项目风险。创业项目风险识别的根本目的是找到创业项目风险,以便人们采取相应的风险应对措施。

4.创业项目风险识别的结果

通常,创业项目风险识别工作的结果主要包括以下三方面。

(1)已识别出的各种创业项目风险。识别出的各种创业项目风险是项目风险识别工作最重要的成果。通常人们将这种识别出的创业项目风险开列出来,并称其为创业项目风险清单。创业项目风险清单所包括的项目风险都是可能影响项目最终结果的各种可能发生并造成损失或收益的事件。创业项目风险清单包括的信息有:创业项目风险的性质和内容、项目风险可能造成的损失或收益,项目风险发生的概率、项目风险可能影响的范围、项目风险发生的可能时间范围、项目风险可能带来的关联风险等。

(2)潜在的创业项目风险原因和来源。潜在的创业项目风险原因和来源是引发创业项目风险的根源,任何一个已识别出的创业项目风险都有自己的风险来源或原因,它们必须通过创业项目风险识别找出来。潜在的创业项目风险原因和来源是已识别项目风险未来发生的起因和根源,人们只有在识别出创业项目风险并进一步识别出这些项目风险的潜在原因和根源才能够更好地认识创业项目风险。因此,创业项目风险的识别不但要识别和给出创业项目存在哪些问题,而且要识别和给出可能引发这些项目风险的原因和来源,从而可以对创业项目风险进行跟踪和控制。

(3)各种创业项目风险的征兆。创业项目风险的征兆是指那些指示创业项目风险发展变化的现象或标志,所以它们又被称作创业项目风险的触发器或项目风险发生的临界值。例如,创业项目团队士气低落可能会导致项目绩效低下从而带来创业项目延期的风险，所以创业项目团队士气低落就是项目时间风险的原因，而创业项目团队士气低下的征兆一旦出现就必须对创业项目团队开展各种激励工作，以防止发生创业项目拖期的风险。创业项目风险的征兆较多，要全面识别和区分主要和次要的创业项目风险征兆，并且说明创业项目风险征兆和项目风险事件发生的时间和后果的关系，从而使创业项目风险征兆能够更好地为创业项目风险控制服务。

11.1.4　创业项目的主要风险要素

不同创业项目面临的环境不同，风险要素也不同。一般可将创业项目的风险要素分为可控风险要素和不可控风险要素两大类，也可根据风险性质将其分为市场风险要素、管理风险要素、技术风险要素、资源风险要素、政策风险要素等。

1. 可控风险要素和不可控风险要素

（1）可控风险要素。可控风险要素来源于创业项目所处的团队内部环境，是创业项目团队可控的风险。可控风险要素一般包括创业项目领域、创业项目所在地区、创业项目时机等方面的风险要素。

（2）不可控风险要素。不可控制的创业风险要素来源于创业项目所处的外部环境，包括市场、政策、自然灾害等不可抗拒因素。比如，创业选择一片蓝海会更加容易成功，而在好的政策扶持下，也会成功，相反就不容易成功了。

2. 创业项目的主要风险要素来源

（1）市场风险要素。创业项目所面临的市场风险要素包括进入市场的时机、市场定位、产品定位、销售（促销）策略、产品定价等的不确定性给创业项目带来损失或收益的可能性。创业项目进入市场时机是否成熟、对创业项目产品早期使用者群体的定位是否清晰准确、产品性能能否满足目标客户期望、销售策略是否有助于提高早期使用者对产品的期望、产品定价是否合理等，影响着关键厂商对其支持的程度，进而影响创业项目能够尽快扩散到目标市场的更多用户，这对创业项目的成败至关重要。[①]

（2）管理风险要素。创业项目管理有其自身的特点，采用传统的运营管理模式不能适应创业项目管理的需要，需要采用现代项目管理的方法和技术来管理创业项目。创业项目团队战略规划能力决策能力以及项目范围管理、时间管理、资源管理等能力和管理经验都会对创业项目的风险产生影响。

---

① 约翰·贝赞特，乔·蒂德. 创新与创业管理[M]. 牛芳，池军，田新，等，译. 北京：机械工业出版社，2013.

（3）技术风险要素。创业项目所面临的技术风险要素一方面取决于新技术的成熟和可靠程度，另一方面也取决于市场对新技术的接受程度或新技术的应用效果，这两方面的因素会影响创业项目目标的实现，形成创业项目技术风险。此外整个市场的技术进步程度也会影响到创业项目的竞争力和经济效果。

（4）资源风险要素。创业项目所面临的资源风险要素包括人力资源、信息资源和物质资源三个要素。"巧妇难为无米之炊"就是资源要素和创业项目的关系的一种恰当描述。没有所需的相关专业人员、缺乏资金等，都将使创业团队一筹莫展，也都可能使创业项目面临很多风险。

（5）环境风险要素。创业项目环境风险要素的主要表现形式包括社会、经济、政治、法律、政策等外部条件的不确定性变化可能给创业项目带来的风险，如有关环境保护政策对创业项目的影响、有关技术标准变动对创业项目的影响、整个经济形势波动对创业项目的影响等。环境风险要素在创业项目的整个生命周期中都一直存在并在发现变化中，需要创业项目管理团队针对不同的环境风险要素采取不同的管理措施。

11.2　创业项目的风险度量原理与方法

在人们识别出创业项目风险以后，还必须对这些创业项目风险进行全面的度量，因为只有科学度量创业项目风险才能够确定创业项目风险管理的对象和内容。

11.2.1　创业项目风险度量的内容

创业项目风险度量包括对创业项目风险发生可能性（概率大小）的度量，对创业项目风险后果严重程度（损失和收益大小）的度量，对创业项目风险关联影响范围的度量，以及对项目风险发生时间的度量（进程性）四方面的度量。创业项目风险度量就是将对已识别出风险所进行的进一步评估，其主要工作内容有以下几方面。

1. 创业项目风险发生可能性的度量

创业项目风险度量的首要任务是分析和估计项目风险发生概率的大小，即创业项目风险发生可能性的大小。这是创业项目风险度量中最为重要的工作之一。因为一个创业项目风险的发生概率越高，造成损失或收益的可能性就越大，因此人们对它的控制就应该越严格。所以，在创业项目风险度量中首先要分析、确定和度量项目风险发生可能性的大小。创业项目管理者可以依照过去的历史信息资料做出判断，也可以利用理论分析和计算做出客观判断，估计和确定创业项目风险发生的概率。

2．创业项目风险后果严重程度的度量

分析和估计项目风险后果的严重程度是创业项目风险度量的第二项工作内容，这需要度量项目风险可能带来的损失或收益。这也是创业项目风险度量中的一项非常重要的工作，因为即使一个创业项目风险的发生概率并不大，但一旦发生后果十分严重的情况下，也必须对该风险进行严格的管理和控制，否则这种项目风险的发生会给整个创业项目造成非常严重的影响。在创业项目风险后果严重程度的度量过程中，需要分析创业项目风险造成损失或收益的性质，即给创业项目可能造成的损失或收益是环境性的、经济性的，还是技术性的或其他方面的，同时分析其损失或收益的大小及严重程度。

3．创业项目风险关联影响范围大小的度量

分析和估计创业项目风险关联影响范围的大小是创业项目风险度量的第三项工作内容，这需要分析项目风险可能会关联影响到创业项目的哪些方面和哪些工作。这也是创业项目风险度量中的一项十分重要的工作，因为即使一个创业项目风险发生的概率和后果严重程度都不大，但它一旦发生就会关联影响到创业项目各个方面和许多工作，也需要对它进行严格的管理与控制，以防止这种风险的发生。

4．创业项目风险发生时间进程的度量

创业项目风险度量的第四项任务是分析和估计创业项目风险时间进程的度量，即创业项目风险可能在创业项目的哪个阶段或什么时间发生和如何不断地发展和变化。这项创业项目风险度量工作之所以重要，是因为对于创业项目风险管理与控制都必须根据项目风险发生时间进程进行安排。一般先发生的创业项目风险应该优先控制，而后发生的创业项目风险可以延后采取措施，人们通过监视和观察这些风险的发展进程可以做进一步的创业项目风险识别和控制。

11.2.2　创业项目风险度量的方法

在创业项目风险度量中常用的方法有期望值方法、敏感性分析方法、模拟仿真法、专家法、风险矩阵分析法等，结合创业项目及其风险特点，在创业项目风险度量过程中可以使用的主要方法有如下几种。

1．期望值法

这种创业项目风险度量的方法首先要分析和估计创业项目风险发生概率的大小和创业项目发生风险所带来的损失或收益的大小，然后将二者相乘即可求出创业项目风险的期望值，并使用期望值来度量创业项目风险的大小。在使用期望值度量

创业项目风险大小时，一定要明确确定创业项目风险发生的概率分布情况和各种创业风险发生概率下的项目风险损失或收益的大小，然后采用求期望值的方法得出某种创业项目风险的度量。

2. 模拟仿真法

模拟仿真法是使用计算机模拟仿真模型来分析度量创业项目风险的方法，这种方法多数使用蒙特卡罗模拟或三角模拟等具体创业项目风险模拟技术方法来分析确定创业项目风险发生的概率分布和项目损失与收益的大小。这种方法可用来度量项目的各种能够量化的风险，它通过系统仿真模拟的办法给出创业项目风险事件发生时的各种条件和概率分布情况，然后使用计算机模拟仿真计算给出创业项目风险概率分布和风险损失与收益大小的模拟仿真结果，并由此得到创业项目风险度量的结果。随着计算机模拟技术的不断发展，模拟仿真法的应用会更广泛。由于创业项目的独特性和一次性，在创业项目风险度量中，更适合采用模拟仿真法进行风险度量。

3. 专家决策法

专家决策法也是适合创业项目风险度量中的方法之一，可以替代或辅助期望值方法和模拟仿真法。由于创业项目可供参考的历史信息相对有限，在创业项目风险度量中可以邀请各方面的专家，并要求他们运用自己的经验做出创业项目内部和外部各方面创业项目风险的度量。这种创业项目风险的度量通常是比较准确可靠的，甚至有时比期望值计算和模拟仿真法确定的创业项目风险度量结果还要准确和可靠，因为这些创业项目专家的经验通常是一种比较可靠的思想型信息数据。另外，在创业项目风险度量中仅仅要求专家给出高、中、低三种项目风险概率的估计和多种项目风险损失严重程度估计的数据，这种估计所要求的精确程度并不高，所以使用专家决策法去做创业项目风险度量，其结果一般是足够准确和可靠的。

4. 敏感性分析法

敏感性分析法在创业项目财务评价中广泛应用，是一种分析可能的风险事件对创业项目关联影响的量化分析方法。敏感性分析法研究在项目寿命周期中当项目某个因素发生变化时，创业项目的目标或相关项目收益指标等会相应发生怎样和多大的变化，从而分析出哪些创业项目因素的变化对项目目标和结果的关联影响最敏感（或最显著），从而帮助人们识别出哪些因素是敏感性因素，以便在创业项目实施过程中进行重点管理。这种方法适合用来分析风险因素对创业项目收益的关联影响。

5．矩阵分析法

在对创业项目风险进行度量的过程中，可以采用矩阵分析法来度量每项创业项目风险的重要性及其紧迫程度。创业项目风险矩阵给出了各种项目风险的概率和后果的组合，并规定哪些组合被评为高风险、中等风险或低风险，然后根据组织的偏好，人们可以使用描述性文字或使用数字表示这种创业项目风险矩阵分析的结果。使用这种方法需要注意创业项目风险既包含损失又包含收益，因此在创业项目风险矩阵分析中，既要对可能给创业项目造成损失的风险因素的概率和后果进行度量，又要对可能给创业项目带来收益的风险因素的概率和后果进行度量。

6．创业项目风险度量的综合评估方法

在创业项目风险度量的综合评估中，多采用定性与定量相结合的方法。因为创业项目风险的综合评估是一种复杂的行为，很难完全依靠量化的方法，而且量化分析结果给出的反映创业项目风险综合评估的数字也没有实际的含义，并且对创业项目决策者也没有很好的指导意义。另外，仅使用定性的创业项目风险综合评估方法，又可能简单或人为地做出错误或有欺骗性的创业项目风险综合评估的结果。此外，在创业项目风险综合评估中必须采取只考虑对于主要项目风险的综合评估，而将组织能够容忍的创业项目风险不放在项目风险综合评估中的做法。

创业项目风险综合评估的主要步骤：第一步，将已经识别出的创业项目风险按照发生概率的大小、项目风险的后果的严重程度、项目风险的关联影响范围、项目风险的时间进程四个可定量指标按照大小进行单一指标的排序；第二步，将已识别风险按照创业项目风险的引发原因、项目风险有无预警信息、项目风险的关联程度等定性等按照大小进行单一指标的排序；第三步，确定各个创业项目风险定性和定量指标的重要程度并给出各自的权重；第四步，按照相加或相乘的定量分析办法求出创业项目风险的综合评估初步的风险优先序列结果；第五步，按照定性分析的办法分析和调整给出的创业项目风险的优先序列排序并最终给出项目风险综合评估结果[①]。

11.2.3　创业项目风险度量的程序

在创业项目风险管理中，创业项目风险识别之后要做的工作就是创业项目风险度量。图 11-1 的程序中列出了风险度量的程序，可以看出，创业项目风险识别和项目风险度量所依据的信息是共享的。根据创业项目风险管理信息系统中的相关信

---

① 戚安邦. 项目论证与评估[M]. 北京：机械工业出版社，2004.

息，以及创业项目风险识别的结果，创业项目风险度量的具体程序如下。

1．创业项目风险概率的分析与度量

这是要对已识别出的创业项目风险进行概率及其分布的分析，以便为确定创业项目风险应对措施和创业项目风险监控的优先序列。这一分析需要借助创业项目现有信息、历史数据和专家经验等，是创业项目风险度量的重要工作之一。

2．创业项目风险关联程度的分析与度量

这是运用创业项目现有风险信息和历史类似创业项目信息与创业项目管理人员的经验，对已识别出的全部创业项目风险进行项目风险原因的分析与确认，由此找出各种引发创业项目风险的主要原因。需要特别注意的是，不同创业项目风险有不同的引发原因，所以必须针对具体创业项目风险进行深入的分析。在找出原因后，还要进行不同项目风险关联程度的分析，避免对创业项目产生多米诺骨牌式的关联影响。

3．创业项目风险后果的分析与度量

这是对创业项目全部风险可能造成的后果及其严重程度所做的全面分析与确定，人们不但要分析创业项目风险可能造成的后果，还要分析这些项目风险后果对创业项目造成的损失和收益值的大小。这种"创业项目风险后果损失和收益值大小"是确定创业项目风险监控优先序列的依据之一。

4．创业项目风险时间进程的分析与度量

这是指对已识别的创业项目风险所进行的项目风险时间发展进程及其征兆的分析，这一分析主要是要找出创业项目风险会在何时、何种情况下发生，以及引发创业项目风险的诱因何时会出现、诱因出现以后创业项目风险会如何发展等。

5．创业项目风险度量与控制优先序列的确定

在完成上述一系列创业项目风险分析工作之后就可以给出项目风险识别与度量的结论，并确定出创业项目风险应对和控制的优先序列了。这种优先序列安排的基本原则是，后果严重、发生概率高和发生时间早的风险要优先应对和控制。

11.3 创业项目的风险应对原理与方法

在完成创业项目风险识别与度量以后，人们就需要根据创业项目风险识别与度量的结果去制定项目风险应对措施方案以及计划安排如何开展风险应对工作了。只有这样，人们在开展创业项目风险监控中发现项目风险征兆后，立即就可以选用既定的创业项目风险应对措施去开展项目风险的应对作业了。

11.3.1 创业项目风险应对措施的类型

经过创业项目风险识别和度量而确定出的创业项目风险可以分为两大类：一类是项目风险超出了创业项目团队或投资者能够接受的水平，另一类是项目风险未超出创业项目团队或投资者可接受的水平。这两类不同的风险，需要创业项目团队采取不同的风险应对措施，以减少项目风险带来的损失或提高项目风险所带来的收益。根据创业项目风险识别和度量的结果制定项目风险应对措施，以应对项目风险所造成的损失或所带来的收益的措施，这一般可采取规避、减轻、遏制、消减、接受、容忍、分担、开拓等不同的应对措施。

1. 创业项目风险规避措施

这是从根本上放弃创业项目或放弃使用有风险的项目资源、项目技术、项目设计方案，以完全消除创业项目所面临的威胁，从而避开创业项目风险的一类应对措施。它主要用于创业项目风险会带来较大损失的情况，如创业项目技术不成熟、创业项目产出物不符合政策或行业标准要求等。例如，对于不成熟的技术坚决不在创业项目中应用就是一种项目风险规避的措施。放弃创业项目是最极端的回避措施。在创业项目早期遇到的一些风险，可以通过进一步明确创业项目需求、获取创业项目相关信息或取得专利技术来加以回避。

2. 创业项目风险减轻措施

这是从降低创业项目风险发生概率或减少项目风险后果引发原因的角度出发应对创业项目风险的一种措施，主要也是用于应对创业项目风险可能带来损失的情况。例如，创业项目管理储备金就是对可能因项目财务状况恶化而造成的创业项目风险的一种典型的创业项目风险遏制措施。

3. 创业项目风险遏制措施

这类创业项目风险应对措施从化解项目风险的发生去控制和消除项目风险的不利后果或扩大项目的有利后果。例如，对于可能出现的创业项目团队冲突而造成的创业项目风险就可以通过采取双向沟通、调解等各种消除矛盾的方法去解决，这就是一种创业项目风险的化解措施。

4. 创业项目风险消减措施

这类创业项目风险应对措施是针对无预警信息且后果严重的项目风险的主要应对措施之一，对于这类风险，只能在风险发生后采取措施减少风险所带来的损失。例如，对于地震，人们至今无法预测，所以只能制订地震灾害应急方案，以便在地震发生后积极消减地震灾害的危害程度。

5. 创业项目风险接受措施

这是应对创业项目风险的另一种主要的措施，特别是对于几乎不可能消除的创业项目风险，或无法找到合理应对策略的风险，创业项目团队可以不为处理这些风险采取措施，而是制订风险发生时的应急处理预案，来主动应对风险。例如，储备资金和资源以对付项目成本和时间的风险、储备各种灭火器材以对付火灾、购买救护设施和材料以应对人身事故等都属于创业项目风险接受措施。

6. 创业项目风险容忍措施

这是针对那些创业项目风险发生概率很小而且项目风险所能造成的后果较轻的创业项目风险事件所采取的一种项目风险应对措施。这是一种最为经常使用的创业项目风险应对措施，但是要注意不同组织的项目风险容忍度必须合理地确定。

7. 创业项目风险分担措施

这是指根据创业项目风险的大小和创业项目相关利益主体承担项目风险能力的大小，分别由不同的创业项目相关利益主体合理分担项目风险的一种应对措施，也称为创业项目风险转移措施。这种创业项目风险应对措施多数采用合同或协议的方式确定创业项目风险的分担责任。

8. 创业项目风险开拓措施

如果组织希望确保创业项目风险带来的收益能得以实现，就应该采用积极开拓的创业项目风险应对措施，这种创业项目风险应对措施的目标在于确保创业项目风险收益的实现。这种措施包括为创业项目分配更多和更好的资源，以便缩短完成时间或实现超过最初预期的质量等。

11.3.2　创业项目风险应对措施的制定依据和结果

1. 制定创业项目风险应对措施的依据

制定创业项目风险应对措施的依据主要包括以下三方面。

（1）创业项目风险的特性。通常，创业项目风险应对措施必须是根据项目风险的特性制定的。例如，对于有预警信息的创业项目风险和没有预警信息的创业项目风险就必须采用不同的项目风险应对措施，对于创业项目时间风险、成本风险和质量风险也必须采用完全不同的应对措施。

（2）创业项目团队抗风险的能力。创业项目团队的抗风险能力也是决定创业项目风险应对措施的主要依据之一。创业项目团队的抗风险能力是许多要素的综合表现,包括创业项目创始人承受项目风险的能力、创业项目团队具有的资源和资金等。

(3)创业项目团队选用的应对措施。一种具体的创业项目风险实际上存在几种既定的可供选用的应对措施,这也是制定创业项目风险应对措施的另一个依据。对于一个具体的创业项目风险而言,各种可供选择的创业项目风险应对措施,对于创业项目风险应对和控制都是十分重要的。

2.创业项目风险应对措施制定的结果

由创业项目风险应对措施制定过程所生成的结果包括以下主要内容。

(1)创业项目风险管理计划。创业项目风险管理计划是项目风险应对措施选用和项目风险监控工作的计划与安排,是创业项目风险管理的目标、任务、程序、责任、措施等一系列内容的全面说明书。一般包括关于创业项目风险识别和度量结果的说明、关于创业项目风险监控责任分配的说明、关于如何更新创业项目风险识别和度量结果的说明、关于创业项目风险管理计划的实施说明,以及创业项目储备资金如何分配和使用等方面的说明和计划与安排。创业项目风险管理计划根据项目的大小和需求,可以是正式或非正式的,也可以是详细的或粗略的计划与安排。

(2)创业项目风险应急措施安排。创业项目风险应急措施安排是在事先假定创业项目风险事件发生的前提下所确定的针对一些重大创业项目风险事件所准备实施的行动和措施计划。创业项目风险应急措施安排通常可以是创业项目风险管理计划的一个组成部分,也可以是独立的一个创业项目风险应对措施计划,创业项目风险应急安排会涉及各种不同项目风险的应急措施和不同的应急措施方案。

(3)创业项目储备资金计划。创业项目储备资金是事先准备一笔资金,用于补偿差错、疏漏及其他不确定性事件的发生对创业项目成本估算精确性的关联影响。创业项目实施过程中,储备资金计划可以用来消减项目成本、时间、范围、质量和资源等方面的创业项目风险。创业项目储备资金在项目预算中必须单独列出,而且只有创业项目无预警项目风险出现时才能使用。为了使这项资金能够起到更加明确的消减创业项目风险的作用,通常将其分为包括创业项目管理储备、项目风险应急储备、项目时间和成本储备等。另外,创业项目储备资金还可以分为创业项目实施储备资金和项目经济储备资金,前者用于补偿创业项目实施中的项目风险费用,后者用于对付通货膨胀和价格波动所需的费用。

(4)创业项目的技术后备措施。创业项目的技术后备措施是专门用于应付创业项目技术项目风险的,它是一系列预先准备好的项目技术措施方案。这些技术措施方案是针对不同创业项目风险而预先制订的技术应急方案,只有当创业项目风险情况出现并需要采取补救行动时，才需要使用这些技术后备措施。

11.4　创业项目的风险监控原理与方法

创业项目风险监控的根本作用是发现项目风险发生的征兆，然后做出应对创业项目风险决策。这种决策就是要从上述创业项目风险应对措施及其计划中，根据创业项目风险征兆所昭示的项目风险后果，去找出所需的项目风险应对措施。

11.4.1　创业项目风险监控的内容

作者认为，创业项目风险监控是根据创业项目风险管理计划和创业项目的发展变化所开展的对项目风险的监督和控制活动。由于创业项目风险的阶段性和渐进性，需要对创业项目风险进行持续监控。创业项目风险的监控过程是一个不断认识创业项目风险和不断修订创业项目风险监控决策与行为的过程。这一过程是一个通过人们的行为使创业项目风险从不可控逐步向可控转化的过程。

创业项目风险监控的内容主要包括：监控创业项目风险的发展、辨识创业项目风险发生的征兆、采取相对应的创业项目风险应对措施、应对和处理已发生的创业项目风险事件、消除或缩小创业项目风险事件的损失或扩大收益、管理和使用创业项目不可预见费、实施创业项目风险管理计划和进一步开展创业项目风险的识别与度量等。

11.4.2　创业项目风险监控目标

创业项目风险监控的目标主要有以下几种。

1．努力及早识别和度量创业项目风险

创业项目风险监控的首要目标是通过开展持续的创业项目风险识别和度量，预先发现创业项目所存在和面临的各种风险及项目风险的各种特性，为风险应对和创业项目成功实施提供支持。这是开展创业项目风险监控的前提条件。

2．努力避免创业项目风险不利后果的发生

创业项目风险监控的第二个目标是在识别出创业项目风险以后，积极采取各种项目风险应对措施，努力避免项目风险不利后果的发生，从而避免给创业项目造成不必要的损失。

3．积极消减创业项目风险的不利后果

有些创业项目风险即便采取了应对措施，还可能因为各种原因而最终发生并出

现后果。这种情况下创业项目风险监控目标就是要积极采取行动,努力消减这些项目风险事件的消极后果,尽可能降低风险对创业项目的关联影响。

4．积极增加和扩大项目创业风险的有利后果

创业项目风险也有积极的一面,也可能给创业项目产生有利的后果或关联影响,所以创业项目风险监控要及时发现这些有利的项目风险并抓住这种项目风险机遇而积极采取行动,努力增加和扩大这些项目风险的收益,促进创业项目的成功。

5．充分吸取创业项目风险管理经验与教训

创业项目风险监控的目标之一是为以后的创业项目实施提供借鉴和参考,因此对于各种已经发生并形成最终结果的创业项目风险,通过风险监控而从中吸取经验和教训,从而避免类似创业项目风险事件的发生。

11.4.3　创业项目风险监控的依据

创业项目风险监控的依据主要有以下两个方面。

1．创业项目风险管理计划

创业项目风险监控活动都是依据这一计划开展的,但是在发现新的创业项目风险后需要立即更新创业项目风险管理计划,所以创业项目风险监控工作都是依据不断更新的创业项目风险管理计划开展的。

2．实际创业项目风险发展变化情况

在创业项目实施过程中,内外部环境在不断发展变化中,有些创业项目风险最终变成现实而发生了,有些风险却没有发生,而有些新的风险因素又出现。这些创业项目风险实际情况的发展变化情况也是创业项目风险监控工作的最重要依据之一。

11.4.4　创业项目风险监控的程序

创业项目风险监控是按照一定步骤和流程进行的,具体步骤与做法如下。

1．建立创业项目风险事件控制体制和机制

创业项目风险监控首先需要制定整个项目风险监控的方针、程序和管理方法,这一工作具体包括创业项目风险责任制、创业项目风险报告制、创业项目风险监控决策制、创业项目风险监控沟通程序等。

2．确定要监控的具体创业项目风险

根据创业项目风险识别和度量中分析的项目风险后果严重程度、概率大小及项目风险度量结果,结合创业项目风险监控资源情况,确定出对哪些创业项目风险进

行监控，以制订创业项目风险监控计划。

3．确定创业项目风险的监控责任

所有需要监控的项目风险都必须落实到具体负责控制的人员，并要规定他们所负责的具体责任。每项创业项目风险监控工作都要由专人负责而不能分担，而且要由合适的人员去负责。

4．确定创业项目风险监控的行动时间

根据对创业项目风险时间进程的分析结果，确定创业项目风险监控时间的计划和安排，规定出解决创业项目风险问题的时间限制等。创业项目的失败大多是因为错过创业风险监控时机造成的，所以创业项目风险监控时间计划很重要。

5．制订各个具体创业项目风险的监控方案

根据在风险识别和度量阶段分析的创业项目风险的特性，找出能够监控创业项目风险的各种备选方案，然后对方案做必要的可行性分析和评价，最终选定要采用的创业项目风险监控方案并编制创业项目风险监控方案文件。

6．实施各个具体创业项目风险的监控方案

根据确定的创业项目风险监控方案去监控项目风险的同时，还要根据项目风险的实际发展与变化，不断地修订创业项目风险监控方案与办法。对于某些具体的创业项目风险而言，创业项目风险监控方案的修订与实施几乎是同时进行的。

7．跟踪各具体创业项目风险的监控结果

在创业项目风险的监控过程中，及时收集创业项目风险监控的结果信息并给予反馈，以指导创业项目风险监控工作。通过跟踪给出的创业项目风险监控信息，改进创业项目风险监控工作，直到创业项目风险监控完结为止。

8．判断创业项目风险是否已经消除

如果认定某创业项目风险已经解除，则该创业项目风险监控工作完成，若判定某创业项目风险仍未解除，就需要重新识别和度量该风险，然后按上述方法开展新一轮的创业项目风险监控工作。

创业项目风险管理是螺旋上升循环性的，只要创业者及其团队尚未退出，创业项目风险管理就没有结束，就需要创业项目团队根据发展变化后的创业项目环境与条件去开展下个循环的创业项目风险管理。

第12章
| 创业项目的全面集成管理原理与方法

南开大学　杨玉武

创业项目作为一类特殊的项目类型，所处环境的复杂性和不确定性更高，其时限性、独特性、开创性、不确定性、风险性和社会性等特征，决定了创业项目各任务、各要素及各相关主体之间的协调匹配对创业项目成功有着重要影响。基于创业项目全过程集成管理框架，实现创业目标、阶段性目标和各项工作任务之间的协同匹配，有助于厘清创业项目实施的思路、识别资源需求、明确潜在风险点和关键点。基于创业项目全要素集成管理框架，实现创业项目的范围、成本、时间、质量和资源等要素的协同配置，提高资源的利用效率和对内外部环境的适应性。基于创业项目全团队集成管理框架，厘清和优化创业项目团队内部及外部利益相关主体之间的关系，共同提高创业项目价值。

创业项目是一个系统，任何子系统或要素及其相互之间的关系都会对创业项目的结果产生影响。团队构成和团队过程很大程度上决定了团队对各子目标、具体任务的安排，其执行力也决定了目标的可实现性。同样，不同的目标安排决定了创业项目的范围，进而决定了创业项目利益相关主体的范围。因此，在做好创业项目全过程集成管理、全要素集成管理和全团队集成管理的同时，还需要做好创业项目的全面集成管理。

12.1 创业项目的全过程集成管理原理与方法

创业项目需要在已有的创新成果基础上开展，是创业项目团队实现其预期商业目标的过程，如何将抽象的创业目标转化为具体可执行的一系列子目标和工作任务，是创业项目付诸实施的基础和前提保障。同时，在创业项目实施的过程中，根据内外部环境的变化，灵活调整创业目标、阶段性目标和任务等，也是创业项目成功的必然要求。

创业项目的全过程集成管理涉及创业项目目标、产出物、阶段、工作包、活动这五方面的集成管理。在创业项目全生命周期中，创业项目团队需要开展项目的目标与项目产出物的集成，项目产出物与项目阶段的集成，项目产出物与项目可交付物的集成，项目可交付物与项目工作包与活动的集成管理工作。

12.1.1 创业项目目标、产出物、阶段、工作包和活动的概念

创业项目的过程是创业项目目标为引导，以产出物为具体结果呈现，以分阶段执行为控制逻辑，以工作包为责任中心，以具体活动开展为表现形式。所以，创业项目全过程的集成，先需要明确创业项目目标、产出物、阶段、工作包和活动的概念。

1. 创业项目目标

由于创业者所拥有资源的限制和内外部环境的不确定性较高，如何确定具体而明确的创业目标，是所有创业项目团队需要解决的首要问题。有了清晰、可实现且凝聚创业项目团队共识的目标，可以在团队内部产生认同感和凝聚力，提升成员对创业成功的信心和创业项目的承诺水平。一般而言，创业项目的目标具有如下特征。

（1）创业项目目标要有号召力，且清晰、具体、可实现。创业项目不仅是创业者自身理想的表达，更是一个可以通过一系列具体的任务和目标，将已有的创新成果转化为商业利益的过程。只有具有很强号召力的目标，才能够为创业项目积聚起优秀的人才队伍，才能够激励创业项目团队为之奋斗。同时，如果一个可以产生强烈认同感和承诺感的创业项目目标无法分解为清晰、具体和可实现的任务或工作步骤，那么这种认同感和承诺感将在漫长的创业项目生命周期中被消磨殆尽。

（2）创业项目的目标要坚定，且能够根据内外部环境做出必要灵活的调整。坚定的目标有助于保持创业项目团队注意力，提升创业项目团队的坚韧性，这是在复

杂而艰难的创业环境中争取成功的必要基础。但是，坚定的目标并不代表不可改变，恰恰相反，创业项目团队需要根据内外部环境的变化及时地对创业目标做出灵活调整，通过灵活安排一个个阶段性目标逐步向最终的目标前进。这就要求创业团队能够在创业项目目标与阶段性目标之间做好权衡匹配。

（3）创业项目是一个系统，系统目标的实现是以各个子系统目标的实现及协同匹配为基础的。创业项目不同于传统的工程项目，它是一个更加复杂的系统，包括技术、市场、融资、团队、利益相关主体等多个子系统，这些子系统之间通过协调匹配共同支撑系统整体目标的实现和优化。这就要求创业项目目标能够分解为对各个子系统的要求，并因各子系统目标的实现而实现项目整体目标。

（4）创业项目目标的确定本身也是一个动态的过程，是一个持续的意义建构过程。创业目标的形成和确定是在不断的尝试过程中逐渐形成和确定的。通过不断地将创业项目目标付诸具体实施来检验目标的合理性与可行性，在资源不断嫁接、建构和挖掘的过程中持续调整和优化。在把创业目标逐步分解为一系列具体的产出物的过程中，可以更好地评估目标本身、内外部环境、资源等匹配与适切性，从而优化和调整创业项目目标及阶段性目标。

2. 创业项目的产出物

创业项目的产出物存在很大差异，但是都是为实现创业目标服务的，这可以分为最终产出物和阶段性产出物。最终产出物是创业者或创业项目团队期望的创业项目最终成果，而阶段性产出物是创业项目团队预期的创业的不同阶段结果。由于不同的创业者和创业项目团队对创业项目预期结果的关注重点不同，导致创业项目产出物会有很大差异。创业项目产出物的需要包括如下几方面内容。

（1）产品与服务，即创业项目所提供产品，以及所服务的目标顾客。顾客满意度和忠诚度是评价创业项目结果或阶段性成果的最主要维度，只有赢得了顾客的满意、培育起顾客的忠诚，创业项目才能够不断取得成功。也只有产品和服务的不断完善，才能够推动顾客满意度和忠诚度的提高。

（2）财务和市场，即创业项目所取得的主要财务绩效和市场绩效。财务绩效和市场绩效是长期积累的结果，创业项目在不同的阶段所追求的重点略有不同，对财务绩效和市场绩效的期望也会有很大差异，但清晰、可度量、可实现的财务和市场绩效是项目产出物的必要构件。

（3）团队与人力资源发展，即创业项目团队自身的发展及人力资源建设的成果。创业项目不仅要创造财务和市场价值，也需要注重创业项目团队的发展，注重创业组织人力资源的发展与培育。忽视了创业项目团队的建设、员工福利增长、员工能力提升、员工满意度和组织内部工作系统有效性的创业项目，是难以达成创业项目目标的。

（4）社会责任，即在创业项目过程中，项目为社会带来的价值增长。任何的创业项目都应该包含必要的社会责任目标，这是创业项目为社会所接受的基本前提。创业项目在不同的发展阶段所需要承担和能够为社会做出贡献的能力是不同的。创业项目管理团队需要合理安排并展示项目对社会的贡献，以期赢得主要利益相关主体的认可和支持。

（5）商业模式，即创业项目将通过何种途径或模式去创造价值。商业模式是创业项目最主要的产出物之一，是决定创业项目持续性和营利性的重要基础，会随着创业项目的进行而不断创新和完善。

3. 创业项目阶段

创业项目阶段是指逻辑上相互联系的项目活动的集合，通常以一个主要的项目阶段可交付物作为完成标志。本书从项目管理学的角度将创业项目划分为定义与决策阶段、计划与设计阶段、实施与控制阶段、终结与退出阶段。创业项目各阶段之间存在相对复杂的相互迭代关系，创业项目定义和决策阶段的同时也会开展项目的设计与计划工作，甚至会同时将创业项目计划方案付诸实施。创业项目部分子目标也会同时展开，这就形成了创业项目的四个阶段并存的局面。这种局面进一步增加了创业项目管理的复杂性，创业项目团队必须集成各个子目标、各项具体的工作，对内外部环境的潜在影响进行系统分析，争取系统最优。创业项目阶段具有如下关键特征。

（1）阶段的划分以工作的相同性和阶段成果的整体性为标准。通过将创业项目划分为一系列的阶段，并将其分配给具有相应素质和资源的个体或组织完成，可以有效地提高创业项目的执行效率和效果。而阶段性成果（阶段性创业项目产出物）的整体性则为决策层评价各阶段的执行效果提供了基础，从而提高创业项目决策质量。

（2）每个创业项目阶段的结束以一个对主要的项目可交付成果和绩效进行评价作为标志。为了降低创业项目风险，及时调整创业项目目标和计划方案，需要为每一个阶段制定具体的绩效评价标准，辅助决策者对各阶段的成果做出相对客观的评价，并且为后续工作是否展开以及如何展开提供基础信息。

（3）每个创业项目阶段都需要制定必要的评审程序。每一个阶段的产出都会对创业项目的目标实现产生深刻而复杂的影响，会对不同的利益相关主体产生影响。因此，创业项目团队需要为每一个阶段制定具体的评审标准和程序，明确参与评审的主要人员和工作流程，从而保证评审结果的客观性，提高利益相关主体的满意度和对创业项目的信心。

4．创业项目工作包

创业项目工作包是生成项目产出物必须完成的各项工作的集合，是创业项目工作分解结构的最低层分解结果，也是创业项目的成本、时间规划和风险分析的载体。创业项目的工作包应该具备如下主要属性：①工作说明，创业项目工作包必须首先明确工作包的工作目标和对创业项目目标的贡献；②资源需求，即完成该工作包所需要的必要资源；③时间，工作包的开始和结束时间；④成本，工作包的成本结构和成本额度；⑤职责，承担工作包的人员及其权责关系；⑥输出，该工作包的具体产出物；⑦输入，该工作包的前置工作和完成工作所需要的基础保障；⑧质量保证，该工作包工作过程需要遵守的标准和流程，以及对产出物的质量评价规定等；⑨其他要求。

5．创业项目活动

活动是创业项目最基本的工作单位，是项目工作包的进一步分解的结果。每一个创业项目活动都相对简单且具体，同时具有一定的专业性。创业项目活动完成情况直接决定着工作包的成本、时间和质量等产出物属性。创业项目活动一般需坚持如下几个主要的原则：①充分必要原则，即创业项目的任何活动都应该是实现预期目标所必需的，否则将会导致项目成本增加；②成本和工期可衡量原则，即每一个活动的成本和工期都应该是可以根据经验或者专业手段确定的，从而为整个项目的成本和工期的确定提供基础；③可执行原则，即任何活动都必须可以交给一个人或者团体完成，否则项目目标将无法实现。

综上所述，创业项目这些方面相互之间是具有特定的配置关系的，所以创业项目集成管理首先需要实现的就是上述这些方面的合理集成。

12.1.2　创业项目各子过程的集成关系

创业项目的阶段、产出物、工作包和活动本质上都是服务于项目目标实现的。为了实现创业项目目标，首先需要根据其复杂性划分为一系列阶段或产出物，创业项目复杂性越高对阶段和产出物的划分要求就越高，对不同阶段之间及不同产出物之间的协同质量的要求也就越高。同时，创业项目产出物和项目各个阶段之间也并不是孤立的，相反，任何创业项目阶段都会有明确的相对完整的产出物，而任何产出物也都必须服务于特定阶段的目标。因此，两者的协调匹配对于提高创业项目计划的完备性有重要价值。任何创业项目的产出物都是通过一系列的工作包创造的，充分且必要的工作包是高质量、低成本、高效率创造项目产出物的基本单元。而任何工作包都是通过执行其内部一系列专业化的具体活动实现的，活动成为工作包得以实施的最基础工作，专业的活动执行是确保创业项目目标得以实现的最基础工作。

1. 创业项目目标与项目阶段的集成关系

创业项目目标初步确定后，往往需要根据内外部环境和资源状况分阶段实现。可以概括性地划分为定义与决策阶段、计划与设计阶段、实施与控制阶段、终结与退出阶段。创业项目的定义与决策阶段的核心功能在于做出是否开展创业项目的决策。创业项目的定义与决策阶段并不是一个时段上的概念，而是一个功能概念。创业项目全生命周期中任何重要的信息变化都需要做出相应的决策和调整。创业项目的计划与设计阶段是将决策转化为具体实施方案的过程，创业项目的任何一项决策都需要相应的实施方案支撑。同时，创业项目团队中的任何成员为了做出自己的贡献，也都需要将自己的任务或想法转化为具体的实施方案。创业项目的实施与控制阶段是创业项目团队依据创业项目计划，通过必要的资源投入，获得期望的创业项目产出物的过程。通过不断地评估项目进展状态、分析内外部环境变化与特征、调整创业项目计划或者实施方案争取更好的创业结果。创业项目的终结与退出阶段是根据创业项目目标的实现程度和实现可能性等做出决策及具体方案的过程。创业项目复杂程度的差异决定了终结和退出工作的复杂性。在实践中，创业项目阶段划分可以根据实际需要进一步细化。

创业项目的阶段划分并不是时间递进关系，而是一种迭代关系。由于创业项目目标往往由多个子目标构成，因此，每个子目标都需要进行必要的阶段划分，以提高其可实现性。在创业项目的全生命周期过程中，不可避免地会存在项目各个阶段并行展开的现象，需要对各个子目标和各个项目阶段进行集成，否则会导致创业项目管理混乱，造成决策失误。良好的阶段划分和创业项目目标与子目标的集成，可以帮助创业项目管理团队更有效地配置项目资源，实现资源的优化利用。同时，随着各个阶段工作的展开，创业项目目标的合理性和可行性也会得到实践检验，从而为及时调整创业项目目标或子目标提供关口。

2．创业项目目标与项目产出物的集成关系

目标与产出物的集成是创业项目管理的基本要求之一。通过将创业项目目标及其子目标转化为一系列具体的产出物可以为项目目标实现程度的评价提供清晰客观的信息，可以为创业项目团队的工作效率和效果做出清晰判断，可以为利益相关主体评价创业项目的状态和可实现程度提供清晰的观测对象。

创业项目目标与产出物之间的关系并非简单的前置与后继关系，而是相互促进和彼此不断完善的关系。通过对创业项目目标及其子目标转化为一系列具体的产出物，可以更好地评判创业项目目标的可实现性，识别其中存在的潜在风险。同样，通过评价产出物对创业项目目标的贡献程度，可以更好地识别出不同产出物对创业项目最终价值的贡献度，从而更好地明确资源投放的方向和领域，厘清未来管理的重点。

创业项目目标与产出物之间的关系不是静态固定的，而是动态的，是需要根据创业项目内外部环境的变化适时调整的。当内外部环境发生变化时，需要及时调整创业项目目标，并对相应的产出物做出优化和调整。当创业项目微观环境无法支撑产出物的实现时，或者发掘出了新的机会时，也需要对创业项目目标做出相应的调整。

3．创业项目阶段与项目产出物的集成关系

任何创业项目阶段都有相对清晰完整的产出物，项目阶段与产出物之间存在紧密的集成匹配关系。一方面可以通过创业项目阶段的划分，来合理安排项目产出物的时间；另一方面可以通过创业项目产出物的完整性及产出物之间安排的合理性来优化创业项目阶段的划分。

创业项目不同阶段对产出物有不同的要求，不同阶段的产出物之间也存在相互作用关系。首先，创业项目的每个阶段都承担着完成某个或某些目标的职责，而这些目标是通过相应的产出物的创造而实现的。因此，产出物必须符合该阶段的目标要求。其次，任何阶段的产出物都会对后续阶段的目标实现产生影响，表现为前一阶段的产出物会作为后续阶段的投入而进入新的价值创造环节。这就意味着，在创业项目各阶段规划过程中，除了需要考虑阶段内部产出物设置的合理性，同时也要做好不同阶段产出物的集成匹配工作，以提高资源的利用效率。

4．创业项目产出物、工作包和活动的集成关系

创业项目的产出物是通过一系列工作包得以创造的，而工作包由一系列紧密相关的活动构成，因此，产出物、工作包和活动之间的集成关系本质上是基于技术过

程的集成关系。

技术理性是评判创业项目产出物、工作包和活动之间集成关系质量的基本准则。任何创业项目产出物都会被分解为具体的工作，任何工作包都是以服务于特定产出物为目的的。完成所有工作包是创造项目产出物的充分必要条件，否则就意味着存在资源浪费。同样，任何工作包都是通过一系列活动完成的，如果存在与工作包任务要求不项匹配的活动，即意味着创业项目存在资源浪费。

工程项目的产出物、工作包和活动之间的合理配置关系可以根据实施组织的基础数据积累得以优化。但创业项目的独特性和一次性等特点，决定了其产出物、工作包和活动之间的合理配置关系很难基于历史数据做出评判，而需要在实践中不断地进行调整和优化。因此，在创业项目实施过程中，需要不断地对产出物、工作包和活动之间的关系进行评价，针对任何变更做出相应环节的及时调整。

12.1.3 创业项目的全过程集成步骤

创业项目全过程集成遵照分步集成的基本要求，即首先做好目标、阶段和产出物的两两集成，然后做好产出物、工作包和活动之间的集成。创业项目全过程集成可以按照图 12-1 所示的框架展开。

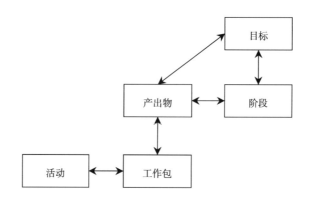

图 12-1　创业项目全过程集成步骤示意图

1. 创业项目目标、阶段和产出物的集成步骤

（1）根据创业项目目标或子目标确定具体的阶段划分。创业项目的目标是相对抽象的，需要首先根据内外部环境等信息，确定创业项目的各个子目标，进一步将整个创业项目目标的实现划分为一系列具体的阶段，为每个阶段设计出相对清晰的目标。同时，根据分解出的创业项目阶段，分析各阶段目标实现的可能性，并探讨各阶段目标是否可以有效支撑创业目标的实现，进而实现创业项目目标与阶段的集

成，确保两者是相互匹配和相互支撑的。

（2）为每个阶段确定具体的产出物。每个阶段都有明确的目标和明确的产出物作为目标是否实现的评价标准，因此，创业项目阶段与产出物的集成工作是基于创业项目阶段目标展开的。根据每一个阶段的创业目标规划出具体的项目产出物，这些产出物可能是产品或服务、市场和财务、社会责任，以及团队发展和商业模式等，分析各阶段的资源是否可以支撑相应产出物的创造，以及产出物是否可以有效支撑创业项目阶段目标的实现。

（3）评价创业项目产出物和项目总体目标之间的合理配置关系，修订创业项目目标和产出物。根据创业项目各阶段规划出的产品或服务、市场和财务、社会责任，以及团队发展和商业模式等维度的具体产出物，分析其对创业项目总体目标的贡献度和实现创业目标的可能性，对产出物进行进一步的优化，并根据产出物的规划反思创业目标设置的合理性。

（4）对创业目标、阶段和产出物进行协调匹配分析，实现三者的持续完善与优化。在整个创业项目生命周期中，这种分析过程需要持续进行，以便对内外部环境变化做出及时应对。

2. 创业项目产出物、工作包和活动的集成步骤

（1）根据创业项目产出物确定工作包。从技术的角度而言，创业项目产出物的成功完成需要依赖一系列承担一定子功能的工作包；从创业项目管控的角度而言，项目产出物需要分解为一系列相对简单和可以交付给特定个体或团队来执行，从而提高对产出物质量和过程效率的控制感；从资源消耗计划的角度而言，创业项目产出物同样需要通过更具体和简单的工作包来归集和计算。因此，创业项目产出物首先应该根据技术和管控的需要，合理安排各个工作包，并根据各个工作包的资源消耗，确定相应产出物所需要的资源投入；然后，根据所分解出的工作包，分析相应产出物实现的可能性，从而优化工作包安排。

（2）根据工作包确定活动。按照项目管理理论，创业工作包还需要进一步分解为一系列的活动，进而根据活动所需要的资源及活动之间的时间关联，确定工作包的成本和完成时间。为了提高资源利用效率，创业项目也必然需要将工作包进一步分解为具体活动，并据此对工作包的成本和时间进行分析和规划。虽然创业项目本身具有高度的不确定性和独特性，但创业项目是一种对已有创新成果的商业化的项目。因此，从技术的角度而言，创业项目的工作包和活动之间也存在着相对清晰和明了的技术关联逻辑，这为工作包和活动之间的集成奠定了基础。

3．创业项目各子过程的集成

在分别完成了创业项目目标、阶段和产出物的集成，以及产出物、工作包和活动的集成工作后，还需要根据创业项目具体执行过程中的各个工作包的执行情况，灵活调整产出物的安排，进而调整创业项目目标和阶段的安排，从而根据创业项目具体执行过程中的内外部信息更新，及时调整创业项目目标和各项计划。

12.2 创业项目的全要素集成管理原理与方法

创业项目是典型的在资源约束背景下应对高度不确定性和复杂动态环境的项目类型。这类项目的最主要特点之一就是目标要素、资源要素与风险要素的相互制约关系复杂，如果无法做到各要素之间的协调匹配，创业项目目标将难以实现。

按照现代项目管理知识体系的划分，结合创业项目的特点，本书将创业项目的要素归纳总结为质量、范围、时间、成本、资源和风险六大类，强调做好这六类要素的集成匹配，是实现创业目标的基础保障。

12.2.1 创业项目全要素的界定

创业项目以质量要素为基本要求、以范围要素为边界、以成本和时间要素为约束条件、以资源为基础条件、以风险为协同动因。

1．创业项目质量

创业项目质量是创业项目团队和利益相关主体对于创业项目某个阶段或某个产出物应该达到要求的规定。这种规定是创业项目团队开展后续计划、完成创业项目各项工作的目标指引和具体要求，是创业项目落地实施的指南。创业项目质量并不是一个静态的概念，不是简单地符合内部或外部规定和要求，相反，创业项目质量是一个动态的概念，是在成本收益约束下以满足顾客和外部相关利益相关主体要求为目的的。在创业项目的不同阶段，项目质量的要求和界定也是动态变化的，随着市场竞争、消费者和外部监管机构及合作组织的要求的变化，创业项目的质量要求也会随之发生变化。如果创业项目质量要求不能够随之做出调整，那么创业项目将因无法满足变化的内外部要求而失败。

创业项目的质量包括产品或服务的质量和过程质量两大类。产品或服务的质量是随着顾客和内外部主要利益相关主体的需求的变化而动态调整的；过程质量则是创业项目团队或组织为了创造出满足顾客或利益相关主体的要求的产品或服务，在进行产品或服务的价值创造过程中所需要遵循的标准和程序。由于创业项目的一次性和独特性等特征,决定了创业项目的质量难以通过对结果的统计分析识别过程中存在的问题,并进行优化和调整。相反,创业项目的质量更多的是要通过对每一个具体过程和程序的严格要求来实现创业项目结果质量符合要求。

2. 创业项目范围

创业项目范围是指创业项目团队为了成功地完成创业项目并实现项目目标,所必须完成的产出物范围和全部工作的范围。所以范围要素是整个创业项目计划、实施和控制的基石,包括创业项目产出物范围和工作范围两大部分。产出物范围即项目最终交付的产出物的特征和功能,工作范围是为了交付具有规定特征或功能的产出物所必须完成的工作。创业项目范围为项目所有利益相关主体对项目的结果和实施过程有一个共同的理解,对于创业项目计划和其实施及利益相关主体的支持与配合有着至关重要的作用。

创业项目范围计划包含的内容主要包括创业项目的工作分解结构、项目范围说明书、制约因素和前提条件等。其中,工作分解结构表明了创业项目的各项工作内容与项目最终成果之间的内在逻辑联系,以及创业项目工作之间的逻辑关联关系,是创业项目后续计划的基础。范围说明书界定了创业项目的成果描述、阶段目标、可交付成果清单等。制约因素主要描述了将会影响创业项目成果达成的关键因素。前提条件则阐明了达成创业项目目标所需要的基础性投入。

创业项目内外部环境的不确定性及一次性和新颖性等特征,决定了创业项目的范围往往是动态的,需要根据内外部环境、创业项目团队的期望及利益相关主体的要求等做出及时和必要的调整。

3. 创业项目成本

创业项目成本也就是为了实现创业项目目标而消耗资源的货币表现,或者说是为了实现创业项目的成功而付出的代价。创业项目的成本可以从三个层次进行解读和界定:创业项目层次、创业者层次和社会层次。创业项目层次的成本就是完成项目目标所消耗的资源的货币表现,既包括直接投入于创业项目中的各项资源的货币表现,也包括创业者层次直接服务于创业项目顺利完成的部分成本。创业者层次的成本包括创业项目层次的成本和支撑创业项目正常运营所需要的成本。社会成本则可以解读为资源的机会成本及因创业项目的实施而为社会带来的负面影响等。创业项目团队需要关注创业项目层次的成本、创业者层次的成本,以及社会成本,这对于创业项目未来的持续成功有着重要的影响。

创业项目成本的影响因素可以归纳为:创业项目消耗和占用资源的数量和价

格、项目时间、项目质量、项目范围等。其中创业项目消耗和占用资源的数量和价格是最直接的影响因素，对于创业项目而言也是最直接和显见的因素。但是创业项目时间、质量和范围对创业项目成本的影响则是相对隐性和深远的，如质量要求会直接决定着所需要投入的资源类型和数量等；项目范围则决定了需要完成的工作，进而决定着所需要投入的资源量；项目时间直接决定着资源的占用时长，对于时间驱动的成本有着深刻的影响。因此，创业项目成本并不能孤立地看待，而要从系统的交付进行分析，做好与其他各项要素的集成匹配工作。

4. 创业项目时间

时间是创业项目最宝贵的资源之一。创业项目具有典型的时间约束性特征，创业项目团队需要在有限的时间内将已有的创新成果商业化。在这个过程中，创业项目团队需要做好如下几方面的工作：将创业项目所需要开展的各项工作进行合理安排，规划好各项活动之间的相互关系，清晰确定各项工作的持续时间，设置必要的里程碑点监控创业项目时间进展状态等。其中，创业项目活动是项目范围定义工作的结果，通过创业项目团队对各项工作之间关系的探讨和分析，建立起创业项目的网络结构，从而推断出整个创业项目所需要投入的时间及各项工作的起止时间。各项活动的时间估算是相对困难的工作，这是因为创业项目往往很难找到历史数据支撑，创业项目团队核心成员也因为各自经验差异而对各项活动持续时间缺乏相对统一的认识，从而造成创业项目时间管理方面的困难。

与传统的工程项目或商业项目相比，创业项目的时间更具弹性，会根据创业项目团队对项目的判断做出调整，呈现出较大的柔性特征。但为了提高创业项目的执行效率，在微观执行层面又要有一定的刚性。但刚性的微观又可能会导致整个创业项目缺乏必要的灵活性，降低了对环境的敏感性。因此，如何做好宏观相对柔性和微观相对刚性之间的关系，也是创业项目时间管理所面临的挑战之一。

5. 创业项目资源

要实现创业项目目标，必须获取必要的资源，并实现对资源的高效利用。资源的获取或创造是创业者必须具备的关键能力之一。创业者通过意义的赋予激发创业项目团队成员或主要利益相关主体的资源投入，通过社会网络获取创业所需要的资源。同时，创业项目团队必须将所获得的资源进行科学规划，将资源的价值最大化。资源的高效利用取决于合理的资源规划、高质量的执行和与项目时间高效协同的资源采购等。其中，资源规划是基础，需要根据创业项目的目标、项目工作等，从技术理性的角度出发进行规划和安排；高质量的执行取决于创业项目实施过程中各项工作的实际执行力,通过各阶段和各项工作的高质量执行达到资源节约的目的;采购协同取决于项目计划、采购和执行工作之间的高效衔接和及时调整。

创业项目资源既包括物质资源,又包括人力资源和信息性资源等。物质性资源主要被用于通过创业项目各项工作包或活动转化为项目产出物,信息性资源主要是辅助创业者进行决策,人力资源则是价值的创造者。创业项目团队需要充分分析创业项目所需要的资源类型与特点,并进行合理的规划。

6. 创业项目风险

风险是任何创业项目都必须面对的,创业项目的管理过程在某种程度上就是对创业过程中各种风险的积极有效应对的过程。创业项目风险是某一事件给项目目标造成影响的可能性,包括积极风险和消极风险。创业项目不仅要尽可能规避或有效应对消极风险,尽可能限制其影响后果的严重性和影响范围,还必须尽可能识别积极风险,并将其影响后果放大,从而促进创业项目目标的实现。

创业项目风险的来源广泛,包括政治风险、经济风险、市场风险、自然风险、技术风险等,而且这些风险源造成的影响可能是相互叠加的。因此,创业项目团队必须对各种风险源进行持续监测,并进行集成分析和探讨。而且,创业项目风险会发生在项目全生命周期中的任何阶段、任何工作包中,其后果可能有限也可能超出创业项目团队的承受范围或者某关键利益相关主体的承受范围。因此,除了对自身的风险承受能力做出客观评价外,还必须对主要利益相关主体的风险承受能力做出必要的评估。另外,创业项目团队成员往往缺乏丰富的创业项目经验,对创业项目中潜在的风险因素缺乏必要的了解和认识,而且不同成员的经验和知识水平也限制了其对风险事件影响后果、发生概率等的判断。因此,如何在创业项目团队中形成对创业项目风险的共同理解和认识,是必须解决的关键问题之一。

12.2.2 创业项目各要素间的集成关系

创业项目各要素之间存在复杂的作用关系,其中最基础的就是项目的质量、范围、成本和时间之间的作用关系。而这四个要素之间的作用关系受到创业项目的资源和风险的显著影响,这就决定了创业项目全要素之间存在复杂的集成作用关系。与传统的工程类项目相比,创业项目有着更大的不确定性,各要素体现出更大的弹性,因此,这六个要素之间的集成关系在继承一般项目要素之间的作用关系外,还呈现出独特的柔性特征,即创业项目六要素的集成关系会随着内外部环境的变化、创业者及关键利益相关主体对创业项目的认知与要求等的变化而发生变化。创业项目六要素之间的集成关系是一种动态调整的关系，而非静态的函数对应关系。

1. 创业项目质量、范围、时间、成本间的集成关系

在创业项目管理理论体系中，项目质量、范围、时间和成本之间存在紧密的相互关系。创业项目的质量要求和规定，决定了项目需要开展的工作内容和工作质量，决定了项目需要消耗的时间，也规定了相应的资源素质进而决定了项目的成本。创业项目的范围是在项目质量要求的基础上展开的，忽视质量要求的项目范围展开是不可能获得主要利益相关主体的认可和支持的，因此，搜集各方对创业项目各产出物或各阶段产出物的质量要求是进行创业项目范围展开的基础和前提。创业项目的范围界定了具体的工作内容，结合质量要求，可以更进一步地明确项目所需要投入的资源及其数量，进而决定了项目的成本。创业项目范围所界定的具体工作及其相互关系，为建立整个创业项目的网络结构奠定了基础，进而可以确定出更加清晰合理的项目时间安排。

创业项目质量、范围、成本和时间之间的集成关系并非明确的函数关系，而是一种逻辑关联关系，体现的是它们之间工作和技术上的关联，而非具体的数量联系。而且，这种逻辑关联更多地体现在对变化的动态调整之中。例如，当质量要求发生改变时，创业项目团队首先需要明确创业项目工作范围是否需要做出相应的调整，创业项目投入的资源是否需要调整，而这种调整决策一旦做出，就必须对相应的成本预算和时间安排做出调整。

由于创业项目缺乏大量历史数据的支撑，所以如何评价质量、范围、时间和成本之间的协调匹配水平较为困难，因此更需要决策和计划团队结合四者之间的紧密联系的特征，持续对其进行匹配分析。同时，要在各要素之间建立必要的冗余，以便于应对突发意外情况。

2. 创业项目资源与质量、范围、时间、成本间的集成关系

资源在整个创业项目中起着基础性的保障作用，是创业项目得以成功的基础条件。但是创业项目资源并不是先于创业项目而存在的，资源是根据创业项目目标、质量和范围等的规定，通过内外部建构和采购获得的，通过资源的计价生成了创业项目的成本，通过时间安排界定了资源获得的时间，从而尽可能降低不必要的资源占用。所以，创业项目质量处在项目的质量和范围及项目的时间和成本之间，是承上启下的环节。

资源的利用效率体现在与创业项目质量、范围、时间和成本之间的集成水平上。当资源与质量目标和创业项目所要开展的活动相匹配时，资源的利用效率是令人满意的。同样，当资源可以被有效按照创业项目工作的时间要求获取并使用时，就可以实现资源的有效节约。

同时，资源还必须根据质量和范围的变化做出及时的调整，必须根据创业项目各项工作时间进程的调整做出相应的调整，以便更好地满足创业项目的需要。同时，这种调整必须恰当准确地反映在创业项目成本上，进而为决策提供必要的决策信息，以便进一步优化和调整创业的质量要求和工作内容。

3. 创业项目风险与质量、范围、时间、成本间的集成关系

风险会对创业项目任何要素产生影响，创业项目的质量、范围、时间和成本等计划中都需要考虑风险因素，并根据潜在的风险对原有计划做出必要的调整。在创业项目实施过程中，相关计划也会因为具体风险事件的发生而不得不做出调整。例如，当创业项目的工作内容得以明确并完成了项目的成本计划工作后，如果经过风险分析发现项目存在影响较大的潜在风险事件，那么必然需要为该风险的应对储备必要的资金，而风险应对的过程也会浪费宝贵的工期。

风险的识别并不是独立于其他要素而存在的，而是建立在创业项目质量要求、项目的具体工作内容安排、项目的成本和项目时间等计划基础上的，是在内外部环境约束基础上，通过对相应创业项目计划的分析展开的。相应地，对风险事件的分析与评价也受到创业项目质量目标、成本目标、工期目标的影响。当创业项目团队或主要利益相关主体对创业项目的质量、成本和工期提出了较高的要求时，一个简单的事件也可能被视为风险；相反，如果要求相对较低，那么同一事件可能就不会被视为风险，或者不会作为主要的风险加以应对。

4. 创业项目资源和风险的集成关系

创业项目资源和项目风险之间也不是相互独立的，除了各自与创业项目质量、范围、成本和工期紧密相关外，两者之间也存在直接的关联关系。一方面，任何风险事件的应对都需要必要的资源投入，缺乏必要的资源或者资源获得不及时都会对风险事件的有效应对造成负面影响；另一方面，资源本身也是风险的主要来源之一，当资源质量、数量或者获得时间与创业项目计划存在偏差时，就会带来风险。而且，创业项目是风险较高的一类项目，其资源需求也相对模糊和不确定，通过创业项目质量、范围、时间和成本及两者的直接关联，有助于优化创业项目的资源需求和风险应对，促进创业项目成功。

12.2.3 创业项目全要素集成步骤

创业项目的全要素集成要比传统项目复杂得多。传统项目主要以工程类项目为主，经过长期的发展和技术与管理的沉淀，技术方案和管理规范已经相对成熟，也有大量的类比项目可供参照。因此，这类项目的全要素集成管理工作是相对清晰和明确的，各要素之间的匹配关系及匹配逻辑都可以遵照历史惯例结合最新技术和信息展开。但是，创业项目则不同，这类项目往往缺乏大量历史数据积淀，难以找到类比创业项目作为参照，因此，其集成过程更多的是在各要素之间进行持续的匹配分析的过程，是一个持续迭代的优化过程。

1. 创业项目全要素的初步集成

（1）开展创业项目的质量与范围集成。创业项目团队及主要利益相关主体对创业项目质量的要求和规定构成了项目范围分解的基础，通过将质量要求转化为具体工作内容及其评价标准，确定创业项目需要开展的主要工作。然后通过对创业项目范围的分析，进一步评价质量要求的可实现程度。

（2）开展创业项目的范围、资源和成本的集成。创业项目范围规定了需要开展的工作内容，然后将工作内容转化为创造相应产出所需要投入的资源，进而确定项目的成本。然后根据创业项目的约束条件，调整创业项目成本及相应的项目范围。

（3）开展创业项目范围、工期、资源和成本的集成。创业项目范围确定后，可以进一步分解出项目的各项活动，并根据活动之间的逻辑关系，确定创业项目各项工作的起始时间及项目的工期安排。然后将时间安排与创业项目资源进行集成，实现资源可以满足创业项目时间需求。然后根据相应的调整优化创业项目的范围和成本。

（4）根据各要素计划识别风险，并根据风险的应对重新调整创业项目各项计划。基于创业项目各要素的计划及项目的内外部约束条件等，识别潜在的风险。通过对风险的分析，制订创业项目风险应对计划并确定相应的资源需求，通过资源需求的分析进一步实现与其他各要素的集成。

2. 创业项目全要素集成的持续优化

创业项目全要素集成关系相对复杂，需要在初步集成后进行持续的优化。在创业项目实施过程中，需要持续地对项目各要素计划的假设和前提条件进行评审，根据实际情况进行调整和优化，并按照初步集成的逻辑顺序，对其他要素的计划做出调整。另外，在创业项目执行过程中，也会暴露出原有计划中存在缺陷和不足，或者各要素计划之间的冲突与矛盾之处，此时就需要对各要素计划进行持续修订和完善。

12.3　创业项目的全团队集成管理原理与方法

创业项目全团队集成是借助项目沟通、项目利益分配、项目冲突协调与控制等手段，对创业项目所有相关利益主体之间的要求、期望、责任、义务、权力、利益及合作关系等要素的协调与安排。目的是促进利益相关主体间的协调一致，实现创业项目成本最小、项目利益或价值的最大化和项目利益分配的合理化。

12.3.1　创业项目全团队集成管理的内涵

创业项目全团队集成管理模式是在合同管理的基础上，采用现代管理理论中最新的合作伙伴管理的理论，去建立一种全新的创业项目全团队成员相互关系和一套项目全团队管理的新方法。现代项目管理的实践表明，不同项目利益相关主体之间的利益冲突和目标差异是可以通过采用合作伙伴式管理的方法予以解决的。创业项目全团队模式是指由项目全体利益相关主体所构成的项目全团队既受项目合同的约束，又受项目合作伙伴关系协议的约束，在创业项目全团队之间既存在合同和利益关系，又存在合作伙伴关系。这可以使人们能够在创业项目集成计划过程中充分考虑项目价值的最大化和项目利益分配的合理化，从而避免各种因为创业项目计划未能全面集成项目各方面相关利益主体的利益而造成的"内耗"和"争斗"，并且能够很好地协调和控制好创业项目各个相关利益主体的行动和工作。

创业项目合作伙伴关系是一种新型的项目合作关系，为了形成这种关系，创业项目利益相关主体之间需要签订一份在项目实现过程中风险共担和相互合作的合作伙伴式管理的协议，或者称为创业项目合作伙伴关系协议，这是要在完成创业项目合同中寻求建立一种合作关系的共同意愿。在由创业项目合同确立了项目有关各方的法律关系之后，创业项目全团队成员在这种共同意愿的引导下，通过积极沟通，努力理解对方的目标与要求，并且通过协商和协调使各方的目标和要求能够最终达成一致，从而在创业项目全团队之间形成合作伙伴式的关系。

这种关系中最重要的东西是努力使创业项目全团队成员建立团队精神，它是项目全团队成员之间共同合作、项目信赖和支持从而合作成功的关键。创业项目合作伙伴关系并不能取代项目全团队成员之间的合同关系，但是通过这种合作伙伴式的管理，创业项目全团队成员可以在法律或者合同关系的前提下，按照伙伴的关系去开展创业项目的实施和管理并取得成功结果。

创业项目合作伙伴关系不仅使得项目全团队成员之间积极地沟通,而是使得各相关利益主体为了达到自己的具体目标,首先按照互利合作的思想去投入资源以实现创业项目利益的最大化,然后再通过努力实现创业项目利益分配的合理化以更好地实现自己的利益和目标,这样就能使创业项目的各利益相关主体共同达到自己的目标,避免彼此之间的明争暗斗。

12.3.2 创业项目全团队的界定

创业项目的全团队主要包括创业者、管理团队、风险投资人、项目合作者及政府监管者(政府主管部门)等创业项目相关利益主体。

1. 创业者

创业者可以被认为是创业项目的创始人或推动者,是利用已有的创新成果实现既定商业经济利益或(和)社会发展进步的个体。创业者是整个创业项目的提出者和最主要的推动者,创业项目的成功与否在很大程度上取决于创业者的意志和所拥有的资源。对于一个具体的创业项目而言,创业者也可能由少数几个志同道合的人共同构成,他们有着共同的理想和奋斗目标,共同推动创业项目走向成功。

创业者在整个创业项目中起着精神支柱的作用,是资源的获取者,也是创业项目相关决策的最终决策者。他们不仅要追求创业项目的成功,还要保护并提升其他相关利益主体的利益。

2. 管理团队

创业管理团队是指一群才能互补、责任共担、愿为共同的创业目标而奋斗的人所组成的特殊群体。他们有着共同的创业目标、明确的角色分配共同承担创业项目的具体管理工作。管理团队的凝聚力、敬业精神、相互之间的互补和平衡等,都对创业项目的成功起着至关重要的作用。

创业管理团队具体负责创业项目日常工作,包括创业项目范围的界定、质量、成本和工期的规划、资源的使用计划及风险管理计划等,也包括通过对创业项目具体执行过程中的信息的初步分析,为创业者提供必要的建议等。

3. 风险投资人

风险投资人在创业项目中有着非常特殊的地位和作用。他们认同创业者的创业理念和所推动的创业项目;他们拥有相对雄厚的资金,可以用于支撑创业项目的开展;与短期利益相比,他们更注重创业项目长期的潜在获利能力;他们不关心创业项目的具体运作过程，但对创业项目发展方向、创业项目风险水平、创业者和管理团队的素质与能力等较为敏感。创业项目的风险投资人对创业项目的重要决策有着较强的影响力。

风险投资人既可能是专业的风险投资机构，也可能是经验相对较少的个人。不同主体对创业项目的要求和期望、对创业项目的实际介入程度及对创业项目相关信息的理解和认知水平都有很大差异。创业者需要对风险投资人及其对创业项目的理解和预期等进行充分的了解，这样才能够更好地发挥风险投资人的作用。

4. 创业项目合作者

创业项目合作者是指与创业项目存在合作关系的主体，包括存在业务关联的组织、顾客、融资机构、合作研发机构等。供应商或分包商等是创业项目的重要合作主体，他们通过合同与创业项目具体的实施组织展开合作。顾客是创业项目产品或服务的使用者，他们与创业项目团队共同创造了项目价值。融资机构为创业项目提供了必要的资金支持，对创业项目成功起着至关重要的作用。合作研发机构则对创业项目的技术或产品提供必要的智力支撑，促进创业项目的技术和产品完善。

创业项目合作者与创业项目实施团队虽然是基于合同的关系，但是由于创业项目面临巨大的风险和不确定性，而合同本身具有一定的刚性特征，这就决定了创业者对项目合作者不能仅仅停留在基于合同的管理和合作层次上，而是要争取更深层次的支持和合作，将双方的合作关系塑造成更加紧密的合作伙伴关系。

5. 政府监管者

创业项目需要满足政策和法规的要求。创业项目团队需要与政府监管者充分合作，根据监管要求调整创业项目目标、实施计划等。政府监管者在行使监管职责的同时，也承担着创业项目服务职能，扶持创业项目持续健康发展。

创业项目可能面临不同的政府监管者，如市场监管机构、技术或产品监督机构、食品卫生监管机构、金融领域的监管机构等，这些机构各自承担着不同的监管和支持职责，创业项目需要充分了解相关机构的要求，并尽可能争取其支持。

12.3.3　创业项目各相关主体间的集成关系

创业项目各相关主体之间并不是相互独立的，而是存在紧密的相互作用关系。这种紧密的相互作用关系正是影响和制约创业项目成功的重要因素。只有充分发掘各主体对创业项目的积极支持一面，避免其对创业项目的负面影响，才能够推动创业项目成功。同时，不同的创业主体对创业项目相关信息的理解和判断会存在差异，如何推动他们在创业项目决策过程中达成一致或者对决策给予充分的支持,也是对创业者的巨大挑战。

1. 创业者与创业项目管理团队

创业者与管理团队的关系是非常紧密的,他们共同构成了创业项目的决策和执行主体,创业项目的计划、执行、控制等工作本质上是由创业者领导着管理团队完成的。创业者是创业项目管理团队的领导和雇主,双方是建立在雇佣关系基础上的合作关系。创业项目管理团队使用创业者提供的资源创造创业者期望的产出。创业项目管理团队是创业者的有力支持者,是实现创业者创业梦想的具体实践者,他们将创业者的设想付诸实施,并通过其高效率高质量的执行将创业者的梦想变成现实。

创业者和创业项目管理团队之间的关系又应该是超越了契约规定的关系。创业者通过激发创业项目管理团队对创业项目目标的认同和承诺,将原本雇佣关系的合作者变成为追求共同目标的伙伴,共同为创业项目的成功努力。

2. 创业者与风险投资人

创业者与风险投资人之间是一种合作伙伴关系,一方面风险投资人希望能够掌控创业项目的状态,另一方面创业者往往也需要从风险投资人处获得非资金要素。然而,创业者和风险投资人之间的合作伙伴关系的建构却相对复杂,其中契约安排、相互信任等都会成为双方合作的重要基石。另外,创业者的特质、创业项目团队的素质等也都是风险投资人选择合作方式的重要因素。

创业者与风险投资人之间的良好合作关系对于创业项目的成功有着至关重要的影响。显而易见,风险投资人的资金是创业者需要的稀缺资源,创业者的创业项目和创业者对项目的执着与信心等也是风险投资人获得未来回报的前提。因此,创业者与风险投资人之间的关系既是基于双方契约的关系,同时也应超越契约安排,注重信任建立与伙伴关系培养。

3. 创业者与项目合作者

创业项目需要资源的支撑。创业者在很大程度上是通过将资源进行创造性整合实现价值创造的主体。合作者是创业项目所需资源的基本来源之一,其与创业者和创业项目团队的合作互信水平,在很大程度上决定着创业项目资源供给的有效性。因此,创业者需要加强与创业项目合作者的合作。

合同是创业者和创业项目合作者之间关系的纽带,双方基于契约履行各自的义务,享有相应的权利。不过,由于创业项目本身的复杂性和不确定性,导致合同难以满足快速变化的创业环境的需要，因此，与合作者建立并保持信任和合作伙伴关系是创业者需要关注的重要问题之一。

4．创业者与政府监管者

在鼓励创业的大背景下，政府相关部门既是创业者的有力支持者，又是促使其遵守相关法律法规和承担社会责任的主体。创业者需要得到政府监管者的支持，推动创业项目的顺利展开，同时，还要接受来自监管者的监督。

12.3.4　创业项目全团队集成的步骤

创业项目的全团队集成过程是一个基于合同关系的合作伙伴关系的建构过程。在全团队集成的过程中，创业者处于中心地位，是创业项目全团队伙伴关系的建构者和维系者。与传统项目不同，创业项目因其自身的不确定性、项目的一次性、前景的相对模糊性等，导致各主体之间往往存在较大的冲突和矛盾，导致全团队集成过程的复杂性。

全团队集成过程主要包括准备创业项目全团队管理工作会议、召开创业项目全团队管理首次工作会议、签订创业项目全团队管理协议，以及召开创业项目全团队后续工作会议等步骤构成。

1．准备创业项目全团队管理工作会议

在创业项目参与者的合同利益确定以后，就要尽早地进行创业项目全团队管理工作会议的准备活动。进行创业项目全团队管理首次工作会议的准备工作的第一项就是选择一位合适的会议主持人。主持人主要任务是策划、准备并主持本次工作会议，解释团队的共同使命，指导形成创业项目全团队管理协议书等工作。在确定了创业项目全团队管理首次工作会议的主持人之后，他就开始着手进行会议书面材料的准备工作。会议主持人要与创业项目参与组织的部分成员进行面谈，根据他们的需求，准备关于创业项目全团队管理的各种书面材料，以便参加会议的成员能够在首次创业项目全团队管理工作会议之前阅读这些材料，并做出相应的准备。

2．召开创业项目全团队管理首次工作会议

各项准备工作完成之后，主持人就可以主持召开创业项目全团队管理首次工作会议了。首次工作会议的召开拉开了项目全团队管理模式的序幕，其主要目的是让全团队成员公开、坦诚地交流，建立相互依赖的团队精神和形成合作协议。

3．签订创业项目全团队管理协议

创业项目全团队管理协议应在项目合同签订后，施工阶段开始前，由各方共同

签署。在首次工作会议上，所有与会代表经过充分讨论，应该明确制定协议的共同目标和行为准则，以及创业项目全团队管理协议的主体内容。然后，将讨论的结果形成书面的文件，作为协议制定工作的指导文件。首次工作会议之后，由创业项目全团队管理委员会负责协议的细化和制定工作，根据会议讨论出的协议主体内容，将该委员会分为若干专业小组，由各专业小组研究讨论起草创业项目全团队管理协议草案。而后，通过举行讨论会等形式让各个专业小组彼此交换意见，将不同版本的协议草案整合。创业项目全团队管理委员会将整合后的协议草案分发给全团队成员，并收集他们的反馈意见。如有必要的话，再进行草案的修改和调整，直到最终得到所有成员签字认可，方能生效。

4．召开创业项目全团队后续工作会议

在创业项目全团队管理首次工作会议之后，还要定期举行后续工作会议，在创业项目全团队成员之间交流项目实施状况，并就一些管理问题交换意见。创业项目全团队管理工作会议流程一般采取会议的准备、会议的召开、会议的跟踪三大环节。在后续工作会议召开之前，要做好如下准备工作：创业项目全团队的成员在会前准备各方在创业项目管理中所遇到的或者所存在的问题报告，以及各方需要输出和输入的信息报告、对后续创业项目全团队管理工作会议内容的期望与要求等。

在创业项目全团队工作会议中，有关各方应该做出近期的工作报告。在报告中要如实反映创业项目的进展情况，叙述近期绩效，完成的里程碑，以及一些对创业项目有重大影响的事件；分析内外部环境变化状况，发现存在的问题和发生的变化；分析潜在的和面临的风险、困难与危机；清晰地报告创业项目近期的预算情况；对重大的偏差做出解释；反映创业项目的近期走势，对每个将要发生的事件进行简单说明。

12.4　创业项目的全面集成管理原理与方法

创业项目全面集成管理是对于创业项目全过程、全要素和全团队三个方面集成管理的全面整合管理。人们需要根据具体创业项目的任务和要素等识别出项目全团队的成员，然后安排好创业项目全团队成员间的合理配置关系，并据此安排好创业项目全团队的组织、合作、沟通和分配的计划和控制。

12.4.1　创业项目全面集成的内涵与特征

创业项目的全面集成就是在项目全生命周期中，为了充分利用有限的资源实现创业目标，而将项目的全过程、全要素和全团队进行协同匹配的一项管理工作。由于创业项目面临复杂的内外部环境及巨大的成本和时间压力，只有将创业项目的各个领域进行有效的集成匹配，才能够更好地利用有限的资源。同时，由于创业项目涉及众多利益相关主体，需要各利益相关主体之间的协同配合才能够为创业项目的顺利实施提供坚实的保障。所以，全面集成是现代项目管理的主要特征之一。与传统项目不同，创业项目全过程的各个阶段都会涉及创业项目全部要素不同的合理配置要求，也都会受到各利益相关主体的影响、支持和制约。创业项目全面集成的特征主要体现在如下几方面。

（1）创业项目全过程、全要素和全团队之间是一个紧密系统的整体，是创业项目大系统中的三个相对独立却又紧密系统的子系统。在创业项目的启动、计划、实施和控制及收尾的各个环节中，都需要三个子系统的协同配置才能够争取到创业项目的成功。

（2）创业项目的集成不是静态和一次性的过程，而是一个动态和持续的过程。动态性首先体现在创业项目的全面集成并不是先做好全过程的集成然后依次完成创业项目全要素集成和全团队集成，而是在开展全过程集成的过程中就要对要素和团队进行充分的集成，并持续地进行优化和完善，直至整个创业项目的终点。

（3）创业项目全面集成工作的推动者是创业者。创业者需要对创业项目的目标及项目各阶段性目标等做出清晰的规划和安排，并与创业项目管理团队共同完成创业项目过程与要素之间的集成关系。创业者需要促进主要利益相关主体与项目目标、任务等匹配，促进利益相关主体之间的合作共赢。

（4）创业项目全面集成是一个基于技术理性并依赖意义建构的过程。创业者对创业过程和要素的分解与集成匹配是建立在技术理性基础上的，试图通过最优的技术匹配关系，提升资源的利用效率，提高创业项目对内外部环境的适应能力。同时，创业者必须说服全团队中的其他主体，使他们相信创业目标、相信创业计划、相信彼此的合作可以达成目标。

12.4.2 创业项目全面集成的步骤

创业项目全面集成管理始于创业项目全过程集成管理（首先创业项目识别、确认和集成目标、产出物、阶段、工作包和活动），然后人们要针对创业项目全过程集成结果去并行开展创业项目全团队和全要素的集成管理，此时人们要识别和确认创业项目相关利益主体及其工作、责任和义务，以及全团队成员各自在不同创业项目阶段或工作包的实施中范围、时间、质量、成本、资源和风险要素之间的合理配置关系。创业项目全面集成是一个动态持续的过程，首先做好创业项目全过程、全要素和全团队的集成工作，然后在整个生命周期内不断优化和完善，最终推动创业项目取得成功的过程。具体的集成框架示意图如图 12-2 所示。

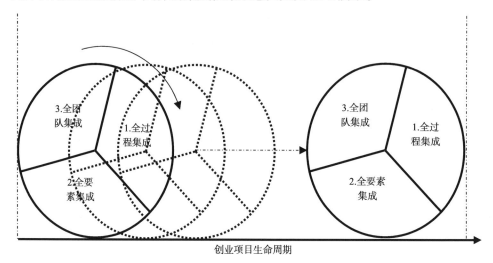

图 12-2　创业项目全生命周期集成方法框架示意图

（1）做好全过程与全要素的集成。创业项目全过程是全要素集成的基础，通过将创业项目目标逐层分解。划分为不同阶段目标及一系列具体的任务，逐层实现与创业项目要素的集成。创业项目目标（包括子目标）和项目阶段及其目标成为创业项目质量要求的基础，创业项目阶段目标和产出物等又成为创业项目范围管理的基础，进而与项目的成本、时间、资源等建立集成关系。创业项目的风险又为项目目标、子目标或阶段目标的优化提供了有价值的信息。

（2）实现全要素与全团队的集成。创业项目各要素与创业项目管理团队中的相应职能部门或角色存在一定的集成对应关系，如质量要素需要创业者和创业管理团队的主要负责人承担主要责任，而成本、工期等则由具体任务的承担者负责。创业项目资源既需要创业项目管理团队中的采购责任人负责，同时也需要与相应的供应商，即创业项目合作者协同；项目风险则与创业者、创业项目管理团队及与风险直接相关的利益相关主体合作。

（3）做好全过程、全要素和全团队的集成。最后，要从创业项目系统的角度，对三者的协调匹配关系进行检验和持续优化。要以创业项目目标为基点，按照全过程、全要素与全团队之间的内在逻辑联系为纽带，分析彼此之间的关联关系的匹配程度，进行持续优化和完善。

创新项目管理
Innovation Project Management

戚安邦 等 著

ISBN 978-7-5198-0825-9
出版日期：2017年7月
定价：98.00元

　　本书从项目管理的角度去研究创新管理的原理、方法和工具，与此前各种创新管理的书只讨论什么是创新和创新管理的内容相比，本书针对创新的过程性、独特性和一次性等项目特性，将创新作为一种独特性项目并对其管理的概念、原理和方法做了深入而具体的阐述。本书的主要内容包括创新项目的技术评估、经济评估、组织评估和风险评估的原理和方法，创新项目的过程管理、目标管理、资源管理和风险管理的原理和方法，以及各种专项的创新项目管理[科技创新项目的管理、新产品（服务）开发项目的管理、管理创新项目的管理、商业模式创新项目的管理和社会创新项目的管理]的原理和方法。

　　本书不仅适合从事创新和项目管理的工作人员，以及这方面的研究人员阅读和使用，同时十分适合作为当今全国广泛开展的"双创"（大众创业，万众创新）培训的教材使用。

ISBN 978-7-5198-4735-7

出版日期：2020年8月

估价：78.00元

　　本书针对"一带一路"建设中所涉及的跨国投资项目、跨国合作项目和跨国"互联互通"建设项目等所具有的因"跨国"而导致的独特性，全面讨论了针对这些独特性所应该使用的跨国项目管理原理和方法，这套方法既不同于企业日常运营管理的原理和方法，也不同于国内项目管理的原理和方法，它是一套涉及"跨组织、跨文化、跨语言、跨时区、跨法律体系、跨国家治理结构和财税制度等一系列跨越特征"的跨国项目管理和评估的原理和方法。

　　本书的内容共分为四篇：第一篇是绪论，主要是对跨国项目的特性及其管理的原理的讨论；第二篇是跨国项目的评估，包括跨国项目技术经济可行性评估、微观环境评估和宏观环境评估；第三篇是跨国项目团队的管理，包括跨国项目团队的建设和能力管理；第四篇是跨国项目的跨义化管理，包括跨国项目的跨文化影响及其应对、沟通管理、风险管理、变更管理。这些跨国项目管理的原理和方法可供跨国项目管理者们用于指导跨国项目管理使用，也可供管理和工程的本科生与研究生学习使用，最重要的是借此为我国"一带一路"倡议中所出现的大量跨国项目服务。